本书系河南省高等学校青年骨干教师培养计划资助项目(项目编号：2019GGJS068),河南省新文科研究与改革实践项目(项目编号：2021JGLX044),河南省高等教育教学改革研究与实践项目(项目编号：2024SJGLX0080)阶段性研究成果

ERSHI SHIJI BASHI NIANDAI YILAI MALAIXIYA HUAREN GONGHUI YANJIU

20世纪80年代以来马来西亚华人公会研究

原晶晶　著

·郑州·

图书在版编目(CIP)数据

20世纪80年代以来马来西亚华人公会研究 / 原晶晶著. -- 郑州:河南大学出版社,2024.4
 ISBN 978-7-5649-5829-9

Ⅰ.①2... Ⅱ.①原... Ⅲ.①华人-社会团体-研究-马来西亚 Ⅳ.①D634.333.8

中国国家版本馆CIP数据核字(2024)第054917号

责任编辑	马　博　时二凤
责任校对	王　珂
封面设计	马　龙

出版发行	河南大学出版社
	地址:郑州市郑东新区商务外环中华大厦2401号　邮编:450046
	电话:0371-22860116(南方出版中心)　　网址:hupress.henu.edu.cn
	0371-86059701(营销部)
排　版	郑州市今日文教印制有限公司
印　刷	广东虎彩云印刷有限公司
版　次	2024年4月第1版　　印　次　2024年4月第1次印刷
开　本	787 mm×1092 mm　1/16　印　张　18.75
字　数	365千字　　　　　　　　定　价　56.00元

版权所有·侵权必究
本书如有印装质量问题,请与河南大学出版社营销部联系调换

前　言

　　历史上,处于陌生国度和社会的华人移民群体为了关照生活、介绍职业和谋求同乡的利益需要,衍生出组织乡团会馆的意愿。早在17世纪,南渡马来半岛的华人就创建了寺庙、公冢、祖祠、互助社,为早期华人提供联络乡谊、处理纠纷服务,这就是马来西亚华人社团(以下或称"华团")的雏形。18世纪,随着华人劳工涌入,各种地缘、血缘、业缘的华人社团先后创建并逐渐成为华人社会(以下或称"华社")的领导力量。19世纪末20世纪初华人大规模移居新马地区后,华人社团在传统三缘社团组织的基础上实现联合,为马来西亚华人社会内部整合创造了重要条件。然而,由于经济地位、教育背景、方言帮派等诸多差异,马来西亚华人社会从来不是铁板一块,华人社团的内争、分裂极为正常。王赓武教授将二战前马来西亚华人群体分为三类:第一类是甲集团,以祖籍国为政治认同对象,与中国政治保持着直接或间接的联系;第二类是乙集团,由精明而讲求实际的多数华人组成,他们关心的是商业利益,常常给人以不问政治的印象;第三类是丙集团,是一个小而不稳的集团,一般都抱有对马来亚的某种忠诚。[1] 二战结束后,随着华人政治意识的提升与政治认同从祖籍国向移居国的转移,华人社群出现另一股以受英文教育的华人为代表的新领导势力。他们属于王赓武教授划分的第三种类型。为了团结华人群体,谋求政治权利维护华族正当权益,保障其在当地生存与发展的权利,1949年2月

---

[1] Wang Gungwu, "Chinese Politics in Malaya," *The China Quarterly*, no. 43(1970):1-30.

27日,陈祯禄等16人在吉隆坡发起成立马来西亚华人公会(以下或称"马华公会""马华"),开启马来西亚华人社会以政党组织形式参与国家政治建设的新路径。

作为马来西亚规模最大的华人政党,马华公会在成立之初只是一个在紧急状态下为新村华人提供安置援助的福利机构。1955年,马华公会以马来西亚华裔族群合法政治代表身份与马来亚民族统一机构(即"巫统")、马来亚印度人国大党(以下或称"国大党")组成华、巫、印联盟参加马来亚联合邦立法议会选举,获得压倒性胜利,为华人社会在以后的执政阵线中赢得一席之地。

马华公会创党的首要目的是促进种族间的亲善与合作,因而与维护马来君主制度及马来人特权的巫统存在着本质差别。它不能从单一华族的角度以极端对抗方式行动,只能通过种族谅解与合作的方式争取华社利益。马华公会的保守主义路线遭到华人社会诟病,也使得其在联合政府之中遭到排挤。马来亚独立初期,该党就已经开始受到巫统抑制,但是在经济领域还能保证华人有充分发挥的自由。从20世纪70年代开始,面对制度化马来霸权的建立,马华公会曾经积极自救,可惜半途而废,造成它既不能领导华人社会,又不能在国民阵线(以下或称"国阵")中代表华人发挥政治作用,只好偏居在行政和官僚体制内部,做些协调与修补的工作。20世纪90年代之后国家族群政策的松动疏解了原本紧张对立的华巫族群关系,马华公会在这一阶段也注意内部政治能力的平衡与稳定,从而度过近10年平稳发展的岁月。借助于巴达维上台的新风和华人社会对于新政府的期待,新人领军的马华公会在2004年大选也取得相当不俗的战绩。然而,时隔4年,2008年大选的惨败又使得这个号称代表华社的在朝力量瞬间失去政治正当性。从此之后,该党一直延续着颓败之势。2013年大选后马华仅存的半壁江山又被削去一半。2018年大选,国民阵线遭受到成立仅仅两年的反对党联盟——希望联盟的强劲挑战,最终不敌反对党势力。连续执政半个多世纪的国民阵线丧失执政地位。马华公会残存1个国会、2个州议席,同样沦为在野党。

纵观马华公会曲折的发展历程,不难发现马华公会政治实力的变化是在马来西亚族群政治的框架之下,与马来西亚政治生态的变化密切相关,更与自身的组织建设和华人社会关系的调整息息相关。那么如何为马华公会定位?

马来西亚最大的华人政党力量式微,是否意味着马来西亚华人政治的道路越走越窄?是什么原因导致马华公会失去执政地位?马华公会的失败说明了什么?要解决这些问题,必须系统地梳理马华公会的发展脉络,特别是20世纪80年代以来,在马来西亚族群政策较为宽松的背景下马华公会政策输出、派系政治、议会选举、社会基础变化轨迹,以探究其力量衰退、丧失选民认同的内部原因。

本书在国内外现有研究成果的基础上,依据笔者所收集的马华公会常年代表大会总秘书报告、总会长演词、党报、纪念特刊、宣传手册等原始材料,结合报刊报道以及田野调查等资料,从政党政策、派系竞争、议会政治、社会基础4个方面对20世纪80年代以来马华公会的发展变化进行全面深入的研究。

全书共分为8个部分。绪论部分主要阐述书稿的缘起与意义、国内外研究现状、资料使用情况、分析层面、相关概念界定等内容。第一章追溯了马华公会建党的历史背景、创党过程,以及从20世纪50年代到70年代马华公会前30年的发展历程。第二章从"政党作为组织"着手,专注讨论马华公会的宗旨、内部结构、权力运作、党员招募、精英甄选等内容。第三章进入对马华公会政策层面的研究。作为华裔政党,在体制外集结华社利益要求,在体制内肩负本族权益的期许,影响政府政策偏好,令政府政策输出契合华社利益要求理应是马华公会基本的政治功能。然而,通过厘清马华公会面临的华巫族群矛盾以及华人社会内部矛盾,全面梳理20世纪80年代以来马华公会经济、文教、行政等政策产品,分析马来西亚华人追求公民社会、民主政治的利益诉求与马华公会固守族群政治、局限国家威权主义政治体系之下的政策输出之间的巨大落差。第四章分析马华公会的派系政治。虽然派系政治是每个政党不可避免的现象,但是马华公会的派系政治尤为明显,释放出的力量也多是消极的、分裂性的力量。本章从"派系"的界定、分类等概念性的诠释入手,选取近40年来马华3次典型的党争案例,通过详述历次竞争各方分歧焦点、激化过程及解决方案,来总结马华派系政治私性竞争的特质。这种私性竞争的局限,使得马华公会党内弥漫着强烈的个人利益优先的功利主义气氛;导致党章搁置,党内民主机制瘫痪;权力集中,民主失序;政党自主性衰退并最终为外部势力俘获。第五章考察近40年来马华公会的议会政治发展历程。笔者透过此阶段马华公会曾参加的全国大选,以选举表现及得票情况作为评价其政治实力的尺度。从历时性的角度观察,近40年来马华公会的议会政治道路有过从1982年到1990年遭遇反对党围追堵截乃至溃不成军的时期,也有过从1995年到2004年近10年平稳发展的岁月。2008年大选,马华公会遭遇议会选举失利,政治实力急剧下滑。2018年第14届国会选举更是中断了其长达61年的执政党地位。第六章探讨20世纪80年代以来马华公会社会基础的变化情况。根据不同时期马来西亚华人社团的动向特点,以及它们与马华之间或对立或合作的关系,来分析马华社会基础的演变。根据马来西亚社团注册局对注册社团的分类[1],政党属于注册社团的一种类型。截至2010年,马来西亚共有注册华团10,230个[2],其中华人政党3个,即马华公会、马来西亚民政运动党(简称"民政党")、马来西亚民主行动党(简称"行动党")。尽管马华公会是紧急状态下马来西亚华人最早成立的合法政党,在发动华人加入当地国籍争取公民权,争取马来亚独立运动中做出过不可磨灭的贡献,但它依附于巫统,通过妥协调和的方式争取华人权益,与传统华团产生巨大分歧。它们之间的裂痕体现了华人社会寻求族群平等与接受马来特权为核心、在政治体制外围争取华人权益的国家治理原则的分歧。[3] 虽然都以华人社群权益为归依,但手段的差异造成这两股势力自形成后就一直以竞争者的形式出现,互相竞逐华社的领导权。20世纪80年代,马华公会在竞争中失败后遭遇代表性不足的困境。为此,1990年大选后,马华公会依靠国家权力对华团实施政治统合以强化社会基础。"烈火莫熄"运动之后,随着马来西亚政治转型的开启,部分拒绝接受统合的华团以民主、民权为突破口,再次与马华公会进行抗衡。而马华公会却固守族群政治传统及国家竞争性威权主义政治体系。与华人社会的严重脱

---

[1] 马来西亚社团注册局将注册社团分为13种类型,即宗教团体、社会福利团体、联谊与休闲团体、妇女团体、文化团体、互助团体、商业团体、体育团体、青年团体、教育团体、政党、职业团体、一般性团体。
[2] 黄思婷、石沧金:《马来西亚华人社团向公民社会转化的实践——以吉隆坡暨雪兰莪中华大会堂为例的分析》,《华侨华人历史研究》2023年第2期,第51—61页。
[3] Tan Liok Ee, "Chinese Leadership in Peninsular Malaysia: Some Preliminary Observations on Continuity and Change," in *Southeast Asian Chinese: The Socio-Cultural Dimension*, ed. Leo Suryadinata (Singapore: Times Academic Press, 1995), pp. 109-136.

节导致其再次失去华人社会基础,造成其社会支持力量的急剧萎缩。第七章结语部分在分析合法性构成要素、搭建合法性理论的分析框架的基础上,紧贴合法性的3个现实维度,从合法律性、合道德性、合利益性3个层面总结马华公会失去选民认同,丧失执政党地位之根源。

目　录

绪　论 ………………………………………………………… 001

第一章　马来西亚华人公会的创立与前期发展 ………… 027

　　第一节　马华公会成立的背景及经过 ………………… 027
　　第二节　马华公会的前期发展 ………………………… 043
　　第三节　小结 …………………………………………… 077

第二章　马华公会的组织结构 …………………………… 079

　　第一节　马华公会的宗旨与目标 ……………………… 080
　　第二节　马华公会的组织结构 ………………………… 083
　　第三节　党员的招募与精英的甄选 …………………… 091
　　第四节　小结 …………………………………………… 099

第三章　20世纪80年代以来马华公会的政策分析 … 100

　　第一节　马来亚建国后马华公会面临的社会矛盾 …… 101
　　第二节　20世纪80年代以来马华公会的政策输出 … 104
　　第三节　马华公会政策输出与华裔公民利益诉求的
　　　　　　错位 …………………………………………… 120
　　第四节　小结 …………………………………………… 124

第四章　20世纪80年代以来马华公会的派系政治 …… 125

第一节　政党派系一般理论 …… 125

第二节　梁维泮与陈群川之争 …… 131

第三节　林亚礼与林良实之争 …… 142

第四节　翁诗杰与蔡细历之争 …… 150

第五节　派系政治对马华公会道德形象的破坏 …… 158

第六节　小结 …… 162

第五章　20世纪80年代以来马华公会的议会政治之路 …… 164

第一节　溃不成军：1982—1990年大选分析 …… 165

第二节　平稳发展：1995—2004年大选分析 …… 186

第三节　一败涂地：2008—2018年大选分析 …… 214

第四节　小结 …… 246

第六章　20世纪80年代以来马华公会的社会基础变迁 …… 248

第一节　20世纪80年代马华公会与华团竞逐华社领导权 …… 250

第二节　20世纪90年代以来马华公会对华人社团的统合 …… 262

第三节　21世纪以来马来西亚政治转型下马华公会与华人社团之抗衡 …… 272

第四节　小结 …… 282

第七章　结语 …… 284

绪　论

一、研究动机与意义

马来西亚是东南亚各国中族群色彩较为鲜明的国家,全国人口3197.2万(2018年),由马来人、华人、印度人等多个族群构成。由于历史及地理的原因,世界主要文明在这里交融与碰撞,各族群之间基于文化、语言、宗教、生活方式上的明显差异而难以融合。同时,殖民时期殖民统治者"分而治之"的统治策略和独立后"马来特权"的宪制保障客观上也疏离了族群关系。因此,基于高度的族群异质性,马来西亚一直被视为典型的多元社会(Plural Society)国家。

二战后,随着马来族群意识的膨胀,马来人不顾多元社会结构的事实,力图建立马来土著至上的单元国家,从而埋下族群冲突的隐患。但事实上,与其他东南亚国家相比,马来西亚又能够在相当程度上保持政治稳定的局面。对此,特殊的政治精英容纳共识系统对于消除各族群之间的张力并形成政治稳定的局面有很强的解释力。在这个系统中,代表各族群的政治精英之间能够有足够的适应能力,彼此沟通,对所谓的敏感问题也能够做出最高程度的容忍,避免族群间零和或者负和博弈,进而形成有效、稳定的政治秩序。[1] 所

---

[1] 林若雩:《马哈迪主政下的马来西亚:国家与社会关系(1981—2001)》,韦伯文化事业出版社,2001,第70页。

以,族群精英之间的协商政治成为议会民主多数原则之下维护社会次要族群利益的重要方式。而作为华人族群政治精英代表的马来西亚华人公会,正是这个政治精英协商系统中的一员。

马来西亚华人公会成立于1949年2月27日,原名为马来亚华人公会,后因1963年马来西亚的成立,遂改名为马来西亚华人公会。截至2012年,拥有党员110多万人。成立之初,马华只是一个在紧急状态时期为新村华人提供安置援助的福利机构。从20世纪50年代开始,它以华人社会合法政治代表的身份参与议会选举。1952年2月吉隆坡地方议会选举,马华与巫统首次合作,触发了种族政党联盟的模式,并奠定马华单一族群政党路线。1955年马华更是与巫统、国大党组成联盟,在马来亚联合邦立法议会选举中胜出,并最终争取到国家独立,为华人社会在以后的执政阵线中赢得一席之地。马华本身的政治合法性也由此发轫。

但事实上,无论在联盟时代还是在国阵时代,马华在联合政府中的地位都处于连续下滑的状态。独立初期,即东姑·阿都拉曼执政时期,马华就已经开始受到巫统抑制,但是在经济领域还能保证华人有充分发挥的自由,效果虽不能令华人社会完全满意,但至少还保持着"协和式民主"的政治姿态。从20世纪70年代开始,随着巫统为主导的国民阵线的成立,以及新经济政策的推行,以"马来西亚就是马来人的国家"为核心的国家原则及单元化的国家文化政策的实施,国家的机关和诸多权力决策的功能上日益反映出马来色彩的独占和领导。面对制度化的马来霸权,马华曾经积极自救,可惜半途而废,造成它既不能领导华人社会,又不能在国阵中代表华人发挥政治作用,只好偏居在行政和官僚体制内部,做些协调与修补的工作。20世纪90年代的小开放政策,相当程度上疏解了原本紧张对立的华巫族群关系,马华在这一阶段也注意内部政治能力的平衡与稳定,从而度过近10年平稳发展的时期。借助于巴达维上台的新风和华人社会对于新政府的期待,新人领军的马华在2004年大选也取得相当不俗的战绩。然而,时隔4年,2008年大选的惨败又使得这个号称代表华社的在朝力量瞬间失去政治正当性。2018年大选,更是与国民阵线一起丧失了执政党地位。

透过马华的发展脉络,我们看到它随着马来西亚政治的变迁经历了曲折发展的历程。那么如何为马华定位？它到底在马来西亚政治和马来西亚华人政治中扮演着怎样的角色？如果说现在的马华已经异化于华人社会，那么为何当华人社会遇到问题，还会寄希望于它与政府的协商？马华协商政治路线究竟成功还是失败？执政联盟中最大的华人政党力量式微，是否意味着马来西亚华人政治的道路越走越窄？这些问题引起了笔者对于马华公会的研究兴趣，并希望借由对马华的研究来了解马来西亚华人政治的局限与未来。鉴于杨建成先生在《西马来西亚华巫政治关系之研究（上册） 1957年－1975年》[1]一文中对马华在20世纪50－70年代发展脉络的梳理，笔者把本书研究的时间范围放在20世纪80年代以后，主要展现近40年来马华的发展与演变。其研究意义主要可以从以下3个方面来理解：

（1）从华人华侨研究的角度来看，目前中国对华人华侨的研究主要集中在历史学的角度，将他们看成中国本土华人向海外的延伸，而欧美学者则倾向于将华人集团看作与当地的主体族群相比在社会和政治上都居于少数地位的族群来研究。本书将华人放在移居地环境之下，将其作为马来西亚重要的族裔群体，把马来西亚华人政治看成马来西亚政治的重要构成部分。马华公会、民政党和行动党这3个主要的华人政党则代表了马来西亚华人政治的3个主要导向。本书以马华公会为例，在马来西亚政治环境中，运用族群政治理论、政党政治理论来分析华人政治与国家政治，与其他族群政治之间的互动关系。因而，研究视角的改变凸显了本书的研究意义。

（2）从族群政治研究的角度来看，政治是对社会价值的权威性分配。[2]当已有团体自觉的族群因为对资源分配的不满而被组织动员起来，并以自己身属的族群作为基本政治参与单位时，这个政治体系内才称得上存在"族群政治"现象。[3]依照这个标准，马来西亚无疑存在"族群政治"现象。马来西亚是由马来人、华人、印度人三大主体族群组成的多元族群国家，族群是民众试图影响政府权威性资源分配的基本单位，族群口号是凝结群体力量，进行政治

---

[1] 杨建成：《西马来西亚华巫政治关系之研究（上册） 1957年－1975年》，博士学位论文，"国立"政治大学政治研究所，1976。
[2] 戴维·伊斯顿：《政治生活的系统分析》，王浦劬译，华夏出版社，1999，第335－374页。
[3] 王国璋：《马来西亚的族群政党政治（1955－1995）》，唐山出版社，1997，第11页。

动员的最有效的工具。因而,族群政治是马来西亚国家政治的主线,族群和族群利益成为马来西亚政治生活的风向标。在马来西亚族群政治的框架下,华、巫、印三大族群分别以"族群"为单位建立政党,代表各自的族群参加政治活动和政权组建。而马华公会就是以华裔族群利益代表的身份参与到马来西亚社会资源的权威性分配和公共权力的分享过程之中的。所以,非常有必要以马华公会为例,通过它近40年发展与演变的轨迹,来研究华人社群在马来西亚族群政治中扮演的角色。

(3) 从政党政治的角度来看,在族群政治的框架中,马来西亚的政党政治是典型的族群政党政治。族群因素对各政党特质、国家政党体系有着决定性的影响。就马来西亚政党体系内部各政党之间的关系而言,2018年以前,在马来西亚竞争性威权主义的政体之下,马来西亚实行巫统主导下的"一党独大"的政党制度。在这种相对集权的模式中,马华公会作为华人政党,一方面要通过得到华人社群支持而维持政党的合法性;另一方面在国民阵线内部,马华公会还需要依附于巫统来获得资源分配的权威性。在国家政策"马来特权"原则下,马华公会经常面临合法性与权威性的双重困境。因而,研究马华公会在华人社群中的角色及其在国阵政府中的地位,对于厘清华人社群在国家中的地位,解构马来西亚政治结构有着重要的意义。

二、国内外研究评述

(一) 马华公会研究概况

根据笔者查阅的资料情况来看,国内把马华公会当作专题研究的成果不多。除了厦门大学南洋研究院李以峰的《马华公会与马来西亚华人》[1]、暨南大学费昭珣的《马华公会:对马来西亚华人政党的个案分析》[2]、暨南大学程

---

[1] 李以峰:《马华公会与马来西亚华人》,硕士学位论文,厦门大学,1990。
[2] 费昭珣:《马华公会:对马来西亚华人政党的个案分析》,硕士学位论文,暨南大学,2000。

嘉辉的《马华公会对华文教育的态度演变研究——政党政治的研究视角》[1]、华侨大学李斌的《马来西亚华人公会在中国和马来西亚关系中的作用(2008—2018)》[2]4篇硕士学位论文,少量的学术论文如《英国殖民当局与马华公会的成立》[3]、《二战后马华公会与马来西亚华教权益争取》[4]等,其他研究散见于华人政治、文化和经济等领域的相关著作与论文中。张祖兴认为,马华公会是英国殖民当局为协助当局恢复秩序而创立的政治力量,华社领袖们则希望通过其与马来族群展开合作,摆脱殖民地身份实现国家独立。费昭珣则将马华公会视为马来西亚华人政党的重要个案,集中探讨马华公会的内部结构与外部环境,揭示出马华公会党内运作的特点以及马来西亚总体政治环境对马华公会的影响和制约。华文教育(以下或称"华教")政策议题上,程嘉辉、胡春艳都认为受马来西亚特殊的环境等因素影响,马华公会争取华教权益上的表现是抗争与妥协并存,其对华教的态度偏离了华团的目标,最终导致马华公会与华人团体之间的脱节。李斌认为在推动中马关系上马华公会发挥着重要的作用,是中国"一带一路"倡议积极的响应者与推介者,马来西亚已经成为中国"一带一路"倡议的支点国家。

海外研究,特别是马来西亚本土对于马华公会的研究则相对雄厚许多。总体研究方面,王碧君(Heng Pek Koon)的《马来西亚华人政治:马华公会史》[5]无疑是代表之作。该书由作者根据其在1984年于伦敦大学东方与非洲研究学院完成的博士论文改写而成,集中展示了1945—1957年这段时间,以马华公会为代表的华人政治从早期一个"中国中心化"(China-centered)的族群,到1949年马华公会成立所标志的一个"本地化"(Indigenized)的政治个体,再到栖身于马来西亚政治而面临"边缘化"(Marginalized)困境的少数族群

---

[1] 程嘉辉:《马华公会对华文教育的态度演变研究——政党政治的研究视角》,硕士学位论文,暨南大学,2009。

[2] 李斌:《马来西亚华人公会在中国和马来西亚关系中的作用(2008—2018)》,硕士学位论文,华侨大学,2018。

[3] 张祖兴:《英国殖民当局与马华公会的成立》,《华侨华人历史研究》2009年第1期,第53—60页。

[4] 胡春艳:《二战后马华公会与马来西亚华教权益争取》,《八桂侨刊》2015年第3期,第15—20,79页。

[5] Heng Pek Koon, *Chinese Politics in Malaysia: A History of the Malaysian Chinese Association* (Singapore: Oxford University Press, 1988).

之发展轨迹。作者的基本立场,是认为华人政治是马来西亚政治不可分割的一部分。华人政治和其诸多后果,可被视为促成一个多元种族国家之社会安定和政治健全的决定性因素。玛格丽特·罗夫(Margaret Roff)的《马来亚华人公会,1948—1965》[1]一文则在丰富的史料的基础上,沿着历史发展的脉络,还原了马华公会的创立背景、经过以及新马合并前马华的发展历程,为本书写作提供了详细的背景材料。与以上两位学者从历史发展的研究视角不同,何启良的《权威危机和协商困局——为马华公会和民政党定位》[2]和《论马华公会在国民阵线的去留》[3]两篇文章则是借由政治学的途径,说明马华在马来西亚统治权力和民族大业的运作过程里所面临的具体挑战。何启良认为,"5·13"事件以后,随着马来西亚政治统合和政治精英容纳系统的变化,独立建国时期各族群平等协商的"协合系统"已经荡然无存,马华从联盟时代的代表性政党蜕化为成员性政党。由于无力撼动巫统主导的国阵政府偏向马来族群的资源分配原则,加上政党内部的阶层混乱与体系定位的模糊,马华已经不能成为主导华社各势力与华社发展的主动来源,因而在国阵内部面临"协商困局",在华社内部遭遇"权威危机"。倘若马华不能建立正常的制衡体制和运作系统,不能振作党务与华社心脉相扣,仅凭它屡次恫言退出国阵的激烈行为,还是无法摆脱目前的困境。与何启良立场相似,马来亚大学中文系祝家丰(Thock Kek Pong)博士的《海外华人政治参与和嬗变:马来西亚 308 政治海啸后马华公会之困境评析》[4]认为,马华经年累积的各类矛盾在 2008 年大选集中爆发,使马华遭遇严重政治海啸。海啸过后,在马来西亚多元族群萌芽的政治新格局下,马华在国阵、华人社会、青年群体、党内组织各方面面临多重边缘化的危机和困境,由于缺乏巫统支持,马华改革行动寸步难移,政治前途十分

---

[1] Margaret Roff,"The Malayan Chinese Association,1948-1965," *Journal of Southeast Asian History*,vol. 6,no. 2(1965):40-53.

[2] 何启良:《权威危机和协商困局——为马华公会和民政党定位》,载何启良:《政治动员与官僚参与——大马华人政治论述》,华社资料研究中心,1995,第 22—37 页。

[3] 何启良:《论马华公会在国民阵线的去留》,载何启良:《政治动员与官僚参与——大马华人政治论述》,华社资料研究中心,1995,第 38—57 页。

[4] 祝家丰:《海外华人政治参与和嬗变:马来西亚 308 政治海啸后马华公会之困境评析》,载施雪琴、廖大珂主编《东亚区域整合:人口迁移与影响(下册)》,厦门大学苏氏东南亚研究中心,2010,第 142—169 页。

渺茫。陈妍而、祝家丰在《马来西亚的华人政治(2008—2013):马华公会个案研究》[1]中则具体以2008年和2013年大选为例,展示了在朝的华基政党在马来西亚政治生态之下的困境。

此外,对马华总体研究的成果还包括美国的罗伊·H.哈斯(Roy H. Haas)于1967年在北伊利诺伊大学完成的《马来亚华人公会,1958—1959:马来亚华人在马来亚建国中作用的不同观点分析》[2]、陈庆珠(Chan Heng Chee)以《马来亚华人公会》[3]为题的硕士学位论文、林山国(Lim San Kok)的《马来亚华人公会的一些问题,1949—1969》[4]以及马华前党员林武灿在南京大学完成的硕士学位论文《马来西亚华人公会的政治文化》[5],等等。从上述论文或专著的研究情况看,除了何启良、陈妍而、祝家丰和林武灿,其他作者的写作时间大都集中在20世纪70年代以前,其研究的马华公会在范围上也限于20世纪40年代至70年代之间,对70年代后马华的总体研究相对薄弱。

在整体研究之外,也有许多学者从不同的侧面对马华进行过专题研究。马华的社会基础根植于华人社会,马华与华社的关系自然引起众学者的关注。张晓威的《马来西亚华人公会与马来西亚华人社会研究》[6]探讨的就是20世纪50年代至70年代马华公会与华人社会之间的互动关系。该文以公民权、华文教育、语言3个议题,分析自马华改组为政治团体后,一方面受限于该党的政治发展和联盟(或以后的"国阵")政治的"协商"精神,马华在处理华人社会方面的权益事项时,往往无法有效地表达华人社会的意愿,甚至与华社的意见背道而驰;另一方面又因为华人普遍存在对政党的排斥感,造成对改组后的

---

[1] 陈妍而、祝家丰:《马来西亚的华人政治(2008—2013):马华公会个案研究》,《八桂侨刊》2017年第4期,第33—41页。
[2] Roy H. Haas, "The Malayan Chinese Association, 1958-1959: An Analysis of Differing Conceptions of the Malayan Chinese Role in Independent Malaya"(MA diss., Northern Illinois University, 1967).
[3] Chan Heng Chee, "The Malayan Chinese Association"(MA diss., University of Singapore, 1965).
[4] Lim San Kok, "Some Aspects of the Malayan Chinese Association, 1949-1969," *Journal of the South Seas Society*, vol.26, no.2(1971):31-48.
[5] 林武灿:《马来西亚华人公会的政治文化》,硕士学位论文,南京大学,2005。
[6] 张晓威:《马来西亚华人公会与马来西亚华人社会研究》,硕士学位论文,"国立"中央大学历史研究所,1998。

马华有了抗拒心理。这些因素导致马华与华人社会的关系进入决裂状态。马华与华商联系密切众所周知,因而马华有"头家政党"的称谓,但是将这种联系上升为学术研究的还当属马来亚大学的埃德蒙·特伦斯·戈麦斯(Edmund Terence Gomez)。他的《马来西亚华人生意:积累、崛起与调适》[1]、《政商合一:马来西亚政党的企业参与》[2]两本著作中都有专门介绍马华为应对新经济政策,在20世纪70—80年代凝聚华人资源,倡导"企业化"运动的章节。而专门将这场马华自救运动作为专题来论述的则是布鲁斯·盖尔(Bruce Gale)。其《政治与商业:马化控股研究》[3]一书记述了1985年以前马化控股的历史,它在华人企业化运动中的资助性,和它与政府机构之间的关系。作者主要采用了报章上的报道和个人在20世纪80年代初期与各方面人物的系列访谈,虽然是第一手资料,但忽视了马化控股当时已经潜伏的种种病态。关于马华政党政策分析,代表性的论文有两篇:一是马来西亚莫纳什大学詹运豪(James Chin)的《21世纪马来西亚华人政治:恐惧、服务与边缘化》[4],一是何国忠的《历届马华公会总会长与华人文化》[5]。前一篇文章,作者以国阵政府中两大华基执政党(马华与民政党)为例,分析华人政治自马来西亚独立以来面临的边缘化处境。认为,由于马华与民政党不能在关键领域捍卫华族权益,从20世纪90年代,它们开始设定新的政治定位和策略:推行"服务型政治"帮助选民解决民生问题,玩弄伊斯兰党设立伊斯兰教国的"恐惧政治"彰显巫统的中庸与世俗性。马华与民政党的政策转型反映出在后"5·13"政治结构下马来西亚华人政治前途的困境。后一篇文章,作者则是以从陈祯禄到黄家定历届马华总会长为研究对象,来分析2003年之前的马华华人文化政策。自创立以

---

[1] Edmund Terence Gomez, *Chinese Business in Malaysia: Accumulation, Ascendance, Accommodation* (Richmond, England: Curzon Press, 1999).

[2] Edmund Terence Gomez, *Political Business: Corporate Involvement of Malaysian Political Parties* (Townsville: James Cook University of North Queensland, 1994).

[3] Bruce Gale, *Politics & Business: A Study of Multi-Purpose Holdings Berhad* (Singapore: Eastern University Press, 1985).

[4] James Chin, "Malaysian Chinese Politics in the 21st Century: Fear, Service and Marginalisation," *Asian Journal of Political Science*, vol. 9, no. 2 (2001): 78-94.

[5] 何国忠:《历届马华公会总会长与华人文化》,《马来西亚华人研究学刊》2004年第7期,第19—41页。

来,党内派系竞争是马华连绵不断的噩梦,也成为学术界研究的重点。马来西亚本土学者在这方面的研究尤其成熟。罗国华(Loh Kok Wah)的《马来西亚华人大团结的政治:马华公会的改革与分裂,1971—1973》[1]主要论述了马华自1969年大选失利后对党内进行的系列改革以及由此带来的革新派与保守派的派系竞争。卢宏山(Lu Hon San)的《马来西亚华人政治:1984—1985年马华危机》[2]、何建才(Ho Kin Chai)的《马来西亚华人公会:领导困局》[3]以及廖仲(Lao Zhong)的《马华的斗争》[4]在丰富的史料的基础上,以历史叙述的方式集中描述了20世纪80年代中期马华陈群川与梁维泮的党争。潘永强的《马华公会派系政治初探(2000—2003)》[5]则是以2000—2003年马华林良实与林亚礼的派系斗争为视角,论述在巫统独大的政党制度下,马华陷入派系政治后所表现出的缺乏自主性的困境。詹运豪的论文《一年后的马华公会政治:政治合法性危机》[6],则是论述马华在遭遇308政治海啸后陷入的翁诗杰与蔡细历的党争。

在学术论述之外,相关学者对历任马华总会长所做的人物传记也为笔者对马华公会的研究提供了详细的素材。例如,何启良的《匡政与流变:马来西亚华人历史与人物政治篇》[7]就收录了陈祯禄、陈修信、林苍祐、李三春4位马华领导人的传记。章龙炎的《马华公会历任总会长》[8]也详细介绍了从陈祯禄到黄家定的历任马华领导人。其他专人的传记主要有郭仁德的《敦陈祯

---

[1] Loh Kok Wah, *The Politics of Chinese Unity in Malaysia: Reform and Conflict in the Malaysian Chinese Association, 1971-1973* (Singapore: Maruzen Asia, 1982).

[2] Lu Hon San, "Chinese Politics in Malaysia: The MCA Crisis of 1984-1985" (MA diss., University of Malaya, 1987).

[3] Ho Kin Chai, *Malaysian Chinese Association: Leadership under Siege* (Kuala Lumpur: Ho K.C., 1984).

[4] Lao Zhong, *The Struggle for MCA* (Selangor: Pelanduk Publications, 1984).

[5] 潘永强:《马华公会派系政治初探(2000—2003)》,《新纪元学院学报》2006年第3期,第63—88页。

[6] James Chin, "Malaysian Chinese Association Politics a Year Later: Crisis of Political Legitimacy," *The Round Table*, vol. 99, no. 407(2010): 153-162.

[7] 何启良主编《匡政与流变:马来西亚华人历史与人物政治篇》,马来西亚华社研究中心,2003。

[8] 章龙炎:《马华公会历任总会长》,大马新闻资讯学院,2006。

禄传》[1]、钟天祥的《李三春·华教·马华》[2]、温放知的《李三春的政治路线》[3]、郎格非的《陈群川评传》[4]、郑赤琰的《林良实的政治智慧》[5]、黄文斌及叶汉伦的《做事·做官·做人——黄家定的政治人生》[6]等。另外，一些散见于各类评论文集中有关马华的评论文章也为笔者了解马华开辟了另类途径。这些代表性的评论文章有潘永强的《逃离政治与躲避崇高》[7]、唐南发的《魔咒解除之后：华社已至"思考没有马华公会时代"的临界点》[8]等。

对马华进行研究，就事论事远远不够，必须将马华放在马来西亚国家政治和华人社会的背景下进行考察。因而，还需要对学术界关于马来西亚国家政治和华人政治的研究状况进行系统梳理。

（二）马来西亚政治研究现状

罗圣荣在《当代马来西亚政治》[9]一书中全面展示了当代马来西亚政治发展历程、政治制度与文化的关系、政党与社团及族群的关系。关于马来西亚政体性质的研究，在"君主立宪制"的政体之下，学术界普遍认为，马来西亚摇摆于威权与民主之间，是具有混合性政体特色的国家。[10]如迈克尔·R.J.瓦提裘提斯（Michael R. J. Vatikiotis）所言：对门外汉来说，马来西亚的政治体系看起来更多元和民主；若仔细地观察他们控制所建构的社会和政治体系就显而易见了，澳洲学者克鲁齐认为这国家的"事实上的民主政治体系"已被"那些

---

[1] 郭仁德：《敦陈祯禄传》，马来西亚华人文化协会，1996。
[2] 钟天祥：《李三春·华教·马华》，人间出版社，1984。
[3] 温放知：《李三春的政治路线》，出版者不详，1980。
[4] 郎格非：《陈群川评传》，润良企业有限公司，1985。
[5] 郑赤琰：《林良实的政治智慧》，大马新闻资讯学院，2004。
[6] 黄文斌、叶汉伦：《做事·做官·做人——黄家定的政治人生》，嘉阳出版有限公司，2009。
[7] 潘永强：《逃离政治与躲避崇高》，载潘永强：《马华政治散论》，燧人氏事业有限公司，2005，第61—66页。
[8] 唐南发：《魔咒解除之后：华社已至"思考没有马华公会时代"的临界点》，载孙和声、谢伟伦编《敢叫日月换新天：308政治海啸掀新章》，燧人氏事业有限公司，2008，第78—83页。
[9] 罗圣荣：《当代马来西亚政治》，社会科学文献出版社，2018。
[10] 陈晓律等：《马来西亚：多元文化中的民主与权威》，四川人民出版社，2000。

走每一步都必然会顾虑能否保持政府控制的顽固精英"修改了。[1]

事实上,学者们在进行研究时一般沿着两条路径展开,一是"国家机关取向"(State-centered),一是"社会取向"(Society-centered)。前者侧重国家机关,重点关怀国家机关对社会的侵蚀,有"行政国家"(Administrative State)、"原初国家"(Primordial State)、"土著国家"(Bumiputra State)、"权威国家"等解释。米尔顿·雅各布·埃斯曼(Milton Jacob Esman)的"行政国家"概念源于他对马来西亚官僚体制的考察。他在《马来西亚行政与发展:多元社会机构的建立与改革》[2]一书中,提出马来西亚拥有一套运行良好的行政体制,它发轫于英国殖民时代,促成国家机关成为社会的支配机构,而并非对社会做出适应。盖尔的"原初国家"是对马来西亚公共企业的生态环境进行研究后得出的结论。他在《马来西亚政治与公共企业》[3]一书中指出,马来西亚政治环境中存在大多落后及传统社会中都会存在的恩庇侍从关系(Patron-client Relationship)。何启良的"土著国家"概念出自其博士论文《本土化的国家:马来半岛的新经济政策与土著国家》[4],强调新经济政策对马来西亚政治的影响。他认为,新经济政策推行过程产生明显的政治结果就是国家机关权力的扩大。在巫统的领导下,国家权力开始介入经济,加强土著政商结合,推展单一社会、文化措施,导致国家出现种族霸权。与何启良对国家集权的看法相似,史蒂文·列维茨基(Steven Levitsky)与卢肯·A. 韦(Lucan A. Way)认为马来西亚的政体形式保持着"竞争型威权主义"形态,本质上充满威权性格,民主制度徒具表面形式。他们认为有两大因素导致国家政体出现威权特质:一是强大的国家机关,二是缺乏制衡巫统利用国家权力阻挠反对势力竞争的力

---

[1] Michael R. J. Vatikiotis:《东南亚政治与发展》,林若雩译,韦伯文化事业出版社,1999,第57—58页。

[2] Milton Jacob Esman, *Administration and Development in Malaysia: Institution Building and Reform in a Plural Society* (Ithaca: Cornell University Press, 1972).

[3] Bruce Gale, *Politics and Public Enterprise in Malaysia* (Petaling Jaya: Eastern Universities Press, 1981).

[4] Ho Khai Leong, "Indigenizing the State: The New Economic Policy and the Bumiputra State in Peninsular Malaysia" (PhD diss., The Ohio State University, 1988).

量。[1] 对于马来西亚威权政体的看法,澳大利亚的约翰·芬斯顿和台湾的顾长永以及中国多数学者表示赞同。例如北京大学梁志明教授就认为,自"5·13"事件后,马来西亚就从温和的民主政治转向了权威主义的形式,马来主体民族上层集团长期执政,实行柔性的、有限度的集权统治体制。[2] 后者侧重关注马来西亚民主运作,相关归类的名称有"协和式民主"(Consociational Democracy)、"半民主"(Semi-democracy)、"种族权威民主"(Ethnic Authoritarian Democracy)等。其中,最受学者推崇与重视的是阿伦德·利普哈特(Arend Lijphart)教授的"协和式民主"。此概念是利普哈特教授对于多元分歧社会的精英在解决各自所属族群的政治要求之安排所做的描述,他将此模型应用于对比利时、瑞士、马来西亚等多族群国家的政治体系分析。根据利普哈特的理论,"协和式民主"有四大特色:(1)政府乃各大民族领导层的结盟;(2)用以保护少数的相互否决权;(3)政治代表权、公共职位、公共开始分配以"比例制"为原则;(4)各族对于本身事务的运作有高度的自主性。[3] 用"协和式民主"解释马来西亚政体受到相关学者的肯定。与利普哈特有类似看法的有卡尔·冯·沃里斯(Karl Von Vorys)及戈登·P.米恩斯(Gordon P. Means)。沃里斯认为,马来西亚的政治体制是建立在族群合作而非民族共同体的基础上[4]。而米恩斯在20世纪90年代归纳马来西亚政治体系特质时提出"精英相互包容制"(Elite Accommodation System)看法[5],同时也承认实践与模型之间有很大差距,并且随着时间的推移,体制赖以运行的最低要求也遭到了侵蚀。威廉·凯斯(William Case)将马哈蒂尔时代的马来西亚称为

---

[1] Steven Levitsky and Lucan A. Way, *Competitive Authoritarianism: Hybrid Regimes after the Cold War*(New York: Cambridge University Press, 2010), p. 318.

[2] 梁志明:《论当代东南亚国家政治现代化的发展进程与趋势》,载郭梁主编《21世纪初的东南亚社会与经济》,厦门大学出版社,2003,第118—137页。

[3] Arend Lijphart, *Democracy in Plural Societies: A Comparative Exploration* (New Haven: Yale University Press, 1977), pp. 150-153.

[4] Karl Von Vorys, *Democracy Without Consensus: Communalism and Political Stability in Malaysia* (Princeton: Princeton University Press, 1975), p. 14.

[5] Gordon P. Means, *Malaysian Politics: The Second Generation* (Singapore: Oxford University Press, 1991).

"半民主政体"[1]。作为半民主政体,马来西亚虽然仅有有限的公民自由,但却有制度化、适度竞争的选举。在这种结构中,公民的言论和集会被出版及印刷法令等相关法令严格控制,政治异议分子被内安法令压制,但反对党却能在国会中找到立足之地,有时甚至能公然控制一州政府。至于"种族权威民主国家"(Ethnic-authoritarian-democratic State),这个概念源于祝家华对马来西亚政体演变的推论。他认为,马来西亚民主政治处于倒退状态,由1955—1959年的"协和民主"、1960—1964年的"准协和民主"、1965—1969年的"协和权威民主"到1971年之后的"种族权威民主"。这种政治体制充满着矛盾,但又似乎是统合而稳定的,它有种族的、威权的、民主的独立层面,也有种族威权、威权民主、种族的"威权民主"以及"种族威权"的民主之混合方面。它是巫统透过国阵建构统治大马这复杂的国家之稳态结构的政体总称。[2]

马来西亚政治转型近年来也受到学界广泛关注。庄礼伟以2013年马来西亚第13届大选为分析对象,认为城市化与世代更替所造成的马来西亚选民结构变迁正在推动马来西亚竞争型威权体制的消解,尽管这种消解具有耗时性[3]。李辛、凌海认为马来西亚在保留了原有的政治体制基本形式的情况下,通过"体制内"的转型实现了民主的发展,这种转型更具有渐进性和稳定性[4]。韩国庆尚大学黄仁元认为2018年大选后政党轮替标志着马来西亚选举权威主义体制最终走向崩溃[5]。马来西亚本土学者在《未巩固的民主:马来西亚2018年选举》中提出,马来西亚公民固然以非暴力和平途径结束了威权体制,但旧威权的幽灵与思维依旧盘旋在天空中,并未消散,而民主体制为

---

[1] William Case, "Semi-democracy in Mahathir's Malaysia,"in *Reflections:The Mahathir Years*, ed. Bridget Welsh (Washington, D.C.: Johns Hopkins University, 2004), pp. 77-86.

[2] 祝家华:《结构政治神话:大马两线政治的评析(1985—1992)》,华社资料研究中心,1994,第107—114页。

[3] 庄礼伟:《马来西亚竞争型威权体制的走向:以选民结构为考察视角》,《东南亚研究》2014年第2期,第14—21页。

[4] 李辛、凌海:《马来西亚民主化和政治转型的进程与特色》,载李路曲主编《比较政治学研究.2017年第1辑(总第12辑)》,中央编译出版社,2017,第75—116页。

[5] 黄仁元:《马来西亚政治在选举权威主义体制崩溃后的可能性:以2018年第14届议会选举为中心》,李鹏编译,《南洋资料译丛》2018年第4期,第25—36页。

新立或重建,仍然脆弱和尚未巩固[1]。

20世纪80年代以来,对马来西亚族群政治的研究逐渐受到政治学者的重视,以唐纳德·L.霍罗威茨(Donald L. Horowitz)、拉杰·K.瓦西里(Raj K. Vasil)等学者为代表。霍罗威茨的《冲突中的族群》[2]是以各国许多类似经验作为比较研究基础,从政治组织和政治冲突的角度研究族群关系的著作。他严格界定了族群性政党、跨族群性政党与非族群性政党,认为不同的族群性政党体系对于各国国内的族群关系会造成不同的影响。圭亚那与斯里兰卡的族群性政党体系激化了两国原本并不十分严重的族群冲突,而马来西亚的跨族群政党结盟则有缓和原本相当艰难的种族冲突局面的作用。瓦西里的研究与霍罗威茨有重叠之处,他在1984年出版的《双族群社会的政治:第三世界国家的经验》[3]一书中,以马来西亚、斐济、圭亚那、特立尼达和多巴哥为政治个案,认为双族群社会是多族群社会中的特殊子类型,其特征在于两大族群倾向于维持一种稳定的敌对、互不信任、冲突的状态。这是由于对峙双方在人数上势均力敌,都企图夺得国家领导权而无法接受从属的地位。虽然瓦西里仅以人口多寡判断族群在政治结构中的地位,而忽视了经济力量、政治实力等重要方面,并且也忽视了族群之间常见的资源分配不公等问题,但是他的研究仍有相当的启发性。戴维·布朗(David Brown)的《东南亚国家与族群政治》[4]第六章"马来半岛阶级、国家与族群政治"则是以国家机关为主题,观察马来西亚阶级结构与族群政治之间的关系。他认为,马来西亚族群政治呈现3个特点:殖民主义造成马来人寻求以政治组织保卫其族群,即以阶级利益为主的种族阶级团体出现;殖民国家,提倡以族群意识形态作为理解马来西亚政治的主导典范;族群中的阶级团体利用这个族群意识形态,自我装扮为种族代言人,而成功地维持其阶级主导地位。中文著作方面,杨建成的《西马来西亚华巫政治

---

[1] 潘永强主编《未巩固的民主:马来西亚2018年选举》,马来西亚华社研究中心,2019。
[2] Donald L. Horowitz, *Ethnic Groups in Conflict* (Berkeley: University of California Press, 1985).
[3] Raj K. Vasil, *Politics in Bi-racial Societies: The Third World Experience* (New Delhi: Vikas, 1984).
[4] David Brown, *The State and Ethnic Politics in Southeast Asia* (London: Routledge, 1994).

关系之研究（上册） 1957年—1975年》[1]是研究1957年至1975年间马来西亚华、巫两族政治互动关系的代表作。作者以翔实的史料做支撑，从马来西亚多元社会入手，在详述代表性历史事件的基础上，认为马来西亚独立的18年来，华巫政治关系已经由潜在的不平等演化成公然的政治原则。甘德政在《不同的历史想象：马来西亚族群政治的起源》[2]中则认为马来西亚华人的民族主义源于承认的匮乏，马来人将华人视为"想象的敌人"，由于殖民者有意扭曲各族群的真实历史和族群认同，也在本土政治人物有意识操纵族群意识以巩固权位的情况下，各族群和谐显得遥遥无期。

政党政治也是马来西亚政治发展的重要方面。有关马来西亚政党政治的代表作应该是王国璋的《马来西亚的族群政党政治（1955—1995）》[3]。他将霍罗威茨的族群政治理论运用于马来西亚政党政治研究，通过历史分期的方法，将40年来的马来西亚政党政治分为三个阶段，即联盟时代、国阵时代前期以及20世纪80年代中期至1995年因"两线制"运动而带来一定程度冲击的时期。作者认为，相对于联盟时代蓬勃而有活力的政党政治活动，国阵成立后，这种活力开始减弱。然而借助于巫统分裂的契机，"两线制"运动的兴起终于使政党竞争的局面有所活跃，并在1990年大选达到顶峰。但好景不长，1995年大选结果揭示了"两线制"运动的终结，在野势力又趋向平静。虽然马来西亚政党政治短期内无法摆脱既有局限，但由于"趋异"的族群政党妨碍公正的资源分配，因而未来马来西亚政党政治的发展还是应该以"去族群政治"为目标。台湾学者何忠良的《西马来西亚华人政党之研究》[4]一文，以马来半岛之华基政党，即马华、民政党、行动党为研究对象，通过分析华人政治根植的多元社会环境，历述各政党发展历程、组织结构以及大选表现，探讨它们在联盟和国阵时代所扮演的角色。从比较政党制度理论出发，研究马来西亚政党

---

[1] 杨建成：《西马来西亚华巫政治关系之研究（上册） 1957年—1975年》，博士学位论文，"国立"政治大学政治研究所，1976。
[2] 甘德政：《不同的历史想象：马来西亚族群政治的起源》，《东南亚纵横》2018年第2期，第77—82页。
[3] 王国璋：《马来西亚的族群政党政治（1955—1995）》，唐山出版社，1997。
[4] 何忠良：《西马来西亚华人政党之研究》，硕士学位论文，"国立"政治大学东亚研究所，1990。

制度的是黄明来的《一党独大：日本与马来西亚政党政治比较研究》[1]。该书通过对比方式，透过政党学的理论，将日本的自民党一党独大政权的形成、兴盛、衰退与崩溃的过程，和以巫统为主流的马来西亚一党独大政权之形成、兴盛及衰退时期进行比较，找出彼此的特征，来鉴定两国一党独大制的共同点和不同点，作为预测马来西亚一党独大制变化的理论依据。该书另一重要价值在于作者的预测，他认为1988年巫统大分裂是巫统自独立以来即成为一党独大政权核心衰退的开始。另外，山东大学宋效峰的博士论文《马来西亚现代化进程中的政治稳定：政党制度的视角》[2]将马来西亚的政党制度作为变量，对转型社会中的民主化与政治稳定之间的关系进行剖析。云南大学刘素燕认为2008年大选后马来西亚一党独大政党政治格局已然改变，政党政治出现新的变化，国民阵线失去国会议席的绝对多数，巫统亦失去马来人无条件的支持，中产阶级成为选民中的主流。[3] 英文资料方面，关于马来西亚政党政治研究的有戈麦斯在《东亚、东南亚政党制度与民主发展（第一卷：东南亚）》[4]一书中对马来西亚的介绍，以及瓦西里的《多元社会中的政治：西马来西亚非族群政党研究》[5]等。

（三）马来西亚华人政治研究现状

目前，国内华侨华人研究仍未成为一门独立学科，在学术界仍处于边缘地位，华侨华人研究的整体水平有待进一步提高。[6] 在马来西亚华侨华人研究方面，因马来半岛长期为英国殖民地，英国学者对新马华人的研究着手较早，

---

[1] 黄明来：《一党独大：日本与马来西亚政党政治比较研究》，大将事业社，2003。
[2] 宋效峰：《马来西亚现代化进程中的政治稳定：政党制度的视角》，博士学位论文，山东大学，2009。
[3] 刘素燕：《2008年以来马来西亚政党政治的新变化研究》，硕士学位论文，云南大学，2017。
[4] Wolfgang Sachsenroder and Ulrike E. Frings (eds.), *Political Party Systems and Democratic Development in East and Southeast Asia (Volume I: Southeast Asia)* (Aldershot: Ashgate, 1998).
[5] Raj K. Vasil, *Politics in a Plural Society: A Study of Non-communal Political Parties in West Malaysia* (Singapore: Oxford University Press, 1971).
[6] 张秀明：《近年来国内华侨华人研究的趋势与展望——以2000年—2006年〈华侨华人历史研究〉杂志载文为例》，载吴小安、吴杰伟主编《中国华侨华人研究——优势与挑战》，香港文汇出版社，2008，第41页。

代表学者为曾担任马来亚华民事务官的维克托·巴素（Victor Purcell）。其《东南亚之华侨》[1]与《马来亚华侨史》[2]两本著作对新马华人社会结构、经济运作、教育与认同等问题有相当精辟的见解。巴素对新马华人认同的研究颇受关注，他认为华人的华文教育、中华文化的凝聚力对华人"中国意识"的形成具有决定作用，所以被称为中华文化"持续论"（Persistence Theory）思潮。另一位研究近代早期新马华人社会的著名学者是澳大利亚的颜清湟教授。他的《新马华人社会史》[3]一书，主要探讨1800—1911年新加坡和马来亚华人社会的社会结构及其职能。颜先生将当时新马华人社会横向上分为方言组织、宗亲组织和秘密会社三种结构形式，纵向上分为"商""士""工"三个阶层。该书细述当时时代背景下华人社会面临的主要社会问题及认同问题，为我们了解近代华人社会提供了背景支持。马来西亚本土学者华人研究方面，以1998年马来西亚中华大会堂总会出版的《马来西亚华人史新编》[4]为代表。全书分三册，集众家之专长，通过堪称完备的史事记述，涵盖马来西亚独立前后华人政治、经济、教育、文学、宗教、社团、社区（新村）、人口、报业、思想（文化思想）、世变（历史变革）、人祸各个方面，是笔者认知马来西亚华人的重要参考。与《马来西亚华人史新编》相呼应的是李锦兴（Lee Kam Hing）与陈文清（Tan Chee-Beng）合编的英文著作《马来西亚华人》[5]。与前者思路相似，该书亦以"分工合成"的方式收录14篇马来西亚本土学者华人研究成果，内容涉及华人社会演变、社会文化多元特质、人口进程、经济、商业、政治、文化、华文教育各方面。值得一提的是，针对前者对华人政治史上具有重要意义的华人左翼劳工运动研究的不足，该书特意收录了关于20世纪20年代至60年代马来亚劳工运动的兴衰过程的研究成果。

如韩方明所言，目前华侨华人研究，从理论形成的角度看，还处于理论化

---

[1] 巴素：《东南亚之华侨》，郭湘章译，国立编译馆，1966。
[2] 巴素：《马来亚华侨史》，刘前度译，光华日报社，1950。
[3] 颜清湟：《新马华人社会史》，粟明鲜、陆宇生、梁瑞平等译，中国华侨出版公司，1991。
[4] 林水檺、何启良、何国忠等合编《马来西亚华人史新编》（共三册），马来西亚中华大会堂总会，1998。
[5] Lee Kam Hing and Tan Chee-Beng (eds.), *The Chinese in Malaysia* (New York: Oxford University Press, 2000).

的前期阶段[1]。对此,王赓武(Wang Gungwu)教授对华侨华人进行分类的理论成为学术研究的典范。他颠覆巴素将华人作为"中国认同"为核心铁板一块的看法,在《政治的华人:他们对东南亚现代史的贡献》[2]一文中,根据华人的政治兴趣与活动将华人分为三类:第一类,主要关心的是中国的国家政治及其国际后果;第二类,主要关心的是所在地的社区政治;第三类,是被牵连至非华人统治集团的政治。同时王教授也把19世纪开始的东南亚现代史分为三个阶段:第一,19世纪大部分年代;第二,19世纪末期至20世纪初期;第三,1945年以后。针对三个不同的阶段,三类华人呈现出不同的政治意识、活动与行为、数量和流动性、领袖人物的产生与特质,以及他们在东南亚现代史中的作用。将上述观点应用到马来亚实际状况,王教授在《马来亚华人的政治》[3]一文中指出:第一类是甲集团。它与中国政治保持着直接或间接的联系,并总是关注着自己与中国的共同命运。它的政治色彩在三个集团中最为鲜明,但由于远离中国,又受到殖民地政府和民族政府的限制,这一集团又可能是最无力,也是最不得志的。第二类是乙集团。它由精明而讲求实际的多数华人组成,他们关心的是贸易和社会团体的低姿态和间接政治。他们的目标也最温和,常常给人以不问政治的印象。至于第三类集团丙集团,则是一个小而不稳的集团,因为它不能把握自己的特性,但一般都抱有对马来亚的某种忠诚。它是一个混合团体,其成员来自好几个阶层,从峇峇、英属海峡殖民地华人、马来亚民族主义者一直到抱有不同程度含糊动机的其他人。借由王教授的分类,崔贵强在《新马华人国家认同的转向 1945—1959》[4]一书中还原在土生华人为代表的丙集团的领导下,马来亚华裔移民族群在国家认同上,逐步扬弃"中国认同"转而认同居留地的历史过程。

---

[1] 韩方明:《华人与马来西亚现代化进程》,商务印书馆,2002。
[2] Wang Gungwu, "Political Chinese: Their Contribution to Modern Southeast Asian History," in *Southeast Asia in the Modern World*, ed. Bernhard Grossmann (Wiesbaden: O. Harrasswitz, 1972), pp.115-128.
[3] Wang Gungwu, "Chinese Politics in Malaya," *The China Quarterly*, vol. 43, no. 43(1970): 1-30. 中译文参见王赓武:《东南亚与华人——王赓武教授论文选集》,姚楠编译,中国友谊出版公司,1987,第155—192页。
[4] 崔贵强:《新马华人国家认同的转向 1945—1959》,厦门大学出版社,1989。

对于战后马来西亚华人政治的分析,相关学者选择从不同侧面来展开。有学者倾向于以宏观高度把握华人政治进程。例如潘永强在《抗议与顺从:马哈迪时代的马来西亚华人政治》[1]一文中就根据华人政治的结构、群众与精英的互动,梳理了马哈蒂尔时代华人政治发展历程。他认为在马哈蒂尔执政前10年,华人政治总体呈现抗议国家政治的状况,从20世纪90年代开始,在国家怀柔,相对包容的政策环境下,逐渐走向顺从。与潘永强的角度相似,李锦兴的《五十年来的马来西亚华人政治》[2]一文将研究的时间拉得更长。在战后50年来马来西亚华人政治的背景下,探讨国阵华基政党在跨族群合作中的角色。文中除了涉及华人与马来人得以维系政治合作关系的因素,还探讨华人在国内,特别在执政联盟不断变动的权力平衡关系中的处境,以及在几个可能的选项中如何抉择,以确保华社的角色受到公平和公正的对待。关于华社为何未能获得与马来族群平等的地位,厦门大学庄国土等人在《二战以后东南亚华族社会地位的变化》[3]一书中指出,最关键的原因在于1948年的联合邦宪制及1957年的独立宪法均没有解决华人公平政治权利的问题。这两部宪法的制定主导权掌握在马来族群手中,因而是华人社会无法单方面解决的问题。

华人政治状况的评价,张应龙的《战后马来西亚华人政治的特点》[4]就将战后马来西亚华人政治史称为最具典型意义的华人政治史。金正昆、朱凌峰梳理马来西亚华人政治参与模式,认为族群政治参与,通过直接投票、华人政党、华人社团三种方式实现政治参与,由国家族群政治生态环境、华人高比例、高投票率等因素决定[5]。何启良更是以"公民政治未竟之业"来评价马来西

---

[1] 潘永强:《抗议与顺从:马哈迪时代的马来西亚华人政治》,载何国忠编《百年回眸:马华社会与政治》,马来西亚华社研究中心,2005,第203—232页。
[2] 李锦兴:《五十年来的马来西亚华人政治》,载文平强主编《马来西亚华人与国族建构:从独立前到独立后五十年》(下册),马来西亚华社研究中心,2010,第415—444页。
[3] 庄国土等:《二战以后东南亚华族社会地位的变化》,厦门大学出版社,2003。
[4] 张应龙:《战后马来西亚华人政治的特点》,载张存武、汤熙勇主编《海外华族研究论集》(第二卷),台湾"华侨协会",2002,第185—203页。
[5] 金正昆、朱凌峰:《海外华人政治参与模式初探——以美国、马来西亚及英国为例》,《东南亚研究》2016年第6期,第92—100页。

亚独立50年来华人政治参与的功过[1]。也有学者以华人政治参与的各类主体为对象，对华人政治进行微观研究。例如李锦兴的《马来半岛华人政治的三个面向：马华、民政党和行动党》[2]和王建民（Ong Kian Ming）的《华人困局？马来半岛华基政党的未来》[3]就是典型。前者以三大华基政党为对象探讨华人政治在马来西亚政治中的地位；后者认为，为争夺华人选票，三大华基政党之间实际已形成零和博弈，这是导致华人困局的关键所在。对于华人社团的政治活动，石沧金的《二战后马来西亚华人社团的政治参与》[4]集中描述了二战后马来西亚政局的演变下，由于华人政党无法维护华社利益，华团被迫承担起华人政党的责任，从事广泛的政治参与活动。但是石沧金认为，华团参政并不是健康的现象，未来华团的角色仍然在于作为压力集团监督政治。

三、资料使用情况

本书所参考和使用的资料，主要是马华公会总部资料室所藏之文献资料，如常年报告书、党史和纪念特刊、传记、宣传手册等资料。分为两种：第一类是马华公会原始档案文献，包括常年代表大会会务报告书、常年代表大会总会长政策演词、宣传手册、机关报（创立初期为《导报》，1988年7月以后为《马华快讯》，2006年6月以后为《蓝天》）、内部报告等。虽然马华总部资料室未能完整保存每一年份的文件，但对于马华公会各方面的运作提供了基本的一手资料，使笔者对马华的研究得以在稳固的基础上进行更深入的分析。第二类是马华公会党史和周年纪念特刊、华文报刊。自1969年起，马华几乎每5年都会出版周年纪念特刊，内容包括党史、党内的大事记以及一些早年的备忘录和总会

---

[1] 何启良：《公民政治未竟之业：50年来马来西亚华人政治参与功过评说》，载文平强、许德发主编《勤俭兴邦——马来西亚华人的贡献》，马来西亚华社研究中心，2009，第221-231页。

[2] Lee Kam Hing, "Three Approaches in Peninsular Malaysian Chinese Politics: The MCA, the DAP and the GERAKAN," in *Government and Politics of Malaysia*, ed. Zakaria Haji Ahmad (Singapore: Oxford University Press, 1987), pp.71-93.

[3] Ong Kian Ming, "Chinese-in-a-box? The Future of Chinese Parties in Peninsular Malaysia," in *Reflections: the Mahathir Years*, ed. B. Welsh (Washington, D.C.: Johns Hopkins University, 2004), pp.189-198.

[4] 石沧金：《二战后马来西亚华人社团的政治参与》，《世界民族》2004年第4期，第50-57页。

长对外公开的信函等。由于这些周年纪念特刊所采用的资料大部分都来自党内的档案文献,因此非常值得参考。另外值得一提的是,本书所运用的华文报刊资料主要来自马华总部资料室。马华总部建有庞大的华文报纸剪报信息库,涵盖自马华创立以来,各大华文报纸对马华或重大华人、国家议题的报道,对本书的写作具有重要的参考价值。

四、分析层面和基本框架

(一) 分析层面

本书以政党理论与政治发展理论为基础,并采取文献分析法与历史研究法,借由历史的角度,引用中英文书刊中的文献资料,以结构性、历时性、共时性作为三重向度,来分析马华公会作为一个华人政党在土著主义的国度里,其政治角色是否随着国家政治经济发展而产生转变。

结构性、历时性、共时性是政党现代性视域中典型的三重分析向度。对政党结构性进行分析,借鉴阿尔蒙德使用结构功能主义方法对政治系统分类。因为任何政党制度和政党的功能,都是以其内在结构为前提和基础的;就政党外部环境而言,它处于国家政治制度和政党制度的框架之中,既是"选民中的政党",又是"政府中的政党";就政党内部结构而言,它也是"组织中的政党",由意识形态、制度规范和有效性等因素构成的自我维持的循环系统。

对马华公会这一政党组织进行功能分析、角色定位的前提就是要对马来西亚政党制度和马华公会组织进行结构性分析。在政党制度结构中,分析的向度在于权力在马来西亚各个政党组织之间的分配原则,权力的制约和权力的监督制度关系,权力与权利的制度性关系,政党制度的社会整合功能和政治参与功能。针对马华公会组织的结构性分析,本书主要从政党的宗旨与目标、成员对于组织目标的认同基础、组织的规则体系、组织结构的分化及整合等问题层面切入。

对政党的历时性分析,主要从历史和环境变迁的角度分析政党的变化。这些变化主要表现为行为规则的变化、理论价值的调整和政党制度的历时替代。就历时性分析而言,就是将马华置于马来西亚国家发展的社会环境之中,以30年国家民主政治演进、社会现代化进程和族群关系的变化作为自变量,来分析马华公会在社会环境发展的每一阶段随之发生的政治功能、政策主张、角色定位的演变。

共时性是对现存的现象进行分析的一种思维模式。对政党的共时性分析是指,从横向对比的角度考察政党制度的变迁与调整以及对环境变化趋势做出的一些适应性反应[1],展现政党围绕国家、社会以及权力而展开的政治活动。本书对于马华公会的共时性分析是在历时分析的基础上,在马华发展的每一个阶段过程中,从马华与国阵政府,与华人社团,与华人在野势力的复杂关系中展现其政治活动。

(二) 基本框架

本书共分8个部分:绪论部分主要阐明论文的缘起与意义、国内外研究现状、分析层面、相关概念界定等内容。第一章主要是追溯马华公会在建党之前的历史背景、创党经过以及20世纪50年代至70年代前30年的发展历程。由于本书专注于20世纪80年代以后马华公会的研究,作为背景材料,非常有必要对马华在20世纪80年代以前的发展历程进行简单回顾。第二章专注讨论马华公会的宗旨、内部结构、权力运作、党员招募、精英甄选等过程。笔者从"政党作为组织"来着手研究,其中心在于遵循组织研究路径,将马华公会之下的分支单位作为对象,分析马华公会内部的组织安排,以探究这些次级单位如何进入或者如何改变政党的整体功能与方向。第三章进入对马华公会政策层面的研究。政党政策主张是政党获取选民青睐、建立政党认同的关键,因而分析政党政策成为研究政党的首要内容。此章通过厘清马华公会面临的华巫族群矛盾以及华人社会内部矛盾,全面梳理20世纪80年代以来马华公会经济、文教、行政等政策产品,分析马来西亚华人追求公民社会、民主政治的利益诉求与马华公会固守族群政治,局限国家威权主义政治体系之下的政策输出之

---

[1] 赵成斐:《政党政治与政治现代性——基于马克思主义政治哲学视野的研究》,中央编译出版社,2010,第10页。

间的巨大落差。第四章分析马华公会的派系政治。虽然派系政治是每个政党不可避免的现象,但是马华公会的派系政治尤为明显,释放出的力量也多是消极的、分裂性的力量。本章从"派系"的界定、分类等概念性的诠释入手,选取马华三次典型的党争案例,通过详述历次竞争各方分歧焦点、激化过程及解决方案,来总结马华派系政治私性竞争的特质,及其对于母体的伤害。第五章叙述20世纪80年代以来马华议会政治的发展历程。笔者透过此阶段马华曾参加过的九次大选和一些比较重要的补选,来剖析它所应用的选举战略和战术。同时,由于马华与行动党动员的对象均是华人社会,因此在选举的过程中,两者必然会产生此消彼长的关系。在此有必要说明的是,这一章的论述比其他章节的篇幅都要大,这跟研究的重点相关。政党的核心功能就是通过选举获取公共权力,在选举过程中,还需要厘清各方关系,这些都是必须涉及的问题。第六章主要探讨20世纪80年代以来马华与华人社团的关系演变以及由此带来的马华社会基础的变化情况。华人社团作为马来西亚华人政治的第三股力量,能够对华人选民的投票倾向产生关键影响。笔者根据不同时期华人社团的动向特点,以及它们与马华之间或对立,或合作的关系,来分析马华社会基础的变化情况。第七章为结论部分,在分析合法性构成要素的理论基础上,从合利益性、合法律性、合道德性3个方面来总结马华公会遭遇"合法性危机"的原因。

五、概念界定

(一)马来西亚

马来西亚的正式名称是马来西亚联邦(Federation of Malaysia),成立于1963年9月16日,其范围包括马来半岛的玻璃市、吉打、霹雳、槟城、雪兰莪、森美兰、马六甲、柔佛、吉兰丹、丁加奴、彭亨11个州,加上新加坡以及位于婆罗洲上的沙巴和沙捞越两州。由于历史和地理的因素,一般通称马来半岛为西马来西亚,简称"西马";而沙巴和沙捞越两州则称为东马来西亚,简称"东马"。

从另一个角度观察，马来西亚可以说是马来亚联合邦（Federation of Malaya）的再扩大，因为马来亚于1957年8月31日宣布独立时，其范围即包括今日马来半岛的11州，而且马来西亚宪法也以马来亚宪法为蓝本。因此，当新加坡在1965年8月9日脱离马来西亚独立后，纵然马来西亚版图有所缩小，但马来西亚的名称并未因为新加坡的独立而有所更改，而且一直沿用至今。本书为行文方便，1957年独立之前称为"马来亚"，独立后则统称为"马来西亚"。虽然1991年马华进军沙巴，介入东马政治，以填补1990年大选因沙巴团结党退出国阵而造成的沙巴华裔社会在政治上的真空状态，后来随着团结党的回归，又在沙巴建立基层组织结构，但并未参与议会选举。因而，本书所述马华公会活动基本是围绕西马展开。

（二）族群

"族群"一词从20世纪60年代中期开始在美国和西欧国家的社会学、人类学、政治学等学科中流行开来，用以分析国家基于种族、民族、语言、宗教、文化、习俗等要素基础上的"认同群体"。20世纪70年代，中国学术界引入这个词汇，并翻译成为"民族群体"，后来采用中国台湾、香港学术界的翻译方法，译成"族群"。在吴泽霖总纂的《人类学词典》中，"族群"的定义是："一个由民族和种族自己集聚而结合在一起的群体。这种结合的界线在其成员中是无意识承认，而外界则认为它们是同一体。也可能是由于语言、种族或者文化的特殊而被原来一向有交往或共处的人群所排挤而集居。因此，族群是一个含义极广的概念，它可以用来指社会阶级、都市和工业社会中的种族群体或少数民族群体，也可以用来区分土著居民中的不同文化和社会集团。族群概念就这样综合了社会标准和文化标准。"[1]北京大学的马戎认为，族群不仅指亚群体和少数民族，而且泛指所有由不同文化和血统所造成的、被打上烙印的社会群体。相对于"民族"的政治性含义，族群更强调其他非政治性差异，如按语言、宗教和文化习俗等分类的群体。[2]中国学术界开始改变传统的"民族"称谓，

---

[1] 吴泽霖总纂《人类学词典》，上海辞书出版社，1991，第308页。
[2] 马戎编著《民族社会学——社会学的族群关系研究》，北京大学出版社，2004，第37页。

将一国之内的不同种族称为族群,因此本书也遵从此变化,称马来西亚华人、马来人、印度人为华裔族群、马来族群、印裔族群。

(三) 华侨与华人

根据我国国籍法和华侨华人研究领域达成的共识,海外中国移民及其后裔,加入当地国籍的称为华人,未加入当地国籍的称为华侨。二战前,马来亚没有统一的公民权和国籍,当地的中国移民基本是华侨。二战后,马来亚政府推出统一的公民权,部分取得马来亚公民权的为华人,其余的仍然是华侨。1957年马来亚独立后,由于绝大部分华侨成为马来亚公民,马来亚华侨社会也转化为华人社会。由于华人在国外还有"中国人"的含义,大多数马来西亚本地华人学者将带有中国血统的华裔,无论独立前还是独立后的,都称为华人或华裔,国外以及马来西亚当地的相关文献资料也是如此。为了保持引文原貌,本书引用资料时按原文引用。本书一般称独立前马来亚的中国移民及其后裔为华侨,独立后的为华人。

(四) 政党、政党制度与族群性政党

关于政党的定义,代表性的观点有三种:第一,政党是实现某种主义的团体。如英国学者埃德蒙·柏克(Edmund Burke)认为"政党是人们为通过共同努力以提高民族福利,并根据某种他们共同认可的原则而结成的组织"[1]。第二,政党是人们谋求公职的工具。代表人物是美国学者萨托里。他认为,"政党是由选举中出现的正式标识而辨认,并可以使其候选人通过自由或不自由的选举而担任公职的任何政治团体"[2]。第三,政党是一种政治权力的组织机构。如迈克尔·罗斯金等就认为,政党是"以通过赢得大选的方式来影响政府为目标的组织"[3]。

---

[1] 埃德蒙·柏克:《自由与传统——柏克政治论文选》,蒋庆、王瑞昌、王天成译,商务印书馆,2001,第148页。
[2] 乔瓦尼·萨托里:《政党分析的基本框架》,吴克峰、朱昔群编译,《马克思主义与现实》2006年第6期,第39页。
[3] 迈克尔·罗斯金、罗伯特·科德、詹姆斯·梅代罗斯等:《政治科学》,林震、王锋、范贤睿等译,华夏出版社,2001,第227页。

一国之内政党之间的关系就形成了政党制度。政党制度的类型有竞争型和非竞争型两种,每种类型中又可分为若干子类型。竞争型的政党制度有两党制、多党制两种子类型,非竞争型的政党制度就是我们所谓的一党专政制。按照此分类,2018年之前,马来西亚的政党制度应该属于多党制中的一党独大制。因为依照萨托里的界定,所谓一党独大制指的是在竞争型多党制下,尽管定期举行大选,但同一个政党却能掌权30年以上的国家。马来西亚无疑符合这个标准,自1955年大选以来,以巫统为主的国阵已经开始通过联合其他政党的方式掌握政权,累计长达50多年。本书研究的对象,就是在巫统一党独大的制度下,与巫统结盟共同执政的华人政党——马华公会。

当族群与政党联合起来,政党的成员局限于某一族群的界域之内时,无论代表该族群的政党数目有多少,都可以认定这一政党为族群性政党。按照这个定义,本书的研究对象马华公会因为只接受华人为党员而是典型的族群性政党。以单一族群为基础的政党,也意味着该党主要是从单一族群处获得支持。值得注意的是,在归类族群性政党时,要以其客观运作为依据,不能受政党本身的主观宣示影响。如民政党和行动党,它们虽然都标榜本身是跨族群性的多元政党,而且其在招收党员时也没有排他性的族群身份限制,但由于它们的支持者多是华人,因此也被认为是华人族群性政党。

六、创新与不足

本书不敢妄谈有何创新之处,只是借助于学者对马来西亚政治发展、马来西亚华人政治和对马华公会本身纷繁复杂的论述,依据报纸资料和马华全国代表大会会务报告等原始资料,将马华的发展轨迹整理出来,还原出以马华为代表的马来西亚华人政治参与的历程。在写作上,虽然本书聚焦于马来西亚政治环境中单一政党的研究,但是时间跨度长,同时横向涉及马华公会与国阵政府、华人反对党、华人社会的多重关系,这对笔者的知识结构和总体把握能力将是一个考验。另外在资料收集上,受个人语文能力的限制,无法阅读马来文相关资料,因此笔者并没有引用马来文资料,造成无法透过马来人的角度看待马来西亚华人的政治参与问题,这无疑是个缺陷。

第一章
马来西亚华人公会的创立与前期发展

马来西亚华人公会成立于1949年2月27日,原名为"马来亚华人公会",后因1963年马来西亚成立,遂改名为"马来西亚华人公会"。马华公会的成立是马来西亚华人政治发展的分水岭,不但标志着华人政治认同从"中国化"认同向"本土化"认同转变,同时也标志着华人政治力量从分化走向联合。本章分两节,主要探讨马华成立的背景及20世纪50年代至70年代马华早期的发展历程。

第一节 马华公会成立的背景及经过

战后初期马来亚的政治发展,一方面是英国殖民者企图在马来亚建立长久的殖民统治而千方百计维护其殖民利益,另一方面是马来亚各族人民为争取国家的自由与独立而进行坚决的斗争。这种对立构成战后初期马来亚政治发展的主轴,决定了当时马来亚政治发展的内容与趋向。[1] 战后初期的华人政治发展也与这条主轴密切相关,成立马华公会就是华人政治对这条主轴做出的反应。因而,马华公会肩负的使命非常明确,即作为华人族群的政治代

---

[1] 张应龙:《战后马来西亚华人政治的特点》,载张存武、汤熙勇主编《海外华族研究论集》(第二卷),台湾"华侨协会",2002,第185—203页。

表,与其他族群合作,同殖民者抗争,以实现马来亚国家独立与马来亚人民的民主权利。

一、马华公会成立的背景

1945年8月15日,日本在占领马来亚3年8个月后,宣布无条件投降。1个月后,英军在新加坡宣布建立军政府,恢复对马来亚的殖民统治。曾经在日据时期与日军浴血奋战的马来亚共产党(马共)在"和平""盟友"的烟雾下乐观地认为能够通过宪政获取政权,遂主动解除武装并将各地的人民政权交给了殖民政府。[1] 1945年10月,英国工党政府基于战时各党派组成之联合政府所设计的"马来亚联邦计划"(Malayan Union Proposal)计划着手安排马来亚制宪工作,并派遣哈罗德·麦克迈克尔爵士(Sir Harold Macmichael)抵达马来亚,以"日据时代通敌罪名"胁迫各州苏丹签订协议,将"各苏丹陛下分内管辖权让给英皇陛下"。[2] 第二年元月,有关新马来亚联邦宪制的白皮书公布。白皮书的内容主要是:"除新加坡成为英国直辖殖民地外,槟榔屿与马六甲和马来联邦及马来属邦组成马来亚联邦,由英国派出总督来统治。各州苏丹保留处理有关伊斯兰教事务的权力。而所有在马来亚(包括新加坡)出生或居住了一定期限的人,均可获得公民权。"[3] 英国希望通过向非马来人开放公民权的方式,对华人在抗日战争期间所做的抵抗和牺牲给予适当的承认与奖励。[4]

"马来亚联邦计划"的提出,使一向将英国视为"保护者"的马来人感到遭受背弃,视之为对马来亚的"吞并"。特别是开放公民权给华人的建议,更被认

---

[1] 事实上从日军投降到英军重返马来亚,马共在马来亚几乎70%的小镇和主要城市中心建立了"人民委员会"接管政权。
[2] 杨建成:《西马来西亚华巫政治关系之研究(上册) 1957年—1975年》,博士学位论文,"国立"政治大学政治研究所,1976,第17页。
[3] 朱自存:《独立前西马华人政治演变》,载林水檺、何启良、何国忠等合编《马来西亚华人史新编》(第二册),马来西亚中华大会堂总会,1998,第37—38页。
[4] 陈剑虹:《战后大马华人的政治发展》,载林水檺、骆静山合编《马来西亚华人史》,马来西亚留台校友会联合总会,1984,第94页。

为是对其一向自持为原住民之优越地位的严厉挑战。在这种"民族危急存亡"的气氛下,由柔佛的"半岛马来人运动"与雪兰莪的"马来人协会"所主导的"泛马马来民族大会"于1946年3月1日在吉隆坡举行,并于1946年5月11日的第二次会议上正式成立了以马来人为基础的群众性政党——马来民族统一机构(即"巫统"),作为动员马来社会反对"马来亚联邦计划"的总机构。值得注意的是,这些由马来亚上层阶级领导的抗议行动并非旨在脱离殖民统治,而是要捍卫马来人的优越地位,确保非马来人,尤其是华人不会拥有同等的政治地位或取得公民权的待遇。例如,在1945年12月针对马来亚联邦而举行的首次群众示威行动中,标语上清楚地注明:"马来亚属于马来人。我们不要给予其他种族与马来人相等的权利与特权。"[1]

当马来社会如火如荼反对英国宪制安排时,华人社会对此反应却相当冷漠。在强化国人对乡土依附的华人传统思想中,离开祖宗的土地和离弃亲戚被认为是不孝之举,因此华侨社会形态里的移民总是考虑有朝一日返回祖国,即使客死他乡也要魂归故里,"叶落归根"是他们的主导思想。[2] 因而,在以"中国"为中心的政治认同的主导下,华人社会一方面认为居留地的政治与己无关;另一方面认为由于战后初期的公民权是非强迫性的,即使不入籍也不会影响华人在马来亚做生意。所以,非马来人的反应,就其强度与普通支持的程度而言,绝不能与马来社区相比。而马来人的态度也令英国政府惊讶,对于英国政府而言,它的主要目的在于贸易而非征服,当它发现过去的盟友大部分都反对联盟方案,便改变马来亚联邦立场,选择恢复原有状态。随后,英殖民部成立"宪制工作委员会"对未来宪制安排重新谈判,成员包括5个英国官员、6个马来人代表(4个苏丹和2个巫统代表)。显然,谈判排除了非马来人和马来左派。理由是,他们当初是与马来统治者签订协议,因此往后任何的修订都需

---

[1] 华社资料研究中心编著《马来西亚种族两极化之根源》,马来西亚雪兰莪中华大会堂,1987,第17页。
[2] 方金英:《东南亚"华人问题"的形成与发展——泰国、菲律宾、马来西亚、印度尼西亚案例研究》,时事出版社,2001,第10页。

要获得后者的同意。巫统作为统治者的代表也应邀参加。[1] 1947年,"马来亚联邦计划"终被撤销,取而代之的是新的"马来亚联合邦(Federation of Malaya)计划"。该计划依然没有致力于脱离殖民的独立运动,只是在族群利益分配上明显偏袒马来民族,并首次给予马来特权正式和法定的认可。对待非马来人方面,废除出生地原则,紧缩公民权的申请限制[2],使原本可以成为公民的华人,有90%以上被剥夺公民权利,截至1950年底华人获得公民权者仅占1/4[3];在立法议会中,官委的非官方议员,非马来人士也占少数[4]。英国政府和马来族群的做法立即遭到了华人社会的强烈抗议。

当时,华人社会内部主要分为亲马共的激进派和亲国民党的保守派。马共主要获得华人劳工阶层的支持。截至1947年9月,马共的外围组织"泛马工会联合会"控制了全马217个注册工会中的214个,并声称拥有75%劳工组织的支持,其中还包括很大一部分印裔种植园劳工支持。[5] 国民党则在上层社会方面保有势力,尤其是在中华总商会及乡团组织中,与左派团体格格不入。这两派势力成为战后华人政治力量的代表,虽然他们在战后热衷于相互的斗争尤胜于关心如何争取成为新兴国家的公民,但联合邦计划的出台也令其感到恐慌。为表达抗议,马共幕后策划组织"联合行动委员会"反对联合邦宪制,并劝说陈祯禄加盟为行动委员会主席。"联合行动委员会"而后扩大为"泛马联合行动委员会"(Pan-Malayan Council of Joint Action,PMCJA),会

---

[1] 玛维斯·普都哲里:《马来西亚的"社会契约"——概念的发明和历史的演变》,载诺拉妮·奥托曼、玛维斯·普都哲里、克莱夫·凯斯勒:《一个马来西亚,两种社会契约?》,李永杰译,策略资讯研究中心,2010,第9页。

[2] 例如在公民权方面,"马来亚联合邦计划"中有关公民权的条文显得比"马来亚联邦计划"更苛刻。规定获得公民权有两种方式:自动获得和申请获得。而要申请获得公民权的人必须满足以下条件:①凡在马来亚联合邦出生者,在申请前15年中,最少住满10年;②任何人在申请前20年中,有15年住在联合邦;③品行良好;④有足够的马来文或英文知识;⑤宣誓永久住在联合邦,并以联合邦为效忠对象。

[3] 崔贵强:《新马华人国家认同的转向 1945—1959》,厦门大学出版社,1989,第329页。

[4] 联合邦协定规定联邦立法议会的大多数议员必须是马来人。除代表9个马来土邦的9个州务大臣外,马来人还获得22个非官方议席。其他议席分配则是华人14席,印度人7席,欧籍人士5席,锡兰人和欧亚人士各1席。

[5] Heng Pek Koon, *Chinese Politics in Malaysia: A History of the Malaysian Chinese Association* (Singapore: Oxford University Press, 1988), p. 40.

员人数达到40万。[1] 1947年1月,另一个不满英政府、无意将政权移交给马来亚人民的马来人左翼团体"人民联合阵线"(Pusat Tenage Rakyat, PUTERA)成立。基于共同的反英理想,"人民联合阵线"与"泛马联合行动委员会"组成 PMCJA-PUTERA 行动联盟,以"独立自治""族群平等"为口号反对联合邦宪制安排。陈祯禄曾在中华总商会的一个晚宴上强调:"我们蒙受不利的影响,没有其他选择,唯有诉诸积极的反抗运动,而且不与政府合作。"[2] 除统一阵线外,马共还发动劳工阶层成立"各业总工会"(General Labour Unions),下设两个分支机构"星洲职工联合会"和"泛马职工联合会",举行工会罢工运动,抗议英国殖民统治。[3] 1946—1947年,在总工会和马共的策划下,全马各地的劳工会掀起反殖民罢工浪潮,致力于建立"马来亚共和国"。仅1947年一年,就有219次大罢工。1947年7月,罢工浪潮达到最高峰,进而影响到马来亚的经济发展,迫使殖民政府当局恢复战前社团注册法令,严厉取缔非法工会,限制工会组织的活动。[4] "当时,所有的职工会被查封,警察动粗,打死8人,打伤24人,监禁72名工人。"[5]在殖民政府高压手段下,职工罢工浪潮迅速冷却,马共在华人社会中的动员能力也随之降低。

相对于对待激进势力的强硬立场,殖民政府对保守派的态度则缓和许多。战后,殖民当局默许国民党支部建立并恢复活动,委任商会、会馆领袖为政府官员,发放"战争补偿费"恢复上层华人的经济实力。[6] 所以,保守的商会、会馆侨领倾向从官方途径表达对联合邦的不满。联合邦建议书实施前夕,为形式上尊重其他族群,殖民政府指派一个宪制咨询委员会(Consultative

---

[1] "泛马联合行动委员会"的原则包括:第一,争取实现统一的马来亚,包括新加坡;第二,全马实现完全的民选政府;第三,凡愿效忠于马来亚者均应享受平等的政治权利;第四,苏丹可成为独立自主宪法的统治者,但须受人民通过民主限制,而不听命于英国顾问;第五,伊斯兰教及马来风俗问题归巫人管制;第六,巫人发展将受特别照顾。
[2] 《为国为民:马华公会50周年党庆纪念特刊》,马华公会,1999,第69页。
[3] 张晓威:《马来西亚华人公会与马来西亚华人社会研究》,硕士学位论文,"国立"中央大学历史研究所,1998,第55页。
[4] Barbara Watson Andaya and Leonard Y. Andaya, *A History of Malaysia* (London: Macmillan Education LTD, 1982), p. 258.
[5] 《为国为民:马华公会50周年党庆纪念特刊》,马华公会,1999,第73页。
[6] 罗汝材:《战后马来西亚华人认同观念转变诸因素初探》,载郭梁主编《战后海外华人变化:国际学术研讨会论文集》(中文论文),中国华侨出版公司,1990,第160页。

Committee)用以反映非马来人对联合邦的评议。两位华人族群代表是雪兰莪中华商会主席李孝式和亲国民党的梁宇皋,他们主张公民资格应采取出生地主义原则,要求增加立法议会中华人代表的比例,[1]但未被委员会采纳。体制之外,各地(如新加坡、马六甲、雪兰莪、槟城、霹雳等地)的中华总商会纷纷召集会议检讨联合邦建议书全文,以提呈备忘录的方式,表达对于联合邦的抗议,但殖民政府对此仍然是充耳不闻。无论体制内部还是体制外部,保守势力的建议同样并未引起政府的重视和采纳。于是华人政治力量的代表激进派和保守派决定联合起来以进一步的行动向官方抗议。1947年10月20日,也就是英国议会开始辩论马来亚宪制的日子,"泛马联合行动委员会"、中华总商会、马来亚共产党组织全马性的总罢市,以消极抗议形式表达华裔族群利益诉求。然而,这项行动导致英政府更坚决地执行联合邦协定。

1948年2月,马来亚联合邦在一片反对之声中成立,华人社会反联合邦运动遂以失败告终。虽然之前保守派势力代表宣布拒绝在联合邦立法议会和联合邦政府中担任任何职位,但当联合邦开幕之时,包括李孝式在内的华人上层人物的中坚力量还是出现在立法议会和政府成员名单中。[2]保守派侨领背叛反联合邦统一行动的行为,反映了华人务实的心理特征,但又为他们以后的行动提供了更高的平台,因为在政府力量的支持下他们在华人社会的影响力将大大增强。相比之下,激进派代表,即马共的动员力急剧下降。其不但被排除在联合邦政府之外,而且它发动的工潮受到警察的严格控制。殖民政府在1948年6月间,展开全国性通宵达旦的搜捕行动,逮捕左翼分子超过600人,超过200个左翼政党、团体与职工会被查封。[3]因而,左翼组织逐渐失去人们的支持,"泛马联合行动委员会"也被迫于1948年6月12日解散。鉴于公开的反抗渠道已经无法奏效,1948年6月在新任总书记陈平的带领下,马共决定发动武装暴动以武力夺取政权。同年6月18日,马来亚进入紧急状态。7

---

[1] 杨建成:《西马来西亚华巫政治关系之研究(上册) 1957年—1975年》,博士学位论文,"国立"政治大学政治研究所,1976,第20页。

[2] Heng Pek Koon, *Chinese Politics in Malaysia: A History of the Malaysian Chinese Association* (Singapore: Oxford University Press, 1988), p. 49.

[3] Heng Pek Koon, *Chinese Politics in Malaysia: A History of the Malaysian Chinese Association* (Singapore: Oxford University Press, 1988), p. 49.

月15日,英殖民政府实施紧急法令,宣布马共及其左翼组织为非法团体,着手剿共。第二年5月,马来亚国民党以受外国政党控制为名被当局取缔。国共两党几乎同时退出马来亚政坛,不可避免地打破华人社会的权力平衡结构,引起权力真空和混乱,急需新的政治团体来代替。[1] 马华公会就在这一片混乱的境况下诞生了。

二、马华公会成立的经过

马华公会成立于1949年2月27日,它的成立是多方需要的结果。对华人社会而言,马共、国民党双双被取缔,保守侨领阶层需要一个新的组织来填补华人政治真空,并巩固其在华族的影响力。对英殖民当局而言,他们也颇希望有一个亲英的华人政党取代马共在华人社会中的影响,并成为"战略新村计划"的代理人。例如,马来亚联合邦高级专员葛尼爵士(Sir Henry Gurney)曾经在马华公会成立后表示:希望马华比马共更加强大,为华人提供比共产主义更好的选择。[2] 但促成马华公会成立的直接原因在于,紧急状态下华人成为英军与马共战争夹心人的苦境。剿共战争中,马共成员多为华人,警察、军队与地方乡团成员又大多为马来人,因此整个剿共行动就如一场族群争战,使在反联邦运动(马来人为主)和反联合邦运动(华人为主)期间激化的族群对抗情绪日趋严重。[3] 虽然绝大多数华人将剿共战争看成英殖民政府和恐怖游击队员之间的事情,但英政府认为恐怖分子与绝大多数华人有关,甚至已经得到了全国华人的支持。为切断马共的物资供应链条,殖民政府甚至恫言要把散居在郊外木屋区的华人(约50万人)驱赶回中国大陆。当时华人陷于两难之间——既要面对马共的骚扰,又要受到殖民政府的怀疑和欺压,迫切需要一个新的政治组织维护华人社群的合法权益。

据首任总会长陈祯禄在1951年4月21日的中央工作委员会会议上所言,1949年2月马华公会的成立,"主要就是因为效忠马来亚的华人在紧急状

---

[1] 李以峰:《马华公会与马来西亚华人》,硕士学位论文,厦门大学,1990,第10页。
[2] R. K. Vasil, *Ethnic Politics in Malaysia* (New Delhi: Radiant Publishers, 1980), p.77.
[3] 王国璋:《马来西亚的族群政党政治(1955—1995)》,唐山出版社,1997,第33页。

态下受到苦难,紧急状态不但危及许多华人的性命,威胁华人的切身利益,而且还使人怀疑我们对本邦的传统效忠诚意。其实,许多华人已把马来亚视为自己永久的家乡"[1]。因此,"谋取华人团结,为华人解除紧急状态下的痛苦,协助处理蒙难华人各方面的福利问题"[2]成为马华公会成立初期最迫切的任务。

反观历史,陈祯禄成立马华公会的念头应该追溯到他二战期间避难于印度时期。1943年9月,陈祯禄策划并推动旅印马来亚华族成立"海外华人公会"(Overseas-Chinese Association),会员包括海峡侨生及第一代移民。这可以说是他筹建马华公会的先声。在致伦敦殖民部秘书的通函中,陈写道:"在涉及战后华族战争损失的赔偿课题上,本会深信华族社会被授予足够的代表权及咨询权,来处理一切所产生的问题。在光复国土之前,本会殷切期望陛下英明的政府认识到本会对马来亚华社在一切事务的代表性。"[3]无疑,这时的陈祯禄已经以华社代言者自称,而在马来亚光复以后成立一个能代表华族呼声的组织的念头已经在他的脑海中成形,他甚至预言"当我们重返马来亚后,我们会员当中的马来亚人将组织一个马来亚华人公会,以为当地的利益而效劳"[4]。日本投降后,陈祯禄返回马来亚投身于 PMCJA-PUTERA 行动联盟,参加反联合邦宪制的运动。而行动联盟的失败使陈意识到在既定的联合邦宪制下,弱势的华人政治参与要想有所突破,必须获得殖民政府的支持。1948年5月陈祯禄宣布组织"马来亚华族同盟"(Malayan Chinese League),其宗旨在于保护华族政治、经济利益,推动族群关系和谐,支持马来亚自治。[5]此时的陈祯禄已经突破单一族群政治的藩篱,着手推动族群关系的和解。但是"马来亚华族同盟"计划并不成功,除家乡马六甲以外,他没有得到其他地区

---

[1] 《马华公会党史》,http://www.mca.org.my/l/Content/Single Page? _param,访问日期:2022年2月17日。
[2] 郭仁德:《敦陈祯禄传》,马来西亚华人文化协会,1996,第58页。
[3] 何启良主编《匡政与流变:马来西亚华人历史与人物政治篇》,马来西亚华社研究中心,2003,第40页。
[4] Tan Cheng Lock, *Malayan Problems, from a Chinese Point of View* (Singapore: G. H. kiat & Co. LTD, 1947), p.7.
[5] Heng Pek Koon, *Chinese Politics in Malaysia: A History of the Malaysian Chinese Association* (Singapore: Oxford University Press, 1988), p.57.

华人商会和会馆的支持，特别是华人聚居的城镇地区，例如吉隆坡、柔佛、槟城等地区。[1] 华族同盟计划的失败说明，要在华人社会建立新的政党组织，需要获得华人上层社会的支持。

紧急法令实施后，华族任何言论和行动都可能被视为与马共有关而受到严厉的惩罚。华人社会的政治活动全部停顿，迫切需要一个新的组织来填补华人政治的真空。1948年12月5日，在马六甲中华总商会会议上，陈祯禄呼吁：华人必须团结起来，自救于苦难之中。几天以后，即12月15日，16名华籍联合邦立法议会议员[2]设宴招待钦差大臣葛尼。餐会上，李孝式向葛尼陈述华人要成立一个类似于巫统一样的华人联合组织，获得后者的赞同。于是，李孝式、梁宇皋分发材料给中华总商会和其他华人商会、乡团、会馆，建议华人社团对这一计划表示支持。[3] 建议一出，立即得到全马各州华团的响应。1949年2月19日，吉隆坡华团在中华总商会的发函呼吁下，于雪兰莪中华大会堂出席华团联席大会，共有超过50个华团的百余名代表出席。会议议决赞成组织马华公会，当日就征求超过3,000华人加入。而16名华籍联合邦立法议会议员也全力支持，成为发起人。当日出席的华团与其代表见表1-1。

表1-1 1949年2月19日出席雪兰莪中华大会堂华团联席大会的华团与其代表名单

出席华团	华团代表
中华总商会	李孝式、张尧盛、陈光汉、潘冠三、张昆灵、梁长龄、张敬文、丘满、黄和先、巫柏觐、林世吟、梁志翔、陈济谋、陈金福、辛厚慈
瓜雪中华商会	郑世耀、蔡普如
嘉应会馆	林锡云、梁挺
广东会馆	李芸岩、辛官政
杂货行	黎学初、陈德炽
瓜雪晨光社	余天华
加埔华侨俱乐部	李克秀、邱克肯
醒钟补炉职工会	林振强、杨煊华
高州会馆总会	林伯谦、赖均隆
矿商俱乐部	张汝业、黄锦成

---

[1] Heng Pek Koon, *Chinese Politics in Malaysia: A History of the Malaysian Chinese Association* (Singapore: Oxford University Press, 1988), p. 58.

[2] 这16名议员是余有锦、李孝式、邱德懿、杜荣和、邱观发、李焕文、梁长龄、廖光汉、陈修信、胡家濂、梁宇皋、林开成、李长景、杨旭龄、温林鸣凤、武瑞琴。

[3] Margaret Roff, "The Malayan Chinese Association, 1948-1965," *Journal of Southeast Asian History*, vol. 6, no. 2 (1965): 40-53.

续表

出席华团	华团代表
惠州会馆	黄纪良、萧满、游昆仁
人镜慈善白话剧社	冼榕芬、黎长
福州咖啡商业公会	张大民、刘友茂
中华百货商公会	杨邦交、罗业初
雪兰莪福州会馆	陈瑞通、郑德华
精武女子体育会	蔡秀安
雪兰莪华侨进口商公会	黄执珪
永春会馆	陈松孝、林世希
中马中医师公会	赖益生、雷家炎
会宁公所	罗惠民、萧志明
商业职员公会	吴汉镛
顺德会馆	廖德平、卢炜良
雪华药业公会	刘沛康、潘锡兆
中山同乡会	杨一予、邝珍财
雪华机商公会	麦宏泉
中华汇业公会	谢传集
友艺别墅	李卓超、麦喧
渔商行	陈士英、龙朝益、陈治佳
中中俱乐部	陈英才、邝少智
广肇会馆	陈德炽、关锦洪
万宁同乡会	王大悦、施以经
理发行	潘汉樵、叶宣华
加影矿商公馆	黄卯泰、方汉文
巴生中华商会	李荣德、刘碧海
兴安会馆	吴禹铭
华人机器工会	黄来福
雪华咖啡茶业公会	陈月琼、林秀山
福建会馆	张燕清、陈云祯
广西会馆	覃美堂、夏王武
茶阳会馆	郭官仁、杨雪华
潮州八邑会馆	黄盛源
潮州京果商行	姚振杰、余致乐
惠安公会	张燕清、林秋水
工商俱乐部	叶宣华
洗衣行	严桂荣、梁传益
晋贤俱乐部	梁传益
自由车商会	吴禹铭
庆同乐	梁传益
三轮车工友会	陈甜、黄振宜

续表

出席华团	华团代表
赤溪公馆	潘丁贵
三水会馆	严桂荣、何志坚、梁三俩
李氏联宗会	李镜鸿、李占如
达庆行	邓世柏、蔡思鸣

资料来源:《为国为民:马华公会50周年党庆纪念特刊》,马华公会,1999,第105页。

经过多方策划,1949年2月27日,一些华裔知识分子及工商领袖集合于雪兰莪中华大会堂举行华人大集会,公开讨论华人面临的效忠、公民权、团结、华裔权力等问题。与会代表一致认为:要彻底解决华人面临的各种问题,最好的办法是成立一个有代表性的华人组织。正如陈祯禄在集会上强调的那样:"现今,马来亚人民生活在紧急法令之下,而日常生活受到干扰和产生了许多民生的难题。因此,我们有责任成立一个组织与当局合作,使村民们的负担减轻和通过政府的协助解决问题,以便恢复安宁与法律的社会,唯有这样,国家才能再度获得平静与安全……在此我愿,这项集会通过成立马华公会。"[1]于是,马华公会在此集会上应运而生。

殖民政府对马华公会的合作态度也予以积极响应,并正式承认其为马来亚华人的主要代表[2]。1949年马来亚联合邦年度报告对马华公会予以赞扬,称"(马华公会的)成立是当年华人事务中最重大的突破,它是在一群热情的华人领导人的带领下着力于消除当地华人对马来亚效忠的任何疑虑。在培育华人对本土忠诚的任务上,马华公会获得了大多数受华文教育华人的积极反应"[3],而马华公会的诞生也强化了马来亚当时正在出现的各族群谋求各自利益的族群政治的总趋势。

从马华公会成立的经过可以看出,马华是在16名华裔联合邦立法议会议员的建议下,在传统的华人商会、会馆领袖的支持下成立的,同时还获得了殖民政府的赞同。在其首任领导层的名单(见表1-2)中,除总会长外,其他委员

---

[1] 国家档案局,Perdana Menteri SCA H/5/1/1,转引自林廷辉、宋婉莹:《马来西亚华人新村50年》,马来西亚华社研究中心,2002,第8页。
[2] 《马华公会二十五周年纪念特刊(1949—1974)》,1974,第17页。
[3] *Correspondence Exchanged Between Sir Cheng Lock Tan and the Honourable Mr. W. L. Blythe* (1950),马来亚大学图书馆藏本。

会主席职位均由马华公会发起人,即华裔联合邦立法议会议员担任,他们皆与殖民当局有密切联系。就这些领导层的背景而言,他们是商会、会馆领导层的中坚力量,多是受英文教育的商人或专业人士。李孝式是马来西亚广东会馆联合会主席、雪兰莪州中华总商会会长;杨旭龄是著名律师;邱德懿曾任马来亚种植园主公会主席;陈修信为陈祯禄之子,不但是橡胶园主,而且任联合邦政府内马六甲华人事务助理参事,同时也是马来亚种植园主公会理事、主席;梁长龄是雪隆广肇会馆的发起人之一;总会长陈祯禄的身份更具典型,他是峇峇华人、马六甲华人公会会长、马六甲中华总商会会长。按照王赓武先生《马来亚华人的政治》一文中马来亚华人分三个集团说,马华第一任领导层应该属于丙集团。他们对当地政治抱有忠诚之心,虽然受到殖民政府的支持,但缺乏华人社会基层力量。丙集团领导人考虑到自己是少数派而难于问鼎,必须透过与华人社会基层有密切联系的华人社团(乙集团)来获得强有力的政治基础,于是发动华人商会、乡团、会馆组织,从华人社团中寻求基层支持力量。在乙集团领导人的倡导下,原本不问政治的大量华人被发动全民参与马来亚政治活动。由此看来,乙、丙集团的联合反映了紧急状态下华人政治的新动向,而正是马华公会为两者的联合提供了平台。但联合并不同于趋同,这两个集团华人的差异依然存在。正因为如此,马华公会成立之初就分为中央和地方两股势力,其中中央领导层多是受英文教育者并受到政府支持,地方领导层多是受华文教育者且拥有一定基层实力。

表1-2 马华公会首任委员会名单

会长	陈祯禄爵士
义务总秘书	杨旭龄
义务总财政	邱德懿
政治青年妇女小组委员会主席	李孝式
宣传小组委员会主席	陈修信
社交慈善委员会主席	梁长龄
财政经济小组委员会主席	邱德懿
劳工小组委员会主席	李焕文

资料来源:《万众一心:马华公会45周年纪念特刊(1949—1994)》,马华中央宣传局,1994,第40页。

注:马六甲与其他九州及槟城分会主席为当然副主席。

三、成立初期马华公会领导层及成员社会背景分析

（一）中央领导层

马华公会第一任委员会的中央领导人一般出生于本土，接受英文教育，是富有的商人或专业人士，同时在政府部门、华人社团以及跨族群机构中担任职位。这种印象成为马华成立初期中央领导人的普遍特征。以1949—1957年马华公会32名中央委员会委员（以下简称"中委"）为例，从他们的出生地、教育背景、职业状况、任职情况、社会关系这些指标来总结马华中央领导层的一般特点。[1]

出生地：32名中委中有26人出生于本土。

教育背景：23人[其中12人在英国，1人在加拿大，5人在中国（4人在香港），5人在马来亚或者新加坡]接受过大专以上教育。由于大多数中委受过英文教育，因此马华中央委员会会议中的通用语言是英语，会议记录和文件也是用英文书写。另外，绝大多数中委还熟谙马来语。

职业状况：32名中委均拥有相当财富。他们中的一些人还是马来亚当时最大的富商，如陈祯禄、李孝式等。其中15名中委（包括6名社会运动人士和律师、3名医生、2名建筑师、2名工程师、1名特许会计师、1名编辑）是专业人士，但他们在从事专业活动的同时仍涉足商业。

任职情况：从联合邦政府到地方政府，32名中委均有任职，而且一人兼多职的情况也常见。例如，李孝式是联合邦立法议会议员、行政议员，兼吉隆坡市镇议会议员、雪兰莪州咨询委员会成员、华人锡矿复兴贷款委员会委员。陈修信同样服务于联合邦立法委员会，也是马六甲华人咨询局、中央教育咨询委员会委员。另外，绝大多数中委也在跨族群志愿组织中任职，这些组织既包括红十字会（后更名为红新月会）等慈善互助组织，也包括高尔夫俱乐部等休闲

---

[1] Heng Pek Koon, *Chinese Politics in Malaysia: A History of the Malaysian Chinese Association* (Singapore: Oxford University Press, 1988), p. 57.

娱乐组织。在这些组织中任职,为华族领导人接触英国及马来亚上层政治人物提供了重要平台。如同其他多元社会一样,在马来亚类似高尔夫这些休闲运动能超越族群、文化界限,使各族群的精英人物结成良好的私人关系。凭借于此,受英文教育的中委比受华文教育者更有机会提升政治前途。

与华人社会的联系:虽然凭借语言优势、跻身社会上流阶层等便利条件,中委能够较为容易地获得在政府任职的机会,但前提是他们必须与华人社会建立广泛联系并积累相当的民众基础。基于团结互助的需要,马来亚华人社会社团林立,以血缘性宗亲会、地缘性乡团会馆、业缘性商会以及各州中华大会堂为主。[1] 长期以来,华人社会已经习惯于社团组织的领导,社团领导人亦成为华族的传统领导力量。于是,中委进入这些社团组织,特别是各州中华大会堂和各州总商会,并占据要职,以示在华族中的领导地位。

通过以上指标分析可以判断,欲跻身马华公会中央领导层,必须满足两个条件:第一,富有;第二,在华人社团网络中成为被接受、受尊敬的领导人。而要想进入中央领导阶层,还需要进一步满足另外两个条件:第一,受英文教育;第二,在中央领导核心中同英国官员和马来亚领导人结成亲密关系。[2]

(二) 州领导层

对马华公会中央领导层的分析指标同样适用于州一级领导层。这一领导层大部分受华文教育,绝大部分是商人,专业人士较少。在1949—1957年马华公会霹雳州委员会的49名委员中,只有9名是专业人士,包括4名律师、2名特许会计师、2名医生和1名工程师。[3] 但无论是商人还是专业人士,他们的财富和事业都不及中央领导层。由于语言障碍,他们极少在政府部门和跨族群机构任职,也无法同政府高官与马来精英政治人物建立私人关系,其影响力局限于华人社会之中。与中央领导层一样,马华公会州一级的领导层也

---

[1] 黄露夏:《马来西亚的华人》,福建人民出版社,1999,第45页。
[2] Heng Pek Koon, *Chinese Politics in Malaysia: A History of the Malaysian Chinese Association* (Singapore: Oxford University Press, 1988), p. 67.
[3] Heng Pek Koon, *Chinese Politics in Malaysia: A History of the Malaysian Chinese Association* (Singapore: Oxford University Press, 1988), p. 69.

在各州华人社团组织中发挥重要作用,是当地重要社团组织如中华商会、中华大会堂、各种方言或地域组织、宗亲会馆、行业协会以及一些娱乐、文化、互助组织的头面人物。例如,霹雳州和雪兰莪州富含锡米,两州的华人矿业协会是当地非常重要的社团组织。这些组织的领导就兼任了马华公会霹雳州和雪兰莪州委员会主席。另外,与中央领导层不同的是,马华各州的领导人物还是华人社会中不同方言群体的代表。

通过马华公会中央领导层与州领导层社会背景的对比发现,两者区别在于中央领导层主要受英文教育,并且比各州领导人受过更多的专业训练或具有更高的教育水平。但无论怎样,两者来自华人社会中同一个阶层,属于颜清湟先生所谓的"商"阶层,是马来亚华人资本家精英。

(三) 基层领导人

马华公会基层领导的社会背景与中央、州领导层有较大差异。此处以1950—1952年柔佛州43个支会、489名支会领导人为例。[1] 这些基层领导人大多教育水平不高,以受华文教育或文盲为主。他们一般是第一代移民,或者出生于当地但对中华文化、传统价值观保持高度认同。就职业状况而言,他们中80%以上是商人,但主要从事小型商业活动,包括制衣、食品、杂货等。专业人士所占比例也非常低(只有不到4%),多是服务于小型市镇和农村之中收入微薄的华校教员。另外,还有不到10%的领导人属于低收入的劳工阶层。就任职情况而言,马华公会基层领导人大多就职于乡村地区政府咨询机构并垄断华人社团在小型乡镇的分会。

(四) 普通党员

最早对于马华党员职业的统计数据来源于1962年,当年马华党员6.77万人。就职业分布来看,以工人无产阶级(包括割胶工人、矿工、建筑工人、小贩、杂工、铁匠、石匠、洗衣男工、理发师、裁缝等)最多,约占全体党员的

---

[1] Heng Pek Koon, *Chinese Politics in Malaysia: A History of the Malaysian Chinese Association* (Singapore: Oxford University Press, 1988), p. 73.

48.3%;其次是资本家或小资产阶级分子,占 37.7%(其中约 34.9%是商人,2.8%是店主);农民和渔民占 10.4%;白领劳工阶层(文员、店员等)占 1.9%;专业人士(包括教师、学生、工程师、医生、护士、律师、会计师等)占 1.7%。[1] 党员的职业分布情况直接反应了其城乡分布状况。一般来说,资本家或小资产阶级、专业人士主要分布在城市中心或小城镇中,而白领阶层、工匠、建筑工人也往往集中于此地。按此计算,约 50.7%的党员集中在城市中心或小城镇中。假设居住在城市中心与小城镇中的党员一样多,那么就可以估计约有 25%的党员分布在小城镇中。而另外 49.3%的党员则分布在乡村,主要是华人新村内。于是,可以估计约 75%的党员分布于远离城市的市镇或乡村之中。

通过以上分析可以看出:第一,成立初期的马华公会是典型的"头家"政党。从中央到各州再到基层,马华公会各种领导职位被大大小小的商业人士把持着,显示出其权力的高低、财富的多寡和社会地位的尊卑成正比:少数巨富登上权力高峰,富有的中产阶级次之,地方领导层则由华人小资产阶级组成。[2] 一如财富是海外华人社会中个人社会地位变动的主要渠道,财富的多寡在马华公会中也成为衡量党内职位高低的标尺。这些商家在构建马华公会的权力网络时,也将以政党力量维护个人经济利益的动机植入马华发展的目标之中。而这种形象也一直延续到今天。笔者在马来西亚调研期间,对此问题也询问过马华现任领导人、马华资深党员和普通民众。马华领导人予以否认,称早在陈修信时期,透过华人大团结和广泛招募党员活动,马华已经摆脱了"头家"政党形象,现在的马华是以专业人士为领导。[3] 但马华资深党员和普通民众仍然坚持马华是"头家"政党,其中坚力量仍然被大商家把持。[4] 第二,成立初期的马华公会还是一个"精英"政党。按照迪维尔热对精英型政党和群众型政党的分类,精英型政党主要产生和活动于立法机构之中,结构松散,以精英为中心,缺乏党员参与。[5] 一般来说,精英型政党具备两个特征:

---

[1] Heng Pek Koon, *Chinese Politics in Malaysia: A History of the Malaysian Chinese Association* (Singapore: Oxford University Press, 1988), p.82.
[2] 李以峰:《马华公会与马来西亚华人》,硕士学位论文,厦门大学,1990,第 14 页。
[3] 源于笔者 2011 年 4 月 17 日在马华总部大厦对时任马华总部行政主任林清海先生的访谈资料。
[4] 源于笔者 2011 年 4 月 29 日在马来西亚林连玉基金会对马华永久党员陈玉康先生的访谈资料。
[5] 李路曲:《政党分类的一些思考》,《华东政法大学学报》2008 年第 4 期,第 129—138 页。

党组织的制度化水平低；党的基层部分和公职部分并没有明确的区分，保持着一种私人化而非制度化的关系。[1] 由于马华公会权力掌握在富商领导人手中，平民无法通过正常职务晋升渠道担任党内职务，只有精英领导人物起决定作用，因此，马华党员数量虽然众多，但普通党员鲜少参与党的运作，更枉谈影响党内决策。另外，在组织结构上，马华公会区会、支会等基层组织结构松散，许多基层组织只是一纸名单，一些支会领导甚至将自己的雇员、家庭成员的名字列入支会名单并交纳年费，所以基层领袖与普通党员的"组织关系"只是私人之间的网络和庇护关系。马华整个基层组织也缺乏制度化的运作，很多只是在选举时才被召集起来，平时并无党内活动，绝大部分党员不活跃，处于休眠状态。笔者在采访马华总部行政主任林清海先生的时候也证实了目前马华基层组织仍处于这种现状。[2]

第二节　马华公会的前期发展

马华公会一经成立就投入到救助新村华人的工作之中。随着马来亚独立步伐的临近，马华公会成功转型，由一个社会福利团体转变为一个现代性的政党，进入政治体系内部，直接参与国家独立进程与联邦宪法的制定。本节主要介绍从20世纪40年代末到70年代末，马华公会前30年的发展历程。

一、福利团体向政党组织的转型

1948年2月1日，马来亚联合邦成立，全面恢复战前英国对马来亚的殖民统治。根据马来亚联合邦协定：9个马来邦及槟榔屿和马六甲等11个地区共同组成马来亚联合邦；联合邦内部建立强大的中央政府，高级专员（High Commissioner）居首，辅以行政议会（Executive Council）与立法议会

---

[1] 李路曲：《论欧美政党组织形态和权力结构的变迁》，《政治学研究》2007年第4期，第63—70页。
[2] 源于笔者2011年4月17日在马华总部大厦对时任马华总部行政主任林清海先生的访谈资料。

(Legislative Council);高级专员代表英皇,执行内政、外交、防务等事务,指示地方(州)政府行事(除宗教及马来习俗外),维护马来人特殊地位与其他种族之合法利益;下设行政议会,由高级专员任议会主席,成员包括秘书长、律政司等机构的官方议员和由高级专员委任的 5 名非官方议员;立法议会亦由高级专员任主席,成员包括 3 名英籍当然议员,11 名由高级专员委任的官方议员,34 名由高级专员委任的非官方议员(待时机成熟后,非官方议员由人民普选);地方政府上,各州设州议会和州行政议会,由苏丹任主席,成员包括英籍顾问官与马来籍官方与非官方议员,负责州内立法与行政事务。英皇任命的高级专员是马来亚联合邦最高统治者,享有最高权力,各级立法议会和行政议会没有选举,议员要么由英方委派,要么由高级专员任命,议会和政府留给马来亚民众的空间有限,各派力量亦无太多机会进入政治体制内部。因而,在缺乏有效政治参与渠道的联合邦体制之下,马华公会的早期活动与政治并无多大联系,主要局限于新村事务,实际上发挥着社会福利团体的作用。如陈祯禄所言,"马华公会在服务华人特别是受华文教育的华人方面发挥着重要的作用"[1]。

另外,就早期的马华公会而言,它本身也缺乏严密的组织结构、明确的政治宗旨等政党应该具备的构成要件。党的领导层主要来自传统华人社团,他们没有明确的参政目的,只是将马华公会当成一个更大的华人社团以保障华人的经济地位和商业利益而已。在组织结构上,中央缺乏权威,地方组织垄断权力。当时马华公会的地方组织分为州分会和支会两级,各地地方组织自行选举产生,中央无权插手地方事务,但各州分会主席却是当然的副会长。这种本末倒置的现象直接导致马华公会组织涣散,政令不畅。因而,会长陈祯禄甚至认为仅仅是一盘散沙盛在一起冠以"马华公会"之名而已。至于党章,它在最初草拟修订之际陈祯禄等人是因利乘便地借用了印度华人公会的章程,将"印度"变成"马来亚",稍加改动而成。[2] 因而,成立之初的马华公会缺乏长远的政治目标,又没有既定的路线途径,只是将其任务具体地锁定在"协助处

---

[1] *Correspondence Exchanged Between Sir Cheng Lock Tan and the Honourable Mr. W. L. Blythe* (1950),马来亚大学图书馆藏本。
[2] 温故知:《马华公会修改党章的商榷》,《通报》1985 年 10 月 27 日。

理蒙难华人各方面的福利问题"。所以,马华公会在成立的最初三年仅仅是一个纯福利机构性质的团体,协助政府处理与华人社会相关的事项。

(一) 成立初期马华公会的职能

英殖民政府实施紧急法令之后,为切断马共与垦殖者[1]之间的物资供应链条,准备把垦殖者(不必经审讯)驱逐或遣送回国。1948年底,驱逐活动开始。政府军警首先驱逐雪兰莪州加影木屋区约300家华人住户。1949年初又驱逐森美兰州乌鲁特米央(Ulu Temiang)和小甘密(Sikamat)总共1,500家华人。在执行新村计划之前,大约4万人在1949年至1952年之间被拘留,其中2.6万人(2.4万名华人,2,000名印度人和印尼人)被遣送回国。[2]但是,殖民政府很快发现要遣返30万名垦殖者的决定不符合现实,因为那需要庞大的人力和财力。而1949年10月,中华人民共和国的成立更是切断了遣返华人回中国大陆的通道。与此同时,陈祯禄也亲身与高级专员葛尼[3]爵士交涉,反对驱逐对马来亚忠诚的华人出境。他在向高级专员莱特顿提呈的备忘录中阐明:"马共的存在及其叛乱罪行,并不可以归咎于华人社会,因为马共的暴乱是第二次世界大战的遗孽。政府与华人之合作以谋终止紧急状态,最重要的是,政府最高当局以及与此有关各级官吏应该充分信任华人并与华人实行相互合作。除非双方能互相呼

---

[1] 垦殖者指的是那些拥有暂时性准证、非法或未经批准而利用公共或私人土地的耕种者,绝大部分是华人。在马来保留地法令之下,华人无法获得永久耕地,华人要耕农,只有成为垦殖者。20世纪30年代的经济大萧条时期,大量失业华人及其家属进入乡村地区成为垦殖者,至1940年垦殖者人数已经达到15万人。日据时期,由于失业、缺粮、避难等,许多华人搬迁到森林或者沼泽边缘加入垦殖者行列,使得这一时期垦殖者的数量增加了接近3倍,即1945年的40万人。在抗击日军的过程中,一些垦殖者与马共建立联系,为马共提供物资及人员支持。日本投降后,共有10万名(25%)垦殖者迁回到原来的住所重拾旧业,但也有人索性留在森林边缘居住。到了1948年,约有30万名华人垦殖者。他们从事各类经济活动,如农耕、养猪业、渔业,以及在園丘和矿场工作。马共叛乱后,马共游击队员重新走入森林,进行恐怖活动,并采取恐吓手段胁迫垦殖者为其提供物资。1949年1月,英殖民政府成立垦殖者委员会(Squatter Committee),专门研究垦殖者与马共之间的政治问题。英殖民政府除指责垦殖者为马共分子提供粮食、药品,并掩护他们外,还指责垦殖者是马来亚人民解放军(Malayan Peoples' Liberation Army)之来源。但实际上,这些垦殖者也属于受害者,他们的协助只是迫于无奈,为了生存需要。
[2] 林廷辉、宋婉莹:《马来西亚华人新村50年》,马来西亚华社研究中心,2002,第7页。
[3] 葛尼在1951年10月5日被马共埋伏击毙。

应,互相援助,并互相绝对信赖,否则欲求合作恐怕是不可能。"[1]

在客观条件限制及各方斡旋下,殖民政府收回驱逐计划,决定将散居于森林边缘的垦殖者搬迁至居住集中、行为受限的新村社区,强制性地切断他们与马共的联系。1950年3月22日,毕立格中将(Lieutenant-General Sir Harold Briggs)到达马来亚,任剿共行动主任,直接负责新村搬迁事宜。因而,这一阶段的搬迁计划也被称为"毕立格计划"(Briggs Plan)。如表1-3所示,1950—1954年,"毕立格计划"迁移人口达到573,000人。但实际上,"毕立格计划"的重心不只在于强制搬迁垦殖者至行为受限的新村,更在于通过新村管制来培育华人对马来亚的忠诚之心,使华人意识到自己与马来亚的命运休戚相关,给华人以动力主动远离马共,自觉与政府合作,恢复国家的和平与秩序。[2]

表1-3 1950—1954年新村搬迁阶段与人数

时间	被移殖至新村的人数
1950年3月	18,500人
1950年10月	68,875人
1951年6月	110,000人
1951年10月	334,000人
1952年6月	470,509人
1954年底	573,000人

资料来源:《新村成立50周年纪念特刊》,马华公会新村事务局,1999,第29页。

马华公会在新村的工作包括福利救助和组织渗透两个方面。在协助新村华人重建家园的过程中,马华公会为他们提供交通、财务、物资、保卫等方面的支援。此外,马华公会还在新村设立学校、会堂、图书馆、成人教育班等,并屡次代表受难华人及拘留人士与政府进行交涉,提出申诉。到1956年,马华公会在新村设立的图书馆达到131间,开设的成人教育班受惠民众近2万名。1953年,政府接受马华公会建议,在新村成立自卫团(Home Guard)以抵制马共骚扰。到第二年,自卫团团员人数达到7万人,团员多数为马华党员。自从成立自卫团后,军警人员对待村民的态度有所改变,保安部队侮谩村民的事件

---

[1]《万众一心:马华公会45周年纪念特刊(1949—1994)》,马华中央宣传局,1994,第40—41页。
[2] Judith Strauch, "Chinese New Villages of the Malayan Emergency, A Generation Later: A Case Study," *Contemporary Southeast Asia*, vol. 3, no. 2 (1981): 126-139.

减少,使新村华人的境况有了较大改观。[1]起初,马华公会在新村经费的来源是募捐所得,但从1949年10月起,它开始发行福利彩票,以盈余来筹款。福利彩票从1950年2月开始到1953年6月结束,一共发行18期,盈余达500余万元。[2]在整个移殖新村的过程中,马华公会共花费约40万令吉,平均每个新村1万令吉。[3]除福利慈善事业外,马华公会还通过在新村建立支部,以组织渗透的方式动员新村居民与政府合作,培养华人对马来亚的认同,打消政府对华人忠诚的疑虑。马华公会在新村搬迁中做出的努力亦获得了新村居民的信任,表现在,从1949年10月开始华人开始大规模加入马华公会。[4]当时几乎所有的新村都有马华支会,许多新村居民成为马华公会的基层力量。由于当时缺乏处理华人事务的专业人才,因此许多马华公会领导人被殖民政府吸纳至政府部门负责新村事宜。所以,马华公会成为政府与新村居民的中间机构。它利用其基层力量安排新村代表与政府军警定期会面,交换信息。新村代表会向军警汇报本村安全状态,帮助政府获得有关恐怖分子活动的最新情报。同时他们也负责向居民传达剿共政策,包括怎样惩戒向恐怖分子提供情报和物资者,如何向政府提供情报和奖励措施,等等。另外,马华总部和各州分会也准备了大量宣传材料和宣传人员配合政府在各个新村的工作。

在马华公会的努力下,新村居民配合政府剿共的态度多少改变了政府和马来人对华人的负面印象。对此,陈祯禄指出:"马华公会的真诚努力,已经使人不再怀疑当地大多数华人对马来亚的忠诚,华人与政府之间已有互相密切的合作,互相相处的更佳精神,以求协助紧急状态迅速结束。"[5]虽然马华的新村工作站在亲英立场,带有浓郁的反共倾向,但此举的目的却是营造华人效忠马来亚的印象,以更好地获得公民权。在战后初期的马来亚华人社会中,除了少部分对中国或者居住国保持认同的华人,绝大多数华人的政治认同是模

---

[1]《新村成立50周年纪念特刊》,马华公会新村事务局,1999,第22页。
[2]《为国为民:马华公会50周年党庆纪念特刊》,马华公会,1999,第75、107页。
[3] K. S. Sandhu, "Emergency Resettlement in Malaysia," *Journal of Tropical Geography*, vol. 18 (1964): 157-183.
[4] R. K. Vasil, *Ethnic Politics in Malaysia* (New Delhi: Radiant Publishers, 1980), p. 77.
[5]《为国为民:马华公会50周年党庆纪念特刊》,马华公会,1999,第75页。

糊的,不问政治,无明确效忠对象,这部分华人占华人社会人口的四分之三。[1] 而根据联合邦协定的精神,公民权是授予对马来亚效忠的民众。所以华人要获得公民权,必须先转变认同观念。

在联合邦协定的公民权条款下,到1951年约310万人(占总人口的59%)通过申请、归化或自动成为联合邦公民,其中仅12%是华人,在剩余的41%不合格居民中,绝大部分是华人。[2] 因而,争取公民权也成为马华公会除新村工作以外的主要活动。为消除马来人与非马来人的对抗情绪,殖民政府在1949年初设立"华巫亲善委员会",并在同年4月将其扩大成为"各民族协商委员会"(The Communities Liasion Committee)。英方希望各族群精英能关起门来对有关族群敏感的问题进行对话以消除族群矛盾。对话主要在马来人和华人两大族群之间展开,讨论范围集中在公民权、马来人特权、教育等影响政府决策的重大课题,希望协商者能达成一致意见以修订1948年联合邦协定。[3] 整个会议仿效英国内阁秘密会议原则,仅由各政党高层领导人参加,不接受公共采访,防止大众意见混淆领导人抉择。公民权议题上,马华公会希望放宽1948年联合邦协定对非马来人公民权的限制,以将马华建设成为以马来亚为中心的政党并扩大其支持基础。巫统则希望获得非马来人对马来人特权的绝对支持以及政府能够完全执行特权政策。这项自开始就充满矛盾的谈判成为之后各族群协商的模板。在此,巫统主席拿督翁(Datuk Onn Jaafar)的政治思想发生了转折。巫统本是在反对马来亚联邦计划中成立的,其宗旨在于维护马来族群的绝对利益。但是在维护马来亚联合邦协议中,拿督翁开始突破族群的藩篱,以较为开放的眼光看待问题。马共叛乱也让他意识到,单纯地孤立华人是危险的,特别是在知晓殖民政府立场,即各族群团结合作是马来亚独立的必要条件后,拿督翁的立场开始转向多元族群政治路线。这点在1949年5月29日巫统大会上拿督翁的讲话中可见端倪。他说:"在国家内部,

---

[1] Heng Pek Koon, *Chinese Politics in Malaysia: A History of the Malaysian Chinese Association* (Singapore: Oxford University Press, 1988), p.98.

[2] 《陈祯禄在1951年4月21日马华公会总委会会议上的讲话》,1951年4月21日,马来亚大学图书馆藏本。

[3] Joseph M. Fernando, *The Making of the Malayan Constitution* (Kuala Lumpur: Malaysian Branch of the Royal Asiatic Society, 2002), p.15.

马来人与其他族群结成密切的关系是至关重要的。现在是以更开阔的视野来看待族群问题的时候了，你们要选择哪条道路？是和平还是战乱？是友爱还是敌意？"[1]

利益权衡之下，拿督翁决定开放公民权，将非马来人的居留条件自15年减至10年；作为回报，马华公会要保证马来人特权。这些由各族群领导所达成的半公开，甚至是"未记录在案"的协调，被视为国内族群之间的"社会契约"，直接决定了社会资源在各族群之间的分配比例。根据新达成的"契约"，联合邦协定随即在1952年5月进行修订[2]。虽然没有将"出生地原则"放入修订案中，但是取消了对公民权申请的多种限制，华人可以通过"有效法"（Operation of Law）、"注册法"（Registration）、"归化法"（Naturalization）取得联合邦公民权。截至1953年6月，华人公民数量达到115.7万人，在华人人口中的比重达到50%。[3] 对此，马华公会功不可没。更重要的是各民族协商委员会为以后跨族群合作提供了可借鉴的模式，各族群的政治精英之间有了交流的平台。陈祯禄与拿督翁因此相互信任，结下了良好的私人感情，为马华公会未来的发展奠定了基础。

（二）向现代政党的转型

为配合抗击恐怖分子的军事行动，抵消其"反殖、建国"口号给马来亚社会带来的冲击，1951年，英殖民政府宣布开放地方议会选举，并逐步下放权力给国内各族政治精英。马华公会立即抓住这个机会，希望由自己代表的华人能够在国家未来的政治生活中发挥核心作用。而要赢得选举并动员华人参与国家独立进程，马华公会必须转型成为高效、具有现代结构的政党。总会长陈祯禄遂即在1951年10月29日草拟了一项马华公会改组备忘录，中央工作委员

---

[1] Joseph M. Fernando, *The Making of the Malayan Constitution* (Kuala Lumpur: Malaysian Branch of the Royal Asiatic Society, 2002), p.16.

[2] 1952年马来亚联合邦公民权修正法令规定：①马来邦之州籍民，及马六甲和槟城出生之英籍民，可自动成为联合邦公民；②外地出生之移民，住满10年（过去规定为15年）即可申请归化为公民；③在法令实施后5年内申请为公民者，在语言考试方面可获优待，考试方法亦将改善。

[3] K. J. Ratnam, *Communalism and the Political Process in Malaya* (Kuala Lumpur: University of Malaya Press, 1965), p.92.

会在第二年 6 月 20 日的会议中批准总会长的改组建议,成立包括总会长在内的 12 名成员组成的改革小组,以加强政治活动来配合当前环境需要。[1]

实际上,改组马华公会还有另外两方面的考量。殖民政府方面,虽然高级专员葛尼满意马华公会的新村福利工作,但对它无法取得政治突破,成为华人劳工阶层的政治领导力量表示失望。1951 年 9 月葛尼敦促马华领导人尽快实现改组,使马华公会替代马共成为有影响力的华人政党。[2] 另外,马华公会内部组织频频出现问题也使改组成为必要。由于马华公会在传统华人社团的支持下成立,许多商会、会馆领导人也顺势成为马华公会的领导人。这些华人传统领袖缺乏政治素养,也没有太多参政意识,他们只是把马华当作一个大的华人社团,以裙带关系、机会主义等管理社团的经验来领导马华。因此,20 世纪 50 年代初期,马华内部出现管理混乱、个人独断、权力滥用、私吞党产、腐败等诸多问题。例如,当时马华总部收到许多基层党员的投诉,揭发基层领袖滥用权力、腐败等问题。1952 年马华总部更是在新加坡分会发现一起总额达 3.74 万元的侵吞彩票收益案。这些给马华公会带来了极大的负面影响。所以,马华公会也亟待通过改组扭转负面形象。

在总会长陈祯禄心中,有领袖而没有名正言顺的政党,要维护华人的政治利益就不会那么容易,因此,他在 1952 年 5 月表示要把马华重组为现代意义的政党,而不是为了迎合紧急状态才成立的组织。若马华不重组,他恫言退出"自称为纯社会与文化团体"的马华。[3] 但事实上,马华转型过程并不顺利。由于党内许多华团领袖注重党的社会工作,政治觉醒不够,因此改组工作遭到了其他领袖特别是总秘书杨旭龄的强烈反对。而在商人务实、求利的心理下,陈祯禄自己也对转型十分犹豫。1952 年 10 月,政府以政党不能涉足经营活动为由,准备禁止新加坡分会发行彩票活动。陈祯禄竟然决定暂停新加坡分会改组,保持原福利团体性质。为保证彩票收益,陈祯禄甚至要成立另一个独立

---

[1]《马华公会二十五周年纪念特刊(1949—1974)》,1974,第 1 页。
[2] Joseph M. Fernando, *The Making of the Malayan Constitution* (Kuala Lumpur: Malaysian Branch of the Royal Asiatic Society, 2002), p. 18.
[3] 章龙炎:《陈祯禄处理种族矛盾与合作的准则——一个政治文化的探讨》,载王琛发编《为万世开太平:陈祯禄思想国际研讨会论文集》,马华公会中央党校,2007,第 93 页。

机构专门负责选举、制宪等政治事务。这些计划虽然没有成功,但是反映出马华公会领导人在转型问题上心存疑虑。

同时,马华公会也没有现实的转型目标。虽然在改组之初,它制定了三大目标:第一,集中全党力量;第二,在华人劳工阶层中发挥领导作用;第三,加强中央组织与地方组织的合作,以动员党内基层力量。[1] 但是这些目标脱离自身实际状况。例如,为扩大在华人社群中的影响力,获得基层支持力量,1953年初,马华公会发动"加入工会"运动,鼓励成立工会,号召华人劳工加入工会,并发表15点"工人宣言",要求改善华人劳工工作、生活条件,增加工资福利待遇。但现实是,马华公会领袖多是资本家与商人,与工人存在本质上的阶级对立关系,因而它绝不可能站在工人立场,优先满足工人阶级的利益诉求。所以,马华公会很快便撤销了此计划。1954年5月6日,马华总部发表声明称,马华不会鼓励成立华裔工人工会,但是依然会关心广大华裔劳工阶层的福利问题。此举适得其反,更加深了马华和基层大众的隔膜。

另外,在党的定位问题上,陈祯禄也一直摇摆不定,徘徊于究竟应该依政治意识形态原则还是族群代表原则之间。按照陈祯禄早期"一个国家,一种人民,一个政府"的概念,马华公会应该走多元种族路线。1951年4月,陈祯禄提出"马来亚国家统一机构"(United Malayan National Organisation)概念,并提议设立非华人附属党员,他们享有同等的投票权与被选举权。陈祯禄跨族群政党主张得到巫统主席拿督翁的支持。为践行多元族群的政治理想,1951年8月,拿督翁离开巫统成立非种群性政党,即"马来亚独立党"(Independence of Malaya Party, IMP)。巫统方面则由东姑·阿都拉曼(Tunku Abdul Rahman)继任主席。但是,当时的华族领袖,特别是马华领导层,并不支持东姑领导巫统,公开表明反对与巫统合作,而全部支持独立党。[2] 陈祯禄被邀请主持独立党成立大会,马华公会总秘书杨旭龄、总财政邱德懿亦被选为中委。[3] 虽然如此,陈祯禄却无法说服党内其他高层领袖支持独立党。1951年,由于雪兰

---

[1] Heng Pek Koon, *Chinese Politics in Malaysia: A History of the Malaysian Chinese Association* (Singapore: Oxford University Press, 1988), p.143.
[2] 南宫二:《马华风云卅六年》(上册),大众报有限公司,1985,第13页。
[3] 谢诗坚:《马来西亚华人政治思潮演变》,友达企业有限公司,1984,第45页。

莪州分会和霹雳州分会反对,马华大会否决"马来亚国家统一机构"及非华人附属党员的提案。[1] 同时,大部分马来人和华人也拒绝接受非种族性纲领。陈祯禄多元族群路线宣告失败。1952年2月吉隆坡自治市议会选举中,马华公会雪兰莪州分会与巫统联盟成功,确定马华公会单一族群政党的路线。其实,在陈祯禄全力支持拿督翁的情况下,最初马华公会与巫统的关系并不密切。在吉隆坡市议会选举前,陈祯禄还一再发下号令,要求全国马华与独立党结盟参加竞选。但是由于雪兰莪州分会主席李孝式与拿督翁交恶,他暗中与巫统竞选小组主席耶哈也合作,并成功说服翁毓麟、谢百吉、杨旭龄拒绝听从陈祯禄指示,转向与巫统结盟。李孝式甚至应允全力支持巫统竞选基金,对此马华和巫统中央毫不知情。结果在竞选的12席中,华巫联盟共获9席(马华6席,巫统3席),独立党2席。李孝式与巫统权宜性结盟成为马华和巫统合作之滥觞,确定马华公会要以华人单一族群政党身份与马来人政党结成跨族群的政党联盟。

而颇具讽刺意味的是,最终让马华公会破釜沉舟决心转型的动力来自彩票业务被禁。由于不满马华与巫统合作,拿督翁利用殖民政府内政部部长权力给予马华公会种种刁难。1953年6月,在拿督翁的建议下,殖民政府以发行彩票对其他政党形成不公平竞争为由,取缔马华公会的彩票业务。由于失去经济来源,1953年底,马华公会新村福利计划被迫终止,社会福利职能随即迅速收缩。[2] 马华公会前途堪忧,成立的初衷被终止,必须为马华重新寻找未来。吉隆坡市议会选举的成功为马华公会的转型带来了希望。在华人占多数的吉隆坡市区,6名马华公会候选人均以压倒性票数当选,显示出马华公会有能力获得华人的政治支持。[3] 所以,马华公会转型最可行的方案莫过于沿着议会政治道路,参加议会选举,从国家政治和华人政治中找寻马华公会的生存空间。在殖民政府的默许及鼓励下,马华开始以华人族群政党的身份与巫统结盟,全面介入马来亚政治生活。1952年1月7日,马华与巫统代表举行首次

---

[1]《万众一心:马华公会45周年纪念特刊(1949—1994)》,马华中央宣传局,1994,第42页。

[2] Heng Pek Koon, *Chinese Politics in Malaysia: A History of the Malaysian Chinese Association* (Singapore: Oxford University Press, 1988), p.146.

[3] R. K. Vasil, *Ethnic Politics in Malaysia* (New Delhi: Radiant Publishers, 1980), p.90.

会议。第二年2月,两党巨头召开圆桌会议促成全马华巫联盟诞生,直至1955年联盟全国理事会(Alliance National Council)成立。

但是陈祯禄也对马华公会在未来马来亚政治生活中的角色定位做了准确预言,他认为,无论具有多完善的组织,马来亚华人政治永远不可能在国家中发挥核心作用,还断言马华公会的功能只是类似于西方国家压力集团的角色。对此,他说马华公会好像就是美国的压力集团或者在英国体制下,不应该被称为"政党",它只能起到代表华人利益向政府提供信息搜集和政策建议的功能。[1]所以,从一开始陈祯禄就预言了马华公会在未来政府中的命运,点出了华人政治的局限所在。

二、族际合作过程中的协商与合作

日据时代结束后,马来亚社会出现了前所未有的政治觉醒,直接推动境内各族群争取独立民族主义运动。但是如何将分殊严重的多元族群纳入一定的政治秩序之中,成为马来亚独立要解决的关键议题。在英式威斯敏斯特民主体制内,"胜者通吃"的多数民主原则虽以高效、稳定著称,却将少数排除在权力之外,增加多数专政的可能性。在同质社会中,这种缺陷能够通过多数派与少数派轮流执政,主要政治力量倾向于往政治中间地带靠拢,各自政策主张没有太大差异而弥补。[2]但是在马来亚各族群政治态度和政治价值取向存在严格差别和界限的多元社会中,公民如果按照族裔身份投票时,选举中的赢家与输家一直持续,无法保障少数族群权利,进而导致族群冲突。各族群团结合作达成民主所需要的共识与妥协却又是英政府提出的马来亚独立的必要条件之一。

围绕着如何实现族际合作,解决自由民主制度与多元族群共存的问题,华巫两大族群的政治精英们进行了多种尝试,形成聚合与协和民主两种模式。拿督翁创立跨族群"马来亚独立党",陈祯禄提出建立"马来亚国家统一机构",

---

[1] Heng Pek Koon, *Chinese Politics in Malaysia: A History of the Malaysian Chinese Association* (Singapore: Oxford University Press, 1988), p.146.
[2] 艾伦·李帕特:《当代民主类型与政治》,陈坤森译,桂冠图书股份有限公司,1993,第23—24页。

反映了马来亚族群政治精英试图通过建立跨族群的政党和政党联盟,在选票汇集的过程中促成族际合作、调适和整合,并最终减少族际差异,实现统一马来亚人民的政治理想。这种族际合作方式类似于霍洛维茨设计的在选举之间形成跨族群聚合达到族群之间政治和谐的模式。继任巫统主席的东姑与马华公会雪兰莪州分会主席李孝式则按照族裔分裂线建立政党,再通过不同族群政治精英之间的合作态度与行为抵消多元族群之间的离心倾向,进而实现族际合作。这种族际合作方式与利普哈特提出的保证各族群在政治过程和决策中的有效代表和有效参与,达成族际和解与政治稳定的协和民主模式极为一致。1952年吉隆坡自治市议会选举检验了协和民主模式的有效性,从而为马来亚华巫族际合作的模式奠定了基础。

(一) 马来西亚华巫印族际合作的建立

按照族群政治理论,族群是民众试图影响政府权威性资源分配的基本单位和进行政治动员的有效工具。在马来亚多元族群的政治环境中,华巫印三大族群是以族群为单位建立政党,代表各自的族群参与到马来亚资源的权威性分配和公共权力的分享过程之中。因而,在马来亚以族群为单位的利益群体分类中,以族群为单位建立的政党成为各个利益主体的代表。

1954年底,由瓦迪塞(K. L. Devaser)担任主席的印度人国大党决定加入华巫联盟。虽然印裔仅占选民总数的3.9%,但它的加入却有效地加强了联盟的代表性。1955年,三大族群联盟宣告成立。联盟内容上,巫统代表马来人利益,马华公会是华人社会发言人,国大党表达印度人诉求,三个政党的结盟代表着马来亚国内三大主要族群的政治合作与和谐。联盟行为模式上,联盟是以精英政治的方式通过各政党领导人持续的调适、协商达到族群之间的妥协,进而实现族群共识。它将"和而不同"的协和式民主理念变成了现实。按照协和式民主理论,用以保护少数的"相互否决权"意味着联盟内部各主体之间的地位是平等的,为达成共识,三个政党需要做出等距让步。代表数量上,联盟全国理事会华巫各有16名成员,国大党有6名成员。巫统与马华公会居于平等地位,但实际上,巫统居于主要地位,马华公会与国大党的让步总是要大于巫统。

联盟中,族际合作成功的关键在于各成员政党的利益互补性。马来亚自治先从市镇开始,无疑为华巫印合作提供了契机。当时城市居民大部分为华裔和印裔,马来人偏居于乡村。巫统要在城市有所突破,必须向他族寻求合作。在吉隆坡市议会选举时,华巫联盟的对手是非种族性的独立党,使华巫两党得以携手。他们的合作虽然可能由于一些人因为觉得领袖出卖了自己的社群而导致少数支持者流失,但却可以从另一个族群中获得补偿。巫统由于城市中缺少马来选民而愿意与马华公会合作以得到华人选票。而当时没有其他华人政党,华人选民缺乏代替性选择,所以马华公会与巫统合作的风险很低。另外,在马共叛乱后,马华公会为撇清外界对华人的普遍怀疑也需要伺机寻求与马来政党的合作。因而,利益的互补性是促成华巫首次合作的最大动力。尽管联盟成员政党之间存在先天的张力,但对独立的期盼让他们又有足够的动力继续跨族群合作。

同时族际合作的成功还得益于由各族群政治精英构成的容纳系统。在这个系统内部,马来亚主要的次级团体代表——华巫印各族群的政治精英基于相似的社会背景、受英文教育的经历和相同的政治理想,相互依赖和融合,达成某种程度的共识。例如:巫统主席东姑出身马来贵族,是吉打皇室的王子;陈祯禄是华人富豪。他们代表了马来亚上层社会的保守势力。东姑毕业于剑桥大学,拥有出庭律师的资格;陈祯禄在新加坡莱佛士学院深造,相同的英文教育背景使他们认同自由、平等、人权等价值观念,并追求西方议会民主的政治理想。这些政治精英之间有沟通的平台,并存有足够的适应力和同情心,对敏感问题也能做出最高程度的忍让。因而,虽然马来亚各族群文化之间缺乏共识,这个缺陷却因政治精英阶层的凝聚力弥补了。

虽然联盟初期并没有对族群关系提出任何安排和解决方案,更没有达成清楚的协议,被学者们诟病为"权宜性婚姻,其他别无是处"[1],但联盟追求的单元族群政治路线比拿督翁尝试的多元族群路线更能为大众接受。在1952—1953年举行的市镇议会和州议会选举中,华巫联盟分别获得74.4%和70%的

---

[1] K. J. Ratnam, *Communalism and the Political Process in Malaya* (Kuala Lumpur: University of Malaya Press, 1965), p.160.

席位，[1]而独立党仅获得3个席位。另外，联盟展现各族群合作的姿态也符合英政府的希望。当时英国当局赋予马来亚自治的条件之一，就是要三大民族保证能够和谐共处。所以，依赖族群精英之间协商合作的方式去追求国家独立是现实可行的方案。从20世纪50年代中期到60年代末，马华公会与其他两个政党展开的协商与合作集中在争取独立和制宪两大课题上。

（二）争取独立

从1953年中开始，各方政治力量已经知晓马来亚独立已成必然之势，而现实的问题就是未来将由"谁"领导这场独立运动。当时马来亚其他政党势力还有马共、马来亚民主同盟（Malayan Democratic Union）、马来亚马来国民党（Partai Kebangsaan Melayu Malay，PKMM）、泛马伊斯兰党（Persatuan Islam Sa-Malaya，PAS）、泛马劳工党（Pan-Malayan Labour Party）、急进党（Radical Party）和霹雳进步党（Perak Progressive Party）。但这些政党要么被禁，要么偏隅一方，不具备全国性的影响力。因而，独立运动领导权之争实际上还是在联盟与独立党之间展开。两者实力对比情况是：巫统与马华公会从1952年开始，在市镇议会及州议会选举中占据绝对优势，而拿督翁领导的独立党在殖民政府及马来亚上层人物中有较大影响力。不仅拿督翁本人担任殖民政府内政部部长一职，而且14位联邦行政议员中的6位，以及70位联邦立法议员中的30位都是该党成员。[2]在跨族群合作姿态上，巫统与马华公会已经结盟，表现出马来亚两大族群通力合作之态，而独立党本身就属于跨族群组织形式的政党。

从1953年中到1954年底，华巫联盟的核心目标包括：第一，在独立运动领导权的竞争中胜出；第二，向殖民政府施加压力，促使其尽快出台马来亚自治时间表。[3]与此同时，独立党也在招兵买马。1953年4月27日，拿督翁

---

[1] Gordon P. Means, *Malaysian Politics* (London: University of London Press, Ltd., 1970) p.55.
[2] R. K. Vasil, *Ethnic Politics in Malaysia* (New Delhi: Radiant Publishers, 1980), p.82.
[3] Heng Pek Koon, *Chinese Politics in Malaysia: A History of the Malaysian Chinese Association* (Singapore: Oxford University Press, 1988), p.180.

与 7 名马来各州首相召开全马来亚各党各组织大会（Malayan National Conference of All Parties and Organizations），为马来亚自治设定计划。然而，殖民政府却不急于实现马来亚独立。高级专员邓普勒（Sir Gerald Templer）强调，在马共彻底被击败之前是不会考虑马来亚独立问题的。实际上，英政府不愿从马来亚撤军的考量是在经济利益上。1950—1953 年的朝鲜战争刺激了橡胶价格飞涨，而马来亚作为橡胶的主产地使英政府获利颇丰，这对英国二战后的经济恢复是至关重要的。[1] 为给自己的政党争取时间，拿督翁同意殖民政府立场，延后马来亚独立。由于联盟已经在地方议会控制多数议席，它则希望马来亚尽早实现自治。当时马来亚国内独立情绪高涨，多数民众支持联盟立场，所以，在民意基础上，联盟无疑占据上风。独立的方式上，联盟决定通过群众力量，采取温和议会斗争手段与和平谈判策略以争取独立。1954 年 4 月 27 日，殖民政府通过立法议会决议，规定马来亚立法议会包括 98 名议员（52 名民选产生，43 名官方选派，3 名官方议员）、1 名议长。[2] 1955 年 7 月 27 日，联合邦举行首次大选。大选前夕，马华公会、巫统加上印度人国大党组成联盟对阵拿督翁再组的国家党（Party Negara），竞争民选的 52 个席位。

对政权的期盼掩盖了联盟内部各政党之间因为不同的立场而带来的忧虑。为在紧张甚至对立的族群关系中赢得最广泛的支持，华巫印族群领袖极力调和，小心翼翼地维持着微妙的平衡，以促成三方相对满意的局面。虽然非马来人占马来亚全国人口的半数，但非马来人合格选民仅占选民总数的 15.8%（其中华人选民占 11.2%，印度人及其他族群选民占 4.6%），马来选民占 84.2%。基于选民人口数量的绝对优势，巫统内部有人提出按照各族群选民比例提出候选人，即 90% 候选人归巫统，华印候选人不超过 10%。此提案遭到巫统及联盟主席东姑的反对，不惜在 1955 年 6 月党大会上以辞职相威胁。东姑此举获得巫统信任票并在联盟内部赢得马华信任。最终席位分配结果是：巫统 35 席，马华公会 15 席，国大党 2 席。此方案被后两党欣然接受。

---

[1] Anthony S. K. Shome, *Malay Political Leadership* (London: Routledge Curzon, 2002), pp. 70-71.
[2] 杨建成:《西马来西亚华巫政治关系之研究（上册） 1957 年—1975 年》，博士学位论文，"国立"政治大学政治研究所，1976，第 24 页。

但值得注意的是，马华公会和国大党地位的保全并非由于它们的据理力争，而是得益于东姑的慷慨。[1]

联盟竞选宣言上，为最大限度地获取支持，可能导致联盟破局的尖锐课题被束之高阁。各方分歧集中于公民权、语文教育两个方面。公民权上，巫统坚持严格限制公民权，非马来政党主张"出生地主义"（Jus Soli）开放公民权。最终联盟选择大选期间暂时搁置此问题，竞选宣言在公民权问题上做出如下解决："移民问题应该受到特别独立委员会审议，对此联盟将向最高统治者请命，以使移民在国家地位问题得到令人满意的解决。"[2]语文教育方面，在陈祯禄的鼎力支持下，马华公会在1953年4月与马来亚联合邦各州华校董事会总会（董总）、马来亚联合邦各州华校教师会总会（教总）联合组成"马华公会华文教育中央委员会"（通称"三大机构"），反对1952年教育法令，反对1954年67号白皮书[3]，要求把华文列为官方语言，支持南洋大学成立。迫于拿督翁的压力，巫统不得不坚持马来语为唯一国语而不敢妥协，但是同时又强调要捍卫其他族群接受母语教育的权利，并支持成立南洋大学。为调和华巫族群在语文教育问题上的对立立场，1955年1月12日，华教人士、马华公会、巫统在马六甲陈祯禄寓所举行三方会谈，史称"马六甲密谈"。三方在会谈中达成妥协方案，即华教人士答应在大选期间不提华文必须被列为官方语言，联盟答应在联盟竞选政纲中列明决不消灭任何民族学校、语言及文化政策，并承诺如果得以执政，将修改不利华教的法令条文，包括1952年教育法令及1954年白皮书。[4]为显示诚意，马六甲密谈的第二天，东姑公开反对1954年白皮书。1955年6月4日，联盟的选举纲领出台，文化教育方面的纲领为：第一，允许方言学校正常发展；第二，对本邦各民族的学校、语文及文化，非特不使消灭，而且予以鼓励；第三，重新检讨1952年教育法令及1954年教育白皮书。[5]由此看来，联盟内部做出的种种妥协与调和显示出在独立情绪高涨的那个时代，

---

[1] R. K. Vasil, *Ethnic Politics in Malaysia* (New Delhi: Radiant Publishers, 1980), pp. 93-94.
[2] R. K. Vasil, *Ethnic Politics in Malaysia* (New Delhi: Radiant Publishers, 1980), p. 94.
[3] 该白皮书建议华校开设英文为媒介语的"英文班"。
[4] 郑良树：《马来西亚华文教育发展史》（第三分册），马来西亚华校教师会总会，2001，第288页。
[5] 董总出版社编《董总三十年》（下册），马来西亚华校董事联合会总会，1987，第592页。

各族群领袖无法在一些棘手的族群问题上稳住阵脚,因为他们担心联盟不能以团结友爱的姿态成功说服殖民政府尽早撤离马来亚。但是他们相信,一旦他们全面接管国家政权,族群问题就可以迎刃而解。[1]

联合邦立法议会最后投票结果显示,联盟获得了不分族群、不分阶层的选民的支持。在角逐的52个立法议会议席中,联盟囊括51席,剩下1席被泛马伊斯兰党获得。联盟最大的对手——国家党一败涂地,未获一席,从此淡出政治舞台。联盟的胜利标志着它已经获得马来亚独立运动的领导权。(见表1-4)

表1-4 1955年马来亚联合邦立法议会首次大选各政党得票统计表

政党名称	候选人数目/人	赢得席位/席	得票数目/票	得票百分比/%（废票除外）
华巫印联盟	52	51	818,013	79.6
国家党	30	—	78,909	7.6
泛马伊斯兰党	11	1	40,667	3.9
霹雳国民协会	9	—	20,996	2
霹雳马来同盟	3	—	5,433	0.5
劳工党	4	—	4,786	0.4
霹雳进步	2	—	1,081	0.1
独立人士	18	—	31,642	3

资料来源:杨建成:《华人与马来亚之建国:1946—1957年》,中国学术著作奖助委员会,1972,第154页。

此次选举对于马华同样意义非凡,这是马华历史上唯一一次全部候选人都上榜选举。更重要的是,除了徐瑞意和梁宇皋在华人优势选区当选,其他13人均在马来人占多数的选区。[2]这代表马来人全力支持联盟,对联盟内部的妥协表示满意。同时,华人社会也对马华表示满意。它领导华人社会反对1952年教育法令、争取华文官方语言行动、向巫统要求开放公民权等坚守华社利益的行动赢得了华人社会的赞誉。1953—1955年,它在华人社会中的地位达到顶峰。

1956年1月,以东姑为首的联盟代表团与马来统治者代表赴英商谈独立,

---

[1] 邱家金:《马来亚的形成,1946—1955:族群合作的成果》,载文平强主编《马来西亚华人与国族建构:从独立前到独立后五十年》(上册),马来西亚华社研究中心,2009,第126页。

[2] 张晓威:《马来西亚华人公会与马来西亚华人社会研究》,硕士学位论文,"国立"中央大学历史研究所,1998,第70页。

同年3月英国接受联盟提出马来亚于1957年8月底独立的时间表,国家独立指日可待。

(三) 制宪谈判

在联盟赢得独立领导权的同时,制宪问题被提上议事日程。1956年6月,李特宪制调查团抵达马来亚,全面开始制宪工作。

针对未来宪制安排,巫统与马华公会内部均出现保守派与激进派的分化。巫统中,保守派以受英文教育的马来贵族领导人为代表,包括巫统主席东姑、署理主席敦阿卜杜拉·拉扎克(Tun Abdul Razak)等;激进派以有马来中层或劳工阶层背景的巫统地方领袖为代表,包括巫统青年团团长沙顿·朱比(Sardon Jubir)、雪兰莪州分会主席阿卜杜拉·阿兹·依沙(Abdul Aziz Ishak)等,他们也代表当时马来社会主流观点。在马来特权问题上,保守派与激进派均强调"不与非马来人共享同等的政治身份"是基本的制宪原则。但前者的立场是由于马来人在现阶段不可能在平等基础上与非马来人竞争,因而马来特权是权宜措施;后者则认为特权是基于马来族群是土地之子的自然权利。他们对非马来人利益的看法也存在分歧。保守势力倾向于向非马来人开放公民权,认同出生地原则并尊重各族群受母语教育的权利;激进分子则将开放公民权和出生地主义视为对马来特权的威胁,坚持马来文的唯一官方语言地位。[1]

同样,马华公会内部也出现了分化。保守势力以受英文教育的中央领导人为主,包括总会长陈祯禄、副会长李孝式、义务总秘书梁宇皋等;激进势力以受华文教育且拥有基层实力的地方分会领导人为代表,同时他们也是华人社团领导人,包括霹雳中华大会堂主席、前马华公会霹雳分会主席刘伯群,雪兰莪华人行团总会会长梁志翔,雪兰莪中华大会堂副主席曹尧辉,联合邦教总主席林连玉,他们反映华人民间力量对于宪法内容的看法。在出生地主义上,两派并无实质分歧,都要求以出生地主义作为公民权的基本原则。其矛盾集中

---

[1] Joseph M. Fernando, *The Making of the Malayan Constitution* (Kuala Lumpur: Malaysian Branch of the Royal Asiatic Society, 2002), pp. 76-80.

在华巫平等权利和语言问题上。对华人社会而言,马来亚独立运动和1954年中国政府取消双重国籍,有力地刺激了华人住民,推动了他们的本土关怀要求。于是,原来选择"社会逃避"的主流华人开始与土生华人汇流,一起认同并参与国家建构过程。与之前冷漠的态度相比,华人的转变是一种新的社会与政治意识的产生,它不仅把马来亚当作一种贴身利益所在,而且在宪制的形成中产生一种自发的、平权观的力量,不愿意见到任何法定的特权安排。[1] 因而,代表华人社会民间看法的激进派希望华文与马来文并肩成为官方语言,但是保守派对此表示冷漠,他们无意挑战马来文唯一官方语言的地位,只是希望华族接受母语教育的权利得到尊重。在特殊权利上,激进派强烈反对马来特权,认为将会在同一个国家内形成两种公民,有违现代民主国家中公民权利平等的精神实质;而保守派尊重巫统立场,同意延续马来亚联合邦协定中的马来特权。按照华巫两族激进派的立场,一方所得就是另一方所失,完全是一场没有余地的零和博弈。为避免出现完全征服的局面,就需要双方各退一步寻求积极的非零和博弈。这样出现两个政党中保守派均占据上风的局面。

为明确华人社会对国家宪制的要求,1956年4月27日,全马454个华人社团单位更是召开"全马华人注册社团争取公民权大会"。会议强调,国家要定位在"建立公正"的话语上,要以"公民国家"(Citizen-State)的方式形成,对宪制安排提出平等公民权、出生地主义、华文官方语言等要求。面对华人社团和马华激进派汹涌的群情,保守派却在迟疑不决。在马来极端分子强烈排华言论的压力下,马华公会中央领导层受联盟其他成员牵制,不敢有太大动作。虽然马华宣传主任陈修信表示绝对赞成"出生地主义"的原则,并主张必要时以罢市抗议,马华义务总秘书梁宇皋也口口声声保证绝对不至于出卖华人之利益与福利,但马华中央领袖却始终未曾正式公开表态,引起广大华人不满,甚至有人趁机提出另成立"华人总公会"以争取华人权益。[2] 对此,巫统力挺马华公会,称马华公会是效忠本邦的华人最高机构,绝不跟筹组中的"华人总公会"发生关系。马华公会对联盟成员的支持表示感激,随即公开表示要将政

---

[1] 许德发:《大局与独立:华人社会在独立运动中的反应》,载文平强主编《马来西亚华人与国族建构:从独立前到独立后五十年》(上册),马来西亚华社研究中心,2009,第91页。

[2] 崔贵强:《新马华人国家认同的转向 1945—1959》,厦门大学出版社,1989,第334页。

党利益放在华人利益之上，以联盟大局为重，支持联盟政治委员会提呈的备忘录立场。1956年9月，马华公会委员会会议通过"国家第一，政党第二，华人利益第三"的政治路线[1]，标志着马华公会开始背离华人社会的主流民意要求，单方面依靠联盟维系政治力量。

1956年8月22日，联盟向李特宪制调查团提呈的备忘录出台。整个备忘录基本反映了巫统的意见。公民权问题上，联盟遵守1955年7月华巫两党之协议，接受出生地原则，规定"外地出生之移民，住满8年可申请归化为公民"。特殊权利方面，联盟强调经济地位处于劣势的马来人需要更多达致平等的机会，但同时也建议，这些优惠应不时地予以重新检视，保障马来人特殊权利最多延续15年。[2] 为避免特权期限要求遭致马来人围攻，联盟在最后译本中删去了"15年期限"条款。但在备忘录面呈李特宪制调查团时，联盟口头传达了马来特权至多延长15年的看法。[3] 语言问题上，联盟提呈两套方案。第一套方案代表了巫统、马华公会、国大党的共同看法，即承认马来文国语地位，前提是宪法必须保障各族群的语言、文化，保护各族群的母语学校和文化机构。第二套方案由马华公会、国大党单独提呈，要求在独立后的一段时间内承认华文、淡米尔文为官方应用文。

宪制调查团在马来亚逗留约5个月，其间共收到来自团体或者个人的131份备忘录。1957年2月21日，李特宪制调查团报告书出台。鉴于联盟的执政党地位，报告书多采纳联盟备忘录之意见。建议如下：

第一，独立前出生及独立后出生者自然成为公民，但对独立前在联合邦出生者，须申请前7年中有5年住在联合邦，略懂巫语，始可登记为公民。申请人须在独立后1年内申请，才可豁免语文考试。

第二，在外地出生的联合邦居民，须在申请前12年中有8年住在联合邦，且须略懂巫语。只有那些年纪在45岁以上，而于独立后1年内申请，始能豁

---

[1] 崔贵强：《新马华人国家认同的转向 1945—1959》，厦门大学出版社，1989，第339页。
[2] Heng Pek Koon, *Chinese Politics in Malaysia: A History of the Malaysian Chinese Association* (Singapore: Oxford University Press, 1988), p. 226.
[3] Joseph M. Fernando, *The Making of the Malayan Constitution* (Kuala Lumpur: Malaysian Branch of the Royal Asiatic Society, 2002), p. 86.

免语文考试。

第三，建议巫语为官方语言。英文在 10 年内可继续为官方语言；10 年后是否继续采用，由国会决定。不建议列华文为官方语言。

第四，建议保留巫人享有之特权，继续延长 15 年。[1]

报告书出台后，虽然华人认为其没有以平等的方式对待马来人和非马来人，显失公平，在官方语言问题上，也距离华团要求甚远，但是马来特权因为有时间期限，倒没有引起太大怨言。而马来人对此甚不满意，国家党召集除巫统以外的马来人政党，包括人民党、泛马伊斯兰党、半岛巫人联合会共同反对报告书。同时各州苏丹也通过掌玺大臣玛斯打化氏表达了对草案的不满意见。东姑呼吁人民勿太激动，应以平静的心讨论问题。唯独马华公会对报告书深表满意，认为可以接受。依马华公会的看法，只要能守着报告书的原文，不被马来人修改就算是成功了。[2]

但是鉴于马来人对草案的攻击和英政府偏袒马来人的立场，联合邦官方独立委员会和联盟代表与英政府闭门商讨后，对原报告书做了大幅修改。除公民权大体保持报告书的原文外，新宪制白皮书有关马来人特殊地位的条款基本遵照主流马来人立场，其中第 153 条规定：马来人在土地保留制、公共服务之职位、经商特别准证和教育奖助优待 4 个方面拥有特殊待遇。同时确定：伊斯兰教为国教，马来语为唯一的官方语言，特权无限期延长，最高元首拥有保护马来人特殊权利之责任。在非马来人权益保障方面，新宪制白皮书第 153 条还规定马来人享有的特殊待遇不能侵犯非马来人在此范围内享有的既得权益，特别是在经济领域活动中的充分自由。[3] 简而言之，新宪制白皮书在族群问题上的解决方式带有交换性质，即以马来人政治主导的制度化来交换华人在经济上持续的相对主导性。新宪制白皮书送达联盟控制的国会三读通过，成为正式宪法。1957 年 8 月 31 日，在众人"莫迪卡"（马来语，独立之意）的

---

[1] 崔贵强：《新马华人国家认同的转向 1945—1959》，厦门大学出版社，1989，第 338 页。
[2] 杨建成：《西马来西亚华巫政治关系之研究（上册） 1957 年—1975 年》，博士学位论文，"国立"政治大学政治研究所，1976，第 28 页。
[3] Heng Pek Koon, *Chinese Politics in Malaysia: A History of the Malaysian Chinese Association* (Singapore: Oxford University Press, 1988), pp. 235-236.

呼声中，马来亚终于摆脱殖民统治，迈向独立之路，巫统主席东姑·阿都拉曼成为马来亚建国总理。

根据制宪结果，华人拥护维持马来人的原有政治社会结构，承认马来人在政治上的优势和经济方面的一些优惠权利；而马来人则答应华人取得公民权，可以继续发展自己的教育文化和经济活动。[1] 各政党之间最终的交易安排并没有让任何一方完全感到满意，特别是马华公会做出的让步更大，在巫统马来特权的强硬姿态下，完全乖离华人社会在平等公民权、华语问题的基本原则。为什么它会舍弃华人社会立场，而愿意接受制宪交易呢？笔者认为，是基于如下权衡：

首先，在制宪交易中，向非马来人开放公民权是马华公会的底牌。在中央领袖的心中，公民权是关键性的权利，只要先获得合法的公民地位，那么其他权利在未来的国家中就可迎刃而解。如果华人不能获得公民权，莫说政治权利，就是经济利益也会受到严重威胁。在接受特权的前提下，巫统也向马华公会做出承诺，马来特权不会影响非马来人的既得权利，特别是华人经济上的既得利益。以承认马来特权、牺牲华语地位来换取公民权和华人经济利益，在绝大部分受英文教育并且是商业精英的马华公会中央领导人眼中绝对是划算的交易。另外，按照马华公会章程，只能接受拥有合法公民权的华人成为党员。在近一半华人无法获得公民权的情况下，为扩充党的基层实力，马华公会当然急于要求先开放公民权。

其次，马华公会的政治前途有赖于巫统的支持。在国家政治领导核心在未来将继续由马来人占据的情况下，马华公会选择以"温和"姿态获取巫统的信任。1955 年大选 15 名候选人中的 13 名都在马来人占多数的选区当选的经历使马华公会意识到：在马来族群占据政治优势的国家内，要延续政治生命，就必须依靠巫统庇护来得到马来选票，而不可能以"激进"华人族群政党的身份打破联盟合作。因而，在马华公会领导人心中，赢得巫统信任远比获取华社支持重要。

再次，马来特权的存在并不代表马华公会永远认可马来人的政治支配。

---

[1] 江炳伦：《亚洲政治文化个案研究》，五南图书出版公司，1989，第 184 页。

虽然制宪谈判共识是以马来政治领导权交换华人(和外国人)的经济主宰,但这不是什么长期世俗利益的中介,也不是什么极神圣的民间和政治的盟约,没有人会期待这种交易会长期有效。[1] 马华公会在接受巫统立场的时候就曾乐观地相信,马来特权载入宪法只是照顾落后的马来族群,安抚马来激进人士的权宜之计,独立后不久宪法会重新修改,马来特权必然会被重新检讨,直至最终消除。而东姑在会见李特宪制调查团时,也在口头上承诺联盟会在独立后15年之内重新检讨以顾全各种族的利益。马华公会也把希望寄托于未来,认为随着越来越多非马来人成为这个国家的合法公民,他们的谈判筹码就会随之增加,到时候再要求修改宪法重新制定新的协议,这样就可以还原华人社会最初的心愿。

最后,马华公会一改1953—1955年对华语问题和华文教育的立场还在于领导层的交替。原本支持华文教育的总会长陈祯禄由于健康原因并没有参与制宪谈判,与巫统交锋的是以陈修信、梁宇皋为代表的受英文教育的中央领导层。这些人出身于商人富豪家庭,日常生活与华人基层并无多大联系,加之英文教育的背景,使他们更无法理解华人大众对华语和华文教育的深厚情感。因而,在新宪制白皮书送交给联合邦立法议会讨论时,议员杨世谋曾提出反对意见,但立即遭致其他有英文教育背景议员的围攻。就在两派华人的争吵声中,立法议会最终还是通过了这部宪法。

在族群内部,从1953—1955年争取独立运动到1955—1957年制宪谈判,马华公会在华人社会中的实际影响力开始减弱。它在独立运动中坚守华文教育的立场曾赢得华人社会的广泛支持,因而成为华社实际的代言者。而在制宪谈判中,马华公会退出华教立场,单方面倚赖联盟内部绅士式协商,向马来族群做出大幅让步,未能照顾华社利益而被诟病。就华巫印联盟一手促成的宪法而言,它只是马华公会的宪法,不能代表全体华人的意见。1959年大选结果忠实反映了一般华裔选民对马华的失望与疏离。在竞逐的31席中,马华公

---

[1] 玛维斯·普都哲里:《马来西亚的"社会契约"——概念的发明和历史的演变》,载诺拉妮·奥托曼、玛维斯·普都哲里、克莱夫·凯斯勒:《一个马来西亚,两种社会契约?》,李永杰译,策略资讯研究中心,2010,第13页。

会仅赢得19席,且这些议席皆非来自华人高度集中的城市选区。[1]在跨族群的合作中,马华公会在联盟中的地位也悄然发生着变化。从联盟初期,联盟全国理事会中华巫各有16名成员,两党领袖轮流担任理事会主席,到需要仰仗东姑的慷慨获得候选人席位及内阁职位的分配,再到妥协于巫统马来人特权立场,马华公会在联盟内部的政治空间不断受到挤压。但无论如何,马华公会还是向华社交出了一份答卷,虽然不能令华社完全满意,但相对于东南亚其他国家已经难能可贵。二战后,东南亚各殖民地纷纷独立建国,诸如印度尼西亚、菲律宾、越南、缅甸这些新兴国家故意忽视当地华侨的既得权利,随时以新法令剥夺或限制华侨的既得权。因此,马华公会能够争取以宪法的形式明确保障华人的既得权利确实是一件了不起的事情。而独立后,巫统确实遵守独立合同,将内阁财政部部长、工商部部长两个重要经济职位让于华人,确保华人掌握制定经济政策的实权。另外,当时联盟竞选与行政上的开支多是由马华公会提供。在华商政治献金的支持下,马华公会甚至主动设立"马来人福利基金"为马来人的奖学金、屯垦与其他福利事业提供财政援助,这也多少加强了它在三党联盟中的影响力,弥补了在选举时过度依赖巫统之窘境。[2]因而,从独立运动到独立后10年,在协和式民主的框架之下,马来亚华裔、马来裔、印裔精英共治的参政形态基本固定下来。

三、缔造联合战略中边缘化的开端

遵循制宪谈判华巫印三大族群和衷共济之精神,马来亚建国初期,社会资源在各族群间的分配原则是"马来人掌握政权,华人继续在国内建立商业信心,印度人在劳工界加强力量",以使马来亚迈向和平繁荣的康庄大道,政府国库充裕,可以拨大笔款项供乡村发展之用。但事实上,马来人的政治优势并没有给他们带来经济上的安全感,而华人经济上的优势地位也没有给他们带来

---

[1] 王国璋:《马来西亚的族群政党政治(1955—1995)》,唐山出版社,1997,第73页。
[2] 林合胜:《马来西亚华人角色转变之研究》,硕士学位论文,"国立"中山大学,2001,第31页。

政治上的安全感。[1] 所以，独立以后随着华人政治力量的变化，他们已经不再安于局限在经济上的优势地位而是要求分享更多的政治权力。

（一）独立后华人政治力量的变化

独立后华人政治力量的变化首先表现在华人政治力量的增强。由于宪法原则上向非马来人开放公民权，在马华公会的带领下，华人社会掀起了申请公民权的热潮。截至豁免语言考试一年期限，即1958年8月31日，申请人数高达100万之多，而且有80%的申请者是华人。加上之前已获得公民权的华人总数，将近有200万华人已经获得公民权，占华人总数的84%，长期困扰华人社会的公民权问题基本解决。[2] 大部分华人获得了公民权，同时华人选民数量随之激增。在1955年大选前，华人选民仅占全体选民的11.2%，而到1959年大选前华人选民在全体选民中的比例达到35.6%，与全国种族比例持平。[3] 独立后，华人的政治意识也有明显转变，其政治认同的对象从中国转向当地，政治参与热情空前高涨。这时的华裔选民已经构成马来亚国内一支举足轻重的政治力量。

其次表现在华人政治力量的分化。虽然1955年首次大选确立了马华公会在华人社会的代表性，但随后在争取独立的过程中，针对马华公会在联盟中的地位以及宪法的拟定，特别是林苍佑领导革新派向巫统要求32个国会席位分配遭到东姑拒绝而被迫辞职后[4]，它在华人社会中的领导与权威备受打击，受到族群内部侧翼政党的强力挑战。1959年大选，华基政党出现明显朝野对峙局面。华人执政党是马华公会，代表受英文教育的头家阶层，其靠近权力核心，故其领导人必须遵从联盟的决定以保护政党利益。[5] 由于华人社会不满马华公会在制宪谈判中的表现，因而此次大选中马华公会流失大量华人选票，

---

[1] 顾长永：《东南亚政府与政治》，五南图书出版公司，1995，第77页。
[2] 崔贵强：《新马华人国家认同的转向 1945—1959》，厦门大学出版社，1989，第342—343页。
[3] K. J. Ratnam, *Communalism and the Political Process in Malaya* (Kuala Lumpur: University of Malaya Press, 1965), p. 200.
[4] 柯嘉逊编《最后的访谈：东姑与达斯对话录》，策略资讯研究中心，2006，第115—116页。
[5] 柯惠玲：《评介〈马来西亚华人政治思潮演变〉——兼论马华公会的角色》，《海外华人研究》1992年第2期，第269—277页。

在其竞逐的31席中仅赢得19席,丧失的席位多是华人集中的城市选区。华人在野势力分享了马华公会所流失的华人选票并确立各自势力范围:标榜左派、走温和路线、代表华人社会受英文教育的中等阶级并逐步扩展至受英文教育的中等阶层及工人阶层的劳工党与人民党共组"马来亚人民社会主义阵线"(简称"社阵"),在雪兰莪州和槟城实力坚强;以情绪和激烈批评取得选民支持的人民进步党成功在霹雳建立地盘;而以陈期岳为首的马来亚党及陈世英、郭开东领导的独立人士阵线代表脱离马华公会的在野势力亦表现不俗,前者选票集中于马六甲市市区,后者则获得森美兰州芙蓉东西区华裔选民支持。[1]

1964年大选,马华公会受到来自社阵与新加盟马来西亚联合邦的新加坡人民行动党的挑战。社阵以华人聚集的雪兰莪、槟城、森美兰等5州为基本选区与马华争夺华人选票;人民行动党欲在城镇选区协助巫统对付社阵,以取代马华在联盟中的地位。但是由于社阵与印尼共产党意气相投,在当时马印全面对抗的背景下,社阵被联盟和人民行动党联手描绘为与印尼"通敌""叛国",大失人心。而人民行动党初次北上,根基未稳,加之巫统并未领情其协助巫统共敌社阵的策略,因此几乎全军覆没。其他华基政党仍然保持上届大选各据山头的情形。这次全民一致外禁强权的大选中,华裔选民支持联盟的情绪高涨,华人选票有所回流,马华公会比上届大选增加8席。但即使华人反对党阵营不复上届大选的气势之盛,在野势力还是收获了相当比例的华人选票。根据拉特纳姆对1964年大选马来人与非马来人投票情形的分析(见表1-5),马华公会已失去它在华人政治中的主流地位,华人反对党势力不可忽视。

表1-5　1964年大选马来人与非马来人的投票情形(估计值)

单位:%

类别	马来人	非马来人	总和
联盟	36.3	22.2	58.5
在野党与独立候选人	17.7	23.8	41.5
总和	54	46	100

资料来源:K. J. Ratnam, *Communalism and the Political Process in Malaya* (Kuala Lumpur: University of Malaya Press, 1965), p.375。

---

[1] 王国璋:《马来西亚的族群政党政治(1955—1995)》,唐山出版社,1997,第77—78页。

5年以后,华人在野势力重新组合,以更强大的实力震动了马来西亚政局。马华公会原本最大的对手社阵在1964年大选失败后瓦解。劳工党在与人民党分道扬镳后,在内部掀起"议会斗争"与"群众斗争"的争执,结果温和派完全失势,一群激进的领导者把劳工党带上了街头斗争方向,并最终放弃对议会选举的关注而杯葛大选,自我停止活动。社阵留下的政治空间立即被两个新兴的政党填补,即民政党与行动党。前者由失意的前劳工党温和派领导人陈志勤医生与民主联合党领导人林苍佑以及一些无党派学术界名流、专业人士如王赓武教授等受英文教育出身的知识分子组成,以"非种族性主义""温和社会主义""民主主义"作为建党原则。虽然自我标榜为多元族群政党,主张在马来西亚现有各种族基础上融合成一个新的马来西亚民族,但支持力量多为华人。后者是新马分离后继承人行动党留在西马的原有成员和班底,1966年3月重新注册为"民主行动党"。行动党秉承"马来西亚人的马来西亚"政治理念,主张族群平等、文化多元。这个政治口号重新撩拨了非马来人对受限的政治角色与语言文化地位原本已经认命的心态,因而在非马来人中特别有市场。

当民政党与行动党拉拢华人社会之际,马华公会选前一系列动作让华人社会彻底失望。1965年底,借重新界定英文法定地位之机会,华团总会筹备委员会召集第二轮追求华文官方语言的运动。马华公会总委会非但不支持华文官方化,反而成为此次运动之阻力。马华公会将党内争取华文地位的领导者——马青副总团长沈慕羽开除党籍,引发一般华社成员对马华政治代表性的强烈质疑。[1] 而"独立大学"(简称"独大")问题更是让马华与华团针锋相对。新马分家后,华人唯一的高等院校南洋大学被分离出去,而1967年教育部出台留学生出国必先拥有剑桥文凭的新措施让华社萌发了创办华人独大的念头。翌年,在董教总的牵头下,独大筹备工作正式发起,获得各地华团积极响应。对此,陈修信既不支持,也未曾做苛刻的批评,但是因嘲讽独大成功犹如期待"铁树开花"引来华社更大的反弹情绪。[2] 为抵消因独大而蒙受的压力,1968年7月,马华迅速促成拉曼学院的设立,算作马华对独大的答复。但

---

[1] 谢诗坚:《马来西亚华人政治思潮演变》,友达企业有限公司,1984,第130—132页。
[2] 郭岩:《马华与华人社会》,读者服务机构,1980,第218页。

华人社会并未领情。眼看大选将至,各华基反对党以此攻击,马华虽在仓促之间又协助独大筹委会取得独大有限公司的注册证,但已然不能修复马华与华团的裂痕。

1969年大选,马华公会遭到华裔选民的唾弃。它派出的33名候选人中,只有13名当选,一些重要领导人纷纷落选,包括工商部部长林瑞安、社会事务部部长吴锦波。在槟城、霹雳和雪兰莪这三个华人集中的西海岸州属,马华仅获1席,甚至失去槟城执政权;在首都吉隆坡,4个国会议席均为反对党所得。华裔选民以这种方式表达对政府的不满,更是拒绝马华公会在华人社会的代表性。与马华公会惨败形成鲜明对比的是,华人在野势力斩获颇丰。民政党与行动党成为最大的赢家,前者斩获8个国会、26个州议席,更收获槟城执政权;后者获13个国会、31个州议席,一跃成为最大的反对党。就连人民进步党也超越1959年大选战绩,获4个国会、12个州议席。这三个华人反对党共得到25个国会议席,其声势与支持者远远超过执政的马华公会。

巫统则受到泛马伊斯兰党的强大威胁,它失去的17个国会议席均被后者夺走。但巫统整体表现还算不错,获得51个国会、167个州议席,在马来人为多数居民的州共获得17席,在吉打和吉兰丹虽受挫但尚有斩获,在非马来人居多的州虽有退步但还能稳住阵脚。只是马华的败绩连累了整个联盟。联盟仅获66个国会、167个州议席,最为致命的是联盟失去了国会三分之二的控制权。联盟华巫两翼腹背受敌的情况表明:联盟时代族群协议受到了各族群的质疑。对华人社会而言,独立后随着华人政治力量的增强和华人朝野政治力量的分化,华人在野势力欲以合法的议会政治方式挑战族群间既定的显失公平的分配原则。而这反过来又刺激了马来社会,他们将这种情况视为其生存的威胁,引起更为强烈的反弹情绪。族群关系的重新激化宣告联盟时代的终结。

(二)"5·13"事件与国阵时代的开启

1969年5月11日大选成绩揭晓后,反对党欢欣鼓舞,联盟大惊失色。为庆祝华人反对力量获胜,行动党和民政党的支持者们在各地举行胜利游行,引起马来人强烈不满并发动反制游行,双方在5月13日爆发严重种族冲突,史称"5·13"事件。[1] 据官方的伤亡报告,事件共造成137人死亡(其中18人是马来人),342人受伤,109部车辆被焚毁,118栋建筑物被毁坏,2,912人被捕,其中大部分是触犯戒严令者。[2] 5月15日最高元首宣布国家进入"紧急状态",冻结各级议会,设立"国家行动委员会"(National Operational Council),由副总理拉扎克出任主任,全面接管国家政权;地方上,行动委员会又分成各州、县级"行动理事会",接管各级地方政府。因而1969年大选结果实际上是无效的,华人反对党势力遭到沉重打击。国家行动委员会的成立表明,马来统治者是不允许华人在权力上向马来人发出挑战的,一旦出现这种挑战,所谓的宪政和民主也将不复存在。[3]

关于"5·13"事件的原因,各族群、朝野人士,各类学者均有不同解释:马来官方将其指责为马共的暴乱;华人学者柯嘉逊则解释为新兴的官僚资产阶级精心策划的推翻东姑政权的一场政变;[4] 西方媒体则说明它是由巫统内部极端分子蓄意制造的流血事件[5]。无论起因如何,各方人士却对其影响做出一致评价,即它是马来西亚社会的一个重要转折点,引发国家政治经济秩序之变革,将马来西亚由一个"基本上"是马来人的国家蜕变成一个公然由马来人支配的国家。[6] 事件发生以后,巫统内部蛰伏已久不满东姑走妥协路线的新派极端分子借机抬头,在拉扎克的带领下完成巫统第二代领袖交替工作。东姑下台后,新上台的极端派领袖完全背离温和派领袖的多元族群政治路线,开始以单元族群主义政治将马来人的特权地位与族群之间的不平等予以结构化。

1971年1月22日,拉扎克以总理身份出席暂停21个月重新恢复的国会,正式开始塑造"马来人国家"之步骤。政治上,着手修改马来西亚宪法,禁止质

---

[1] Stuart Drummond and David Hawkins, "The Malaysian Elections of 1969: An Analysis of the Campaign and the Results," *Asian Survey*, vol. 10, no. 4 (1970): pp. 320-335.

[2] 柯嘉逊:《513解密文件:1969年大马种族暴乱》,杨培根译,人民之声,2007,第34页。

[3] 陈衍德、任娜:《马来西亚华人与马来人族际关系演变新探》,《暨南学报(哲学社会科学)》2002年第1期,第9—15页。

[4] 柯嘉逊:《513解密文件:1969年大马种族暴乱》,杨培根译,人民之声,2007,第34页。

[5] Garth Alexander, *The Invisible China: The Overseas Chinese and the Politics of Southeast Asia* (New York: Macmillan Publishing Co., Inc., 1974), pp. 96-118.

[6] 王国璋:《反思五一三》,《人文杂志》2002年第15期,第5—19页。

询宪法规定的国语、马来人特别地位、马来统治者地位和主权及公民权等条文;豁免议员议会内言论自由权;赋予最高元首以直接谕令任何大学或学院或高过中学的教育学府的选择性课程保留某些比例的学额给马来人及其他土著。[1] 经济上,通过《第二个马来西亚计划书》,推出旨在扶持马来人经济发展的新经济政策,打击外国资本与非马来人资本。文化上,制定以马来文化为核心的国家文化政策,排斥华人文化、印度人文化等非土著文化。另外,还加强马来族群在官僚体系的主导地位。改组"农工发展局""联合邦农产品市场局",将这些政党政治的公开争辩及政党争夺的政策性机构,导向"行政性"的方向发展。利用马来人在行政机构中的优势地位,将事关政策制定大权交到马来族群手中。

另外,拉扎克还在坚持议会制君主立宪制的核心框架的基础上,调整英式的议会民主模式以符合马来西亚本土政治的实际需要。推出"联合缔造战略"改革政党制度,通过与前反对党的合作使政府更具代表性,并减少国内的政治活动。[2] 缔造联合战略也通过三个步骤实现:首先,拉拢沙捞越联盟、沙捞越人民联合党及沙巴联盟,将自治权力较大的东马诸州团结在政府之内;其次,吸收民政党、人民进步党,争取华裔和印裔的支持;最后,接纳泛马伊斯兰党,实现马来人的统一。[3] 通过以上三步,将原来华巫印三党执政联盟扩大为多党执政联盟。新成立的多党联盟更名为国阵。1974年6月1日,国阵正式注册之时,有巫统、泛马伊斯兰党、人民进步党、马华公会、印度人国大党、沙捞越联盟、沙捞越人民联合党、沙巴联盟、民政党等9个成员党。

就概念与原则而言,国阵与联盟是相似的,都是以笼络精英为原则。规模上,国阵亦是联盟的扩大版。但巫统在国阵中显现出更大的主导性。就领导因素而言,东姑下台后,继任者拉扎克与之后胡先翁(Hussein Onn)总理的人格特质趋向务实与强硬。领导统御上,不再扮演以往温和、民主、协调的角色,

---

[1] 谢诗坚:《马来西亚华人政治思潮演变》,友达企业有限公司,1984,第167—168页。
[2] 黛安·K.莫齐主编《东盟国家政治》,季国兴、田中青等译,中国社会科学出版社,1990,第197页。
[3] 韩方明:《华人与马来西亚现代化进程》,商务印书馆,2002,第249—251页。

而是有着强烈的统御观念,出现了勇于进行政治斗争的权威倾向。[1]族群问题上,巫统领导人的立场也趋于强硬。从1971年1月26日巫统二十二届代表大会改选出的中央领导层(见表1-6)看,6名领导人中有4名[2]以强硬的种族立场著称,曾经与华人社会发生过正面冲突。内部结构上,巫统由联盟"一大两小"变成国阵"一大多小"的局面,众多小党力量相互分化的情况下,巫统无疑是最大的受益者。而就环境因素而言,透过修宪冻结马来人特权之规定,将原本族群权力分享的政治结构改为由马来人拥有特殊权力,也推动了巫统作为马来族群主要政治力量在国阵中居主导地位。

表1-6 1971年1月26日巫统二十二届代表大会改选出的中央领导层

主席	敦拉萨(内阁总理、国防部部长、外交部部长)
署理主席	敦伊斯迈(内阁副总理、内政部部长)
副主席	拿督赛纳惜
	丹斯里萨顿(卫生部部长)
	拿督哈伦(雪兰莪州务大臣、巫统青年团团长)
	丹斯里花蒂玛(社会福利部部长、巫统妇女组主任)

资料来源:杨建成:《西马来西亚华巫政治关系之研究(上册) 1957年—1975年》,博士学位论文,"国立"政治大学政治研究所,1976,第8—9页。

自此,马来西亚正式步入国阵时代,族群政治继续强化。元气大伤的华人在野党根本无法撼动国阵的铁桶江山,国阵作为一个联合政党主导着马来西亚的政治生活,而巫统亦在国阵的架构下逐步壮大,在国阵中主导着"国民阵线"。[3]马来西亚政治发展亦从早期较为民主的形式开始明显向权威主义方向偏移[4]。

(三) 马华公会边缘化的开端

步入国阵时代,巫统主导下的国阵政府开始推出各种政策以维持1957年独立宪法由马来人所支配的政治制度。从宪法153条马来人保留份额中衍生出的众多政策、法令、措施令华人社会普遍感到精神紧张。经济领域,在新经

---

[1] 李庆贤、宋镇照:《从组织领导模式看马来西亚政局变迁》,载萧新煌主编《东南亚的变貌》,"中央研究院"东南亚区域研究计划,2000,第447—479页。
[2] 分别是敦拉萨、敦伊斯迈、拿督赛纳惜、拿督哈伦。
[3] 吴祖田:《马来西亚之国家阵线政党联盟》,《问题与研究》1991年第3期,第77—91页。
[4] 陈晓律等:《马来西亚——多元文化中的民主与权威》,四川人民出版社,2000,第160页。

济政策扶持土著的情况下,华人的经济权益受到忽视甚至侵蚀,特别是占华人企业90%以上的中小企业,处于孤立无助、挣扎求存的境地。政治领域,在以"马来西亚就是马来人的国家"为核心的国家原则框架中,马来人全面掌控马来西亚政治,华人政治力量日趋边缘化。文化领域,在国家文化政策单元化的前提下,华文文化、华文教育日益被统一的马来亚同质性的文化、教育政策吞噬。华裔社会权利平等运动在"5·13"事件遭遇重大挫折后,也从呐喊期步入彷徨期。作为华人政治力量之一的马华公会亦在种族政治格局中全面失守,开始步入边缘化之境地:

第一,在国家政治格局中,马华公会的边缘化表现为巫统进攻,马华退守,最终从执政联盟中的代表性政党沦落为成员性政党。鉴于民政党已经加入国阵,那么马华是否还要加入,显得十分犹豫。虽然陈修信力挺东姑,表示马华公会将与他共沉浮,但随着东姑黯然下野,马华公会也面临着严峻考验。副总理伊斯迈甚至公然以"不生不死"论斥责马华。马华历年在联盟中委曲求全、低声下气,竟得到如此对待,令陈修信委屈不已。他发布公告称:"马华历来对种族、语文、教育等问题,是为了国家真正团结,而委曲求全,却受尽了哑巴吃黄连的无穷痛苦,亦受尽了极端分子与沙文主义的左右夹攻,如今,竟又受到来自联盟伙伴方面的批评,指为'不生不死',为了我们的尊严,我们就脱离联盟,而自力更生吧。"[1]话虽如此,陈修信毕竟不敢痛下决心与巫统决裂,自立门户。因为在保守的中央领导层心中,在马来人主导国家政治格局的情况下,马华公会的政治前途实在有赖于巫统提携。另外,马华亦考虑到,执政联盟中华人政党数量的增加也利于赢得被行动党瓜分的华人选票。[2]因而,马华公会还是倾向于参加国阵。1974年大选来临之前,拉扎克敦促马华以平等的身份加入国阵。4月18日,马华中央委员会在经过4个小时冗长的讨论后终于接受"国阵概念",成为最后加入国阵的政党。至此,马华公会在执政联盟中从唯一代表华族的代表性政党降格为成员性政党。

---

〔1〕 杨建成:《西马来西亚华巫政治关系之研究(上册) 1957年—1975年》,博士学位论文,"国立"政治大学政治研究所,1976,第19页。

〔2〕 Anthony S. K. Shome, *Malay Political Leadership* (London: Routledge Curzon, 2002), p.92.

第二,政府组成中,马华的边缘化表现在其获得的议席及内阁职位分配大为减少。由于民政党分化了马华的候选人数量,在西马议席总数扩大的情况下,1974年大选马华仅分得23个国会议员候选人、57个州议员候选人。这一数字根本无法与联盟时代相提并论。自独立后,马华在联盟中分得的国会议席数量在31至33人之间,州议席数量为80人左右。内阁职位分配上,从表1-7可以看出,自国阵成立后,马华失去了财政、工商等重要部门的内阁职位,沦落为劳工、卫生等辅助性的内阁角色。

表1-7 1955—1974年马华公会在内阁部长中的任职情况

1955年内阁	交通部部长:李孝式(1956—1959年出任财政部部长)
	卫生部部长:梁宇皋(1960年出任司法部部长)
1959年内阁	财政部部长:陈修信
	劳工暨社会福利部部长:翁毓麟
1964年内阁	财政部部长:陈修信
	工商部部长:林瑞安
	地方政府暨房屋部部长:许启谟
	不管部部长:翁毓麟
1974年内阁	劳工暨人力部部长:李三春
	卫生部部长:李孝友
	新村事务暨建屋部部长:曾永森

资料来源:笔者根据相关资料整理。

第三,华人社会中,马华的边缘化体现在马华欲以改革自救,无奈却以失败告终。受副总理伊斯迈"半死不活"的刺激,马华公会开始自救式的改革,包括开放门户,大量吸收党员特别是专业人士,采取行动洗刷"头家政党"的形象;与华团联合,推动华人团结大会,修复同华人社会的裂痕;拉拢行动党加入马华公会或国阵。前两项改革举措在前期均收到了良好效果。马华成功创设"政治干训班"及"兴汉社",为华人青年提供政治训练,为党招收新党员,扶持以林敬益、李隆裕、陈忠鸿、钟天权为代表的一大批少壮派势力。在第二十届常年代表大会新选任的中委中,有8人为少壮派代表。少壮派因不满元老派依附巫统的立场,欲推行党内改革,将马华改造为群众性有效率的政党。1973年5月,少壮派代表林敬益在柔佛新山公然责难中央委员会未能维护华人利益,即"人在中央炮打中央事件"。陈修信随即宣布开除林敬益党籍,连带开除158名党员,解散40个属会,彻底清除少壮派势力。而林敬益带领超过千人的马华党员集体加入民政党。[1]几年苦心发展的基层组织毁于一旦。华团运动则成功举行三次团结大会,每次集会都万人空巷、群情愤慨,已然成为一股全国性而带有浓厚政治思想的运动。然而,马华举办华团运动的目的是扩大马华社会基础,团结华人于马华领导之下,一旦华团运动的热烈程度有脱离马华公会领导之势,陈修信便会立即撤销对其的支持。1971年4月18日,华团运动的两位领导人沈慕羽、顾舆光在新颁布的煽动法令下被捕,巫统也开始攻击该运动的沙文主义倾向。[2]于是,轰轰烈烈的华团运动在喧嚣数月后草草收场。同时,第三项举措——与行动党结盟也因为条件不合导致谈判破裂。1969年大选失败后,马华公会改革的举措一一失败,不仅未能恢复元气,反而又引发一次党内分裂。而对马华改革运动作壁上观的民政党却成为受益者,这就是马华公会"锐意改革"的结果。

另外,马华还欲加强与董教总的合作。20世纪70年代初期,华团运动无疾而终,未能达致修复与华人社会关系之目的。当时马华公会也向董教总抛出橄榄枝,重新组织"全国华校董教大会",展开筹募独中运动。马华公会主动向董教总做出求和的姿态,在独中筹款中发挥的作用暂时为它赢得了华社之好感。但在随后的"教育备忘录"及"独大"事件中,马华公会又一次与董教总站在对立立场上。1974年,针对检讨国内教育状况与现存之教育法令,马华公会与董教总代表的华团代表大会分别提呈《马华备忘录》与《华团备忘录》并相互指责。在华社第二轮争取创办独大的运动中,马华公会虽然组建了由曾永森任主席的"研究独大问题特别小组",表示特别小组支持设立独大,但曾永森的建议并没有得到中央领导层的支持,总会长李三春表态,马华不支持独大,因为马华坚信独大不能使华社真正受益。由此看出,华文教育问题上,马华未能吸取1969年大选教训,依然选择亦步亦趋地紧跟政府立场,只能被动地支持华文教育,而未敢逾越雷池与董教总一起主动捍卫华文教育权利。

马华掣肘于巫统的态度令华社彻底失望。1978年大选,马华公会复制上届大选口号,再次以"华人大团结"寻求支持,但收效甚微。马华派出的28名

---

[1] Loh Kok Wah, *The Politics of Chinese Unity in Malaysia: Reform and Conflict in the Malaysian Chinese Association*, 1971-1973 (Singapore: Maruzen Asia, 1982), p.75.
[2] 王国璋:《马来西亚的族群政党政治(1955—1995)》,唐山出版社,1997,第124页。

国会候选人只有17名当选。在华人聚居的大城市,马华仍处于劣势,如槟城的市区、联邦直辖区、芙蓉、马六甲、怡保乃至居銮区,马华的候选人均一一落选。同样的情形也发生在州议会选举中,马华未能在城市地区取得令人满意的票数。最使马华失望的是在槟城没有任何突破,甚至比选举前所得的席位还要少,参加5席,获胜2席。这对于自诩代表华人的马华是很大的耻辱,也是对马华边缘化华社的沉痛教训。那么,20世纪70年代面临国家政治格局、政府组织、华人社会三重边缘化困境的马华公会能否走出困局,20世纪80年代以后的马华该如何发展,则是本书所要探讨的问题。

第三节　小结

本章以历史叙述的方式追溯了马华公会成立的背景、创立经过及其前30年的发展历程。马华公会成立于马来亚紧急状态时期,因为马共的威胁,殖民政府采取激烈的排华政策,危及华人在马来亚的地位与利益。在此紧要关头,以陈祯禄为代表的海峡华人成立了一个马来亚华人同盟——马华公会。创立初期,马华公会得到了华人社团、英殖民政府、新村华人的广泛信任。马共的颠覆活动没有得到华人进一步的支持,其中一个重要的原因就在于马华为当时的华人提供了主流政治参与的替代选择。

马来亚独立建国期间,马华作为华裔族群政治力量的代表,与巫统、印度人国大党组成联盟,成功赢得了马来亚国家独立,成为马来亚建国功臣。但相关问题也由此浮现出来,身为联盟的一分子,马华必须掣肘于联盟的基本立场,未与华社完全保持一致。制宪谈判过程中,虽然马华争得华人公民权,为华族在马来亚安身立命提供了法律保障,但由于马华背离华社在平等族群关系、华文教育等议题的基本原则,导致其流失大量华人支持。从1959年大选开始,马华再也无法垄断华人政治的代表权,华人选民朝野对峙分化明显。尽管如此,马华毕竟掌握着关键内阁职位,更能为巫统竞选提供资金支持,因而在联盟协和式民主的框架之下,马华还保持着平等、独立的姿态,可以维护华人既得经济利益。

然而,"5·13"事件打破了各族群精英平等协商的民主框架,也成为马华边缘化的开端。在巫统缔造联合的战略下,马华由联盟时期代表华人的代表性政党蜕化为国阵时代的成员性政党;内阁职位中,马华更失去工商、财政等关键性职位,沦落为辅助性的内阁角色;华人社会中,马华欲自救改革,却以失败告终,造成其与华社渐行渐远。1978年大选,马华仅收获17个国会议席,在华人占多数的选区一一落选。这对自诩代表华人的马华是很大的耻辱,也是马华深陷三重边缘化困境的沉痛教训。

第二章
马华公会的组织结构

如埃尔德斯维尔德(Eldersveld)所言,政党本身是"一个政治系统的微缩,它有一个权威结构……有一个代表过程,有一个选举制度,有遴选领导人、解释目标和解决系统内部冲突的次过程。总之,政党是一个决策体系"[1]。因而,政党作为一个有意义的分析单位,研究政党,不仅要高于政党,即研究政党体制;也要低于政党,即研究政党的次级单位。从内部研究政党主要有两条路径:党内民主和组织研究方法。[2] 前一条路径是研究党内过程的主要着眼点,评价政党是否具有民主的形式,是否与实质民主相吻合;后一条路径关注的是政党次单元的系统,研究作为系统的政党是如何被其次级单元连接或肢解的。本章中心在于遵循组织研究路径,将马华公会之下的分支单位作为对象,分析马华公会内部的组织安排,以探究这些次级单位如何进入或者如何改变政党整体功能与方向。

---

[1] Samuel J. Eldersveld, *Political Parties: A Behavioral Analysis* (Chicago: Rand McNally & Company, 1964), p.1.
[2] G. 萨托利:《政党与政党体制》,王明进译,商务印书馆,2006,第102页。

第一节　马华公会的宗旨与目标

政党是功能性的机构,它服务于目的并担当角色[1]。政党的宗旨正是对其所服务对象和所担当角色的阐述,是特定的历史时期和社会背景下,政党对其基本功能、功能角色和体系地位的自我定位,是政党存在理由的自我解答,与社会环境息息相关。因而,随着历史进程的发展,马华公会的宗旨也在做着历时性的调整。

马华公会成立之初,正值紧急状态之时。华人社会一度面临被殖民政府遣返中国的厄运,而战后由反对联邦运动和反对联合邦运动激化的族群对立情绪日益高涨。在这种特殊时期,早期马华公会领导层作为华侨社会在内的权力结构与在外当权之间的桥梁,其两大基本目标是:聚集并团结各阶级的马来亚华人,推广民族间的亲善、和谐与合作。因而,迎合当时的时代背景,在1949年6月12日总委会会议通过的《马来亚华人公会章程》中,马华公会的宗旨包括4个方面:

第一,增进及保持马来亚各民族间之好感与和睦。

第二,以合法或宪法之方式培植及保障马来亚华人社会上、政治上、文化上、经济上之福利。

第三,增进及协助维持和平与良好秩序,以使马来亚获得和平及有秩序之进步。

第四,从普通意义上言,办理一切与上述各宗旨相符,或有关,或是以助其成功之事项。[2]

从首个马华公会章程看出,马华并非像巫统一样专门为维护华人利益而成立,其维护马来亚各族和睦共处之使命更为重要。马来亚独立前夕,马华公会成功从一个社会福利团体转型成为现代性政党。为参与马来亚建国过程,

---

[1] G. 萨托利:《政党与政党体制》,王明进译,商务印书馆,2006,第53页。
[2] R. K. Vasil, *Ethnic Politics in Malaysia* (New Delhi: Radiant Publishers, 1980), p.79.

马华调整了其宗旨,将追求社会公平、正义等基本价值原则纳入党章之中。它在保持代表华人利益,向当权者表达华族愿望的基本宗旨的同时,将服务对象扩大到本邦所有公民。在政治发展路线上,不但追求马来亚独立,还支持新加坡与马来亚的合并。1955年获社团注册官批准,马华公会的宗旨如下:

第一,维护马来亚联合邦之宪法。

第二,促进与维持马来亚联合邦各民族之友善与和谐,确保国家之和平进展。

第三,支持、采用及鼓励所有必需的步骤,以维持本邦和平及良好秩序,建立一个健全的国家。

第四,以合法及符合宪法之方法,从事促进、维护及获致本会员在政治、社会、教育、文化、经济与其他方面之利益。

第五,从事考虑、协助及处理影响全体会员之问题。

第六,促进本邦经济资源充分之发展与利用,使本邦全体公民获得利益。

第七,促进本邦所有公民之充分及公平之就业机会。

第八,提高与改善本邦生产,以促进高度之生活水平。

第九,为本邦之每一位公民,促进与维持社会正义、经济、安全及平等之机会。

第十,鼓励、建立及发展合作社活动。

第十一,获致与保持人权之施行。纠正不公允之现象,并援助贫乏之人士。

第十二,确保承认及保障少数民族之权利。

第十三,与马来亚联合邦境内注册,且具有与本会相同之宗旨与目标之其他政团共同工作,鼓励政党政治之健全发展。

第十四,维护与保障华语、华文之使用及学习。

第十五,为新加坡与马来亚联合邦之合并而工作。

第十六,从事办理与本会宗旨有关,或足以达成本会全部或任何宗旨之一切措施或事项。[1]

独立后,在历经马来亚建国、马来西亚成立及新马分离一系列事件后,马

---

[1]《马来亚华人公会章程》,1955年7月21日获社团注册官批准之章程,第2—3页。转引自张晓威:《马来西亚华人公会与马来西亚华人社会研究》,硕士学位论文,"国立"中央大学历史研究所,1998,第101页。

华公会的宗旨虽又有所调整,表现在从维护联合邦宪法到维护国家政治制度和民主宪制,但基本上还是坚持旧有的精神及原则。马华公会现行宗旨及目标如下：

第一,确保和捍卫马来西亚之独立及主权。

第二,确保和维护马来西亚宪法。

第三,确保和维护一个以多元种族为基础的国会制度和民主政府。

第四,争取和维持人权之行使,纠正不公平之现象,并扶助贫困之人士。

第五,确保在马来西亚宪法内马来西亚华裔人士之合法权利和利益,以及所有其他民族的合法权利和利益获得承认和保护。

第六,维持、培养和促进马来西亚各种族公民之间之亲善与和谐,以确保一个强大及团结的国家在和平中进步与成长。

第七,以合法及符合宪法之方法,促进、维护及争取马来西亚华裔人士在政治、社会、教育、文化、经济与其他方面之利益。

第八,考虑、援助和处理有关全体党员之各项事宜,并为他们的福利和进展采取所需之步骤。

第九,促进本国经济资源之充分发展与利用,以造惠本国全体公民。

第十,促使本国全体公民获得充分与平等的就业机会。

第十一,加强与改善国家生产力,以提升本国全体公民之生活水准。

第十二,加强和维护我国每一位公民的社会正义、经济保障及平等机会。

第十三,鼓励、建立和发展合作运动。

第十四,与马来西亚境内注册且具有与本党相同宗旨和目标之其他政治团体共同合作,以促进政党政治之健全发展。

第十五,促进、保存与维护华语、华文之应用与学习,并确保其在马来西亚宪法第152条明文规定下之应用、教授及学习不会被禁止及阻挠。

第十六,进行以上各条款以外之事项,以谋求本党和党员之一般利益。[1]

---

[1]《马来西亚华人公会章程》(列入在2019年12月1日马华中央代表大会及之前通过的所有修订条文与社团注册官在2021年2月9日及之前批准的条文),第2—3页。

第二节　马华公会的组织结构

根据图 2-1 所示马华公会的组织结构可以看出,由党员到代表党最高决策机构的中央代表大会,其间包括 4 个层级的党组织,即支会、区会、州联络委员会与中央委员会。在每个层次的组织中,又有许多局与小组的设立,实行对党职务的分工合作。在马华母体下,又分别有马青团与妇女组之设立,扮演各自角色,辅助母体。总的说来,马华公会的组织结构可以分为中央组织和地方组织两级。

图 2-1　马华公会的组织结构

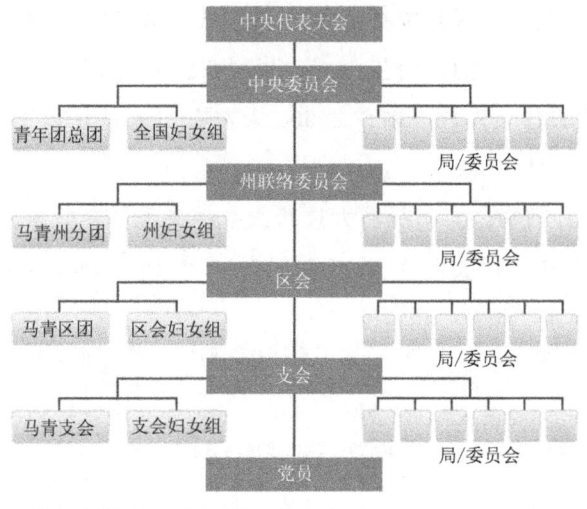

资料来源:马华公会网站:http://www.mca.org.my/。

一、中央组织

(一) 中央代表大会

马华公会成立初期,党的最高决策机构称为总委会,由各分会的代表及联合邦行政会与立法会之华人议员且兼任该会的会员者组成。总委会互选会长

1名,秘书1名,财政1名,及其他认为必要之职位,任期为2年,而各分会的会长将成为该会的当然副会长。[1] 总委会最少每年在认为适当的时候和地点召开常年大会一次,同时委任中央工作委员会作为常设机构,代表总委会负责处理党内事务,由总委会会长出任主席。所以,当时中央工作委员会是马华公会的最高执行机构,对总委会负责。

建国后,中央代表大会(也称为"全国代表大会")取代总委会成为马华公会最高决策机关。1969年"5·13"事件以后,马华以中央委员会负责党的行政事务,取代原有的中央工作委员会。[2] 出席中央代表大会的代表包括现任的中委、区会代表大会所选出的代表[3]、国会议员和州议员、所有州联络委员会主席(如未在前述职位内)、所有区会主席(如未在前述职位内)。[4] 根据区会选出中央代表人数的条款,随着党员数量的不断增加,中央代表人数也随之增加。为纠正大区会和小区会中央代表人数悬殊失衡,避免领袖凭借庞大代表人数的优势来巩固本身的政治势力,陈祖排担任马华总秘书长时期建议限额中央代表,将中央代表人数限制在2,500人左右,[5] 此建议于2004年11月21日特大上获得通过[6]。

2010年3月马华公会举行特大重新选举中央委员会前夕,中央党部秘书处公布了最新的中央代表名单,共有2,377人,在12个州及联邦直辖区中,雪

---

[1]《马来亚华人公会章程》,1949年6月12日会员大会通过同日施行,第3页。转引自张晓威:《马来西亚华人公会与马来西亚华人社会研究》,硕士学位论文,"国立"中央大学历史研究所,1998,第104页。

[2]《马华中央工委昨日决议,通过新党章程草案》,《星洲日报》1969年12月8日。

[3] 根据马华公会党章67款,区会选出中央代表的方式如下。每一个区会必须按照以下方式选出代表,若有区会妇女组,其中1名必须由区会妇女组大会选出;区会党员名册内的首500名有效党员中选出3名代表;区会党员名册内的另1,500名有效党员中,每300名选出1名代表;区会党员名册内的另3,000名有效党员中,每500名选出1名代表;区会党员名册内的另10,000名有效党员中,每1,000名选出1名代表;区会党员名册内的另6,000名有效党员中,每3,000名选出1名代表;区会党员名册内剩余的有效党员中,每5,000名选出1名代表,一直到根据本条款选出的中央代表大会代表总数达最高限额的30名代表为止。每一区会必须为区会妇女组保留1名代表,该代表必须由区会妇女组大会选出,如区会妇女组大会未能选出该代表,该代表额必须悬空。

[4]《马来西亚华人公会章程》[列入在2007年5月27日马华特别代表大会(简称"特大")及之前通过的所有修订条文与社团注册官在2007年12月6日及之前批准的条文],第12页。

[5]《马华修章委员会拟初步草案,中央代表2,500为限》,《南洋商报》2003年6月5日。

[6]《马华公会第52届常年代表大会总秘书党务报告》,2005,第C-2页。

兰莪、柔佛、霹雳分别是中央代表数目最庞大的州属,具体分布如表2-1所示。

表2-1 2010年马华公会中央代表人数及分布情况

分布情况	中央代表人数/人
雪兰莪	423
柔佛	400
霹雳	341
直辖区	176
吉打	170
彭亨	164
槟城	145
沙巴	146
森美兰	120
马六甲	83
吉兰丹	76
丁加奴	41
玻璃市	25
中委 国州议员 上议员	67
总数	2,377

资料来源:马华公会网站:http://www.mca.org.my/。

中央代表大会至少每年必须举行一次,但特大须在下列情况下随时举行:

(1)由总会长指示。

(2)由中央委员会至少三分之一的委员以书面形式正式要求。

(3)由至少三分之一的全国代表大会成员以书面形式提出正式要求。

(4)如果超过三分之二或更多的中委同时停职,剩下的委员将在该事件发生的3天内,在他们当中选出一人,在最短的时间内,即最迟不能超过该事件发生后的30天,召集一次特大以选出一个新中央委员会。其余的中委必须负责管理党务,直到新中央委员会选出为止。但不能阻止任何前中委被重选连任。[1]

中央代表大会的权力包括:第一,选举权,总会长、署理总会长以及除马青总团长、全国妇女组主席2名副总会长以外的另4名副总会长和25名中委,

---

[1]《马来西亚华人公会章程》(列入在2007年5月27日马华特大及之前通过的所有修订条文与社团注册官在2007年12月6日及之前批准的条文),第10—11页。

须在中央代表大会之代表中选出;第二,决策权,管制、指挥党内各级委员会之事务,修改党章;第三,讨论权,讨论党内事务,检讨中央委员会工作。[1]

(二) 中央委员会

中央委员会是中央代表大会的执行机构,在中央代表大会的授权和指示下,中央委员会负责管理本党之事务。中央委员会可以代表中央代表大会采取任何行动,包括普通或特殊之事项,但是它必须尽快向中央代表大会报告其活动之情况。[2] 成员包括会长、署理总会长、总秘书、副总会长、总财政、组织秘书长、副总秘书、副总财政、副组织秘书长、25名委员、不超过8名总会长委任委员。其中,总会长、署理总会长以及除马青总团长、全国妇女组主席2名副总会长以外的另4名副总会长和25名中委,由中央代表大会选出。总秘书、总财政和组织秘书长须由总会长征询中央委员会之意见后委任;副总秘书、副总财政及副组织秘书长须由总会长从中委之中,经征询中央委员会之意见后委任。中央委员会所有委员任期均为3年。2013—2018年马华中央委员会具体阵容如表2-2所示。

表2-2 2013—2018年马华中央委员会名单

总会长	廖中莱
署理总会长	魏家祥
副总会长	李志亮、何国忠、蔡智勇、周美芬
马青总团长	张盛闻
全国妇女组主席	王赛之
总秘书	黄家泉
总财政	关炳顺
组织秘书长	姚炜豪
副总秘书	黄日昇
副总财政	蔡宝镪
副组织秘书长	蔡金星

---

[1]《马来西亚华人公会章程》(列入在2007年5月27日马华特大及之前通过的所有修订条文与社团注册官在2007年12月6日及之前批准的条文),第13页。
[2]《马来西亚华人公会章程》(列入在2007年5月27日马华特大及之前通过的所有修订条文与社团注册官在2007年12月6日及之前批准的条文),第14页。

续表

总会长	廖中莱
中委	马汉顺、古乃光、杜振耀、赖俊瀚、张秀福、颜天禄、陈栋良、李煌治、江升俊、梅振仁、黄秀金、林振辉、陈书北、黄荣贤、何启文、余金福、陈德钦、黄祚信、陈进明、郑联科、傅子初
委任中委	姚长禄、王乃志、许金汉、周国和、陈章成、杨振良、郑修强

资料来源：马华公会网站：https://img.mca.org.my/MCA/article/bb6526ce-673b-4add-98b7-9826d3b9f47f.pdf。

中央委员会的权力主要有：第一，决策权，包括拟定一般原则、政治计划及政策，推动、准备并实现全党目标之计划，代表全党提出意见，甄选国会及州议会选举的候选人，推荐上议员，并分配候选人选区等；第二，监督权，包括以适当的纪律行动监督各级地方组织、领导人、普通党员的活动，督促与决定一切有关国会与州议会选举的事项；第三，管理权，包括管理党内资产、聘任职员、批准区会和支会的成立等；第四，委任权，为分担党内日常事务，中央委员会有权随时成立委员会或小组委员会，并委任其相关权力，以考虑和处理任何特定事务。[1]

（三）会长理事会与元老理事会

在中央代表大会和中央委员会的授权和指示下，会长理事会负责全党的行政事务。会长理事会由中委组成，包括总会长、署理总会长、一名或多名副总会长、总秘书、总财政、组织秘书长以及在总会长绝对权限内所委任不超过10名的委员，但总会长可以在其认为适当时终止这项委任。它有权转授和处理一般和个别事务，但它必须向中央委员会下一次会议报告其活动。当总会长提出要求时，会长理事会必须召开会议，所给予的开会通知，必须不超过24小时。[2]

元老理事会是马华党内向总会长提供咨询的机构，任务是就本党重要事

---

[1]《马来西亚华人公会章程》，列入在2007年5月27日马华特大及之前通过的所有修订条文与社团注册官在2007年12月6日及之前批准的条文，第15～19页。
[2]《马来西亚华人公会章程》（列入在2007年5月27日马华特大及之前通过的所有修订条文与社团注册官在2007年12月6日及之前批准的条文），第19页。

务向总会长提供意见,由总会长随时与中央委员会磋商后委任党员组成。[1]但元老理事会无任何实质性权力,总会长认为适当时,可以随时停止该委任。

二、地方组织

马华公会成立初期,地方组织只有州分会与区支会两级,即在每一个州内设分会,然后在每一分会下设若干支会。[2]各级地方组织领导人均由各分会、支会自行选举产生,各州分会长是马华公会当然副会长,总委会无权干涉地方组织内部事务。因而,马华公会在成立之期,属于地方分权型政党,中央、地方关系不但松散,而且出现了各州分会权力大过中央的现象。在林苍佑任总会长时期,开始改革地方组织结构,增加区会,将原来的两级地方组织变成三级地方组织,即在每一州内设分会,然后在每一分会下国会选区内设立一区会,又在每一市议会、自治市议会或地方议会之选区设立支会或在各区会内可能有50名会员居住的地区设立支会。[3]同时,削减地方组织权力,将各分会、支会原本被赋予的行政、财政、批准会员入会及收取会费之权力收回中央,而且成立地方支会也需要得到中央工作委员会的批准。[4]另外,对于推荐国会议员、州议员候选人,中央也拥有最终决定权。[5]陈修信任总会长时期,又取消了创党以来的州选制,以州联络委员会代替州分会,各州联络委员会主席由总会长任命。[6]以上两次大规模修改党章,奠定了马华地方组织结构发展的基础。

---

[1]《马来西亚华人公会章程》(列入在2007年5月27日马华特大及之前通过的所有修订条文与社团注册官在2007年12月6日及之前批准的条文),第20页。
[2]《马来亚华人公会章程》(1949年6月12日会员大会通过同日施行),第3页。转引自张晓威:《马来西亚华人公会与马来西亚华人社会研究》,硕士学位论文,"国立"中央大学历史研究所,1998,第107页。
[3]《马华公会新章程即将分发,规定设署理会长》,《星洲日报》1958年7月17日。
[4]《翁毓麟及陈修信联名发表:论马华公会新章程草案》,《中国报》1958年10月25日。
[5]《马华下月讨论新章程,改组分会支会,实行中央集权》,《星洲日报》1958年10月19日。
[6]《马华公会二十五周年纪念特刊(1949—1974)》,1974,第6页。

(一) 州联络委员会

在马来西亚各州内,马华公会均成立一个州联络委员会,拥有督察该州内之区会及支会,作为中央委员会和州内各区会之联络机构,以处理中央委员会指定事务的特定权力。州联络委员会包括下列各成员:州主席、州署理主席、州秘书、6名州副主席(其中4名由州主席与州联络委员会磋商后自委员中委任之,其余2名为马青州团长及州妇女组主席)、州财政、州组织秘书、州副秘书、州副财政、州副组织秘书、州内之区会主席(如果其没有担任前述条文所列职位)、州内之国会议员及州议员、不能超过20名州主席所委任之委员。这些成员中,州主席由总会长委任;州署理主席、州秘书、州财政和州组织秘书由州主席在与州联络委员会磋商后委任;州副秘书、州副财政及州副组织秘书必须由州主席从州联络委员会成员之中挑选,与州联络委员会磋商后委任。[1]

(二) 区会和支会

经中央委员会批准,必须在每一个国会选区均成立一个区会,并以选区之名称来命名。每一个区会必须在任何时期,拥有至少100名党员。区会委员会包括下列成员:区会主席,区会署理主席,区会秘书,6名区会副主席(包括马青区团团长及区会妇女组主席),区会财政,区会组织秘书,区会副秘书,区会副财政,区会副组织秘书,由区会代表大会选出的不超过10名的区会委员,由区会主席委任的不超过5名的委任委员,所有区会属下之支会主席(如果其没有担任前述条文所列职位),区会所在地的国会议员、州议员、县议员、市议员、市政厅议员(如果其没有担任前述条文所列的职位)。区会主席、区会署理主席、除马青团和区会妇女组外的4名区会副主席、选举区会代表在内的委员会成员由区会代表大会选举产生,区会的正副秘书、财政、组织秘书则由区会主席委任。

在区会之下,马华公会的基层地方组织称为支会。在征询区会之后,以及

---

[1]《马来西亚华人公会章程》(列入在2007年5月27日马华特大及之前通过的所有修订条文与社团注册官在2007年12月6日及之前批准的条文),第22页。

在中央委员会批准下,至少需有50名党员,可在有关地区成立支会。支会委员会包括下列成员:支会主席、支会署理主席、支会秘书、3名支会副主席(包括马青支团团长和支会妇女组主席)、支会财政、支会副秘书、支会副财政、不超过10名或不少于5名支会大会选举委员)、不超过5名支会主席委任委员。支会委员任命上,除了马青支团团长及支会妇女组主席2名支会副主席,所有支会委员会之委员必须由支会大会的选举选出;而支会正副秘书、财政则由支会主席任命。

根据《马华公会第57届常年代表大会总秘书党务报告》,截至2010年8月31日,马华全州共有区会191个,支会4,746个,主要集中于柔佛、雪兰莪、霹雳三州。(见表2-3)

表2-3 马华公会全国区会、支会及党员人数分布情况(截至2010年8月31日)

州属	区会/个	支会/个	马华/人	马青/人	妇女组/人
霹雳	24	624	149,173	36,907	57,729
雪兰莪	22	1,020	233,891	67,927	94,494
彭亨	14	294	65,792	15,271	26,696
吉兰丹	14	87	15,744	3,053	6,855
柔佛	26	740	181,572	48,587	71,741
吉打	15	279	57,625	15,457	23,276
马六甲	6	215	35,184	9,341	13,622
森美兰	8	273	51,098	11,781	21,211
槟城	13	376	1,296	14,301	16,896
玻璃市	3	41	6,741	1,296	2,788
沙巴	25	334	31,434	10,219	12,927
登嘉楼	8	49	8,450	1,952	3,798
联邦直辖区	13	413	67,164	18,540	23,835
总部		1	646	302	261
总数	191	4,746	905,810	254,934	376,129

资料来源:《马华公会第57届常年代表大会总秘书党务报告》,2010,第5页。

第三节　党员的招募与精英的甄选

一、党员的招募

衡量一个政党的组织能力,其外在的指标,首先是其组织成员的数量。所以,历任马华公会总会长都非常重视党员招募工作,经常开展广招党员活动。而几乎每届常年代表大会总秘书报告,也都会将当年马华党员、区会、支会发展情况进行汇报。按照马华公会党章,任何年满18周岁,愿意遵守本党规则、支持本党政策,没有其他党籍的大马华人都可入党。1994年1月15日,马华公会中央委员会会议决议扩大入党资格,规定只要有华裔血缘者,不论源自父系还是母系,也不论是否有华人的特征的姓氏或者宗教信仰,只要符合入党条件,就可申请入党。党员入党流程较为简单:有意入党者可以通过支会、区会、州联络委员会或直接向总部提呈入党申请表格,待中央委员会核准即可。而要退出党籍,党员则需以书面通知支会秘书。除自动退党外,党员亦可因违反党规、触犯法律等被开除党籍。

马华公会在成立初期,招募党员的渠道有3条:华人社团、华人新村与华人秘密会社。[1] 马华公会是在各种商会、行会、宗亲会馆、地缘乡会等华人社团的支持下成立的,当社团领导人加入马华公会并担任党内职务时,也带入了大量社团成员。他们在给予本社团领导人政治支持的同时,也希望领导人反馈以经济回报。在这种双向互惠的联系中,马华公会党员数量增长迅速。1949年11月,在马华公会成立典礼谢幕刚8个月后,党员数量就已经达到10.3万人。[2] 紧急状态下,马华公会致力于新村事务,使新村成为党员来源

---

[1] Heng Pek Koon, *Chinese Politics in Malaysia: A History of the Malaysian Chinese Association* (Singapore: Oxford University Press, 1988), p.78.

[2] Heng Pek Koon, *Chinese Politics in Malaysia: A History of the Malaysian Chinese Association* (Singapore: Oxford University Press, 1988), p.78.

的又一主要途径。1949—1960年建立的444个华人新村中,有314个建立了马华公会支部。尽管马华领导人都避讳与秘密会社有任何牵连,但实际上马华也从其中招募了大量成员,形成马华基层力量,并由原会社头目担任领导人。在选举时期,特别是地方议会选举中,这些党员充当"打手"与马华青年组织一起为马华助力,他们经常会骚扰、恐吓甚至殴打反对党支持者。对此,反对党颇有微词,劳动党领导人 V. 大卫(V. David)曾经抨击马华公会青年团,说在市镇和乡村,青年团成员绝大部分是暴徒或者流氓。[1]

从成立开始,马华公会就常常大肆招募党员。1965—1968年陈修信时代开展的广招党员活动中,到活动尾期即1968年,马华党员达到22.4万人;经历了20世纪70年代马华门户开放之后,到1979年,马华党员猛增至40万人;[2]在波折动荡的80年代,马华又增加了近10万名党员,人数达到49.54万人。而从1991年到2008年,在马华近20年的平稳发展时期,党组织更是迎来壮大的高峰期。2003年,马华党员突破百万。2006年达到顶峰,为108万人。在经历2008年3月8日大选挫败后,一大批党员因对马华表现失望而离开,造成党员数量急剧萎缩。海啸过后,为重塑马华形象,党内重新开展招募年轻党员活动,广派政治糖果,向2012年出生的马华党员的新生儿赠送200令吉红包,以恢复马华威信。[3] 在2012年2月26日马华63周年党庆大会上,马华总秘书江作汉宣布:3月8日至今,超过5万人申请加入马华,其中45岁以下的年轻人占了70%。[4](见表2-4)

表2-4　1989—2012年马华公会支会、区会及党员数量变化情况

年份	支会数量/个	区会数量/个	党员数量/人
1989	2,144	130	495,357
1991	2,201	133	531,619
1993	2,346	152	589,957
1995	2,099	153	638,763

---

[1] Heng Pek Koon, *Chinese Politics in Malaysia: A History of the Malaysian Chinese Association* (Singapore: Oxford University Press, 1988), p. 81.
[2]《马来西亚华人公会第二十八届全国代表大会总秘书丹斯里张汉源报告书》,1980年11月1—2日,第4页。
[3]《马华63周年党庆之总会长拿督斯里蔡细历演词》,2012年2月26日。
[4]《马华总秘书拿督斯里江作汉于马华63周年党庆演讲词》,2012年2月26日。

续表

年份	支会数量/个	区会数量/个	党员数量/人
1997	2,917	165	714,779
1998	3,404	165	811,738
2001	3,807		900,551
2003	3,939		1,034,745
2006	4,308	191	1,080,600
2008	5,054	191	1,077,697
2010	4,308	191	954,617
2012			987,928

资料来源:1989—1998年数据来自《为国为民:马华公会50周年党庆纪念特刊》,马华公会,1999,第286页;2001—2010年数据来自当年马华公会常年代表大会总秘书党务报告;2012年数据来自《马华总秘书拿督斯里江作汉于马华63周年党庆演讲词》,2012年2月26日。

虽然马华公会党员数量巨大,但是由于入党门槛低,入党程序简单,缺乏制度性的基层组织活动与党内监督,普通党员绝少参与政党活动,导致许多党员党性不强,甚至在大选之中都不能坚守本党立场。这点表现在,大选之中马华公会所获选票数量并没有与其党员数量的增加呈现正比例的关系。从1969年到1979年,马华党员数量从大约22万人增加至40万人,10年之中几乎增加了1倍,但这10年之中,马华大选表现平平,并没有因为党员数量的激增取得得票数的突破。若用数据来计算,以马华表现颇佳的1999年大选为例。当年马华党员836,959人,马华参选的国会议席总得票有936,239张。[1] 假设全部党员都投票选其党,那么马华所得的非党员得票只有99,280张;假设马华所得选票中有一半来自非马华党员,则投选马华的本党党员仅有56%。照此估算,即使在马华表现较好之际,也有近一半的党员在大选中并没有支持本党,更不用说马华表现欠佳之时了。

二、精英的甄选

马华公会精英的甄选方式是选举:党支会委员会由支会大会选举产生,党区会委员会由区会代表大会选举产生,中央委员会由中央代表大会选举产生。按照马华公会的组织结构,中央委员会是该党的领导精英。中央委员会的成

---

[1] 杨善勇:《每4分钟增加1党员:马华党员的观察与分析》,《小辣椒》2002年第16期,第8—9页。

员,包括总会长、署理总会长、副总会长(4名)和25名选举委员是由党员从支会大会中选出区会代表,出席区会代表大会,然后再由区会代表大会选出中央代表出席中央代表大会,再由中央代表大会选出。由于领导精英是逐层向上选举产生,因而造成愈往上层,领导精英距离基层党员愈远,间接性也愈强。另外,一些领导是通过上级委任的方式产生(例如,总会长有权任命不超过8名中委),使得党员不能充分行使代表权,也造成了领导精英代表性不足的问题。这种现象被称为"隐蔽的专制",为所有在正式结构上属于民主性质的政党所运用。

马华各级党选每三年举行一次(创党初期是每两年举行一次)。2007年5月27日马华公会召开特大通过修改党章167条决议,赋权中央委员会在党选期间,在全国大选来临时,可以展延党选。[1] 修改后的党章167条规定,倘若出现即将举行全国大选的迹象,有超过三分之二的中央委员会成员认为党必须为全国大选做好准备工作,则中央委员会就可以议决展延党内各级的选举至大选结束后不超过3个月的时间内进行。除非政府宣布闪电全国大选,中央委员会只能在上届全国大选举行后的42个月,议决展延党选。[2] 时隔4年,2011年3月13日的马华特大又对延展党选的规定做出修改,将原本阐明的唯有距离上届大选3年半后才可展延党选的时限缩短为3年,又将原本注明的大选3个月后须举行党选,延长至6个月。[3]

一般来说,向现代化政党迈进的政党会形成两个明确的走向:政党的权威性和民主化。而这两个走向从马华总会长的权力变迁中表现出来。总会长是马华公会的法定最高领袖,由中央代表大会选举产生。根据1986年3月2日马华中央代表大会通过,同年8月30日经社团注册官批准的马华修订章程,一旦总会长职位出现空缺,署理总会长将自动填补,成为正式的总会长。[4]

---

[1]《马华公会第54届常年代表大会总秘书党务报告》,2007,第27页。
[2]《马来西亚华人公会章程》(列入在2007年5月27日马华特大及之前通过的所有修订条文与社团注册官在2007年12月6日及之前批准的条文),第55页。
[3]《马华特大1894马华中央代表参与表决99%通过展延党选提案》,《星洲日报》2011年3月13日。
[4]《马华第三十三届常年代表大会1986年党务报告》,1986,第1页。原章程规定,署理总会长只能出任"代理会长"直至下届代表大会选出总会长为止。

不久以后,署理总会长林良实照此规定填补由总会长陈群川辞职带来的空缺,成为马华历史上第一位自动上位的总会长。2003年之前,党章并未对总会长的连任进行限制,加之他们也很少在连任竞选中失败,因而马华多数总会长任职时间较长。如表2-5所示:陈祯禄在位9年,陈修信在位13年,李三春在位9年。在独立后的33年时间里,陈修信与李三春的任职时间超过三分之二。而第六任总会长林良实的任期更长,达17年。马华高职长时间连任阻碍了党内职务的正常晋升,是造成组织僵化的重要原因。所以,黄家定担任马华第七任总会长之初,对马华进行改革的首要任务就是对党内高职实行限任。2003年8月10日,马华公会第50届代表大会通过限任决议,限制三大高职(总会长、马青总团长及全国妇女组主席)连任不能超过3届,[1]成为马华实施党内民主的重要方式。就马华公会历届总会长的选举得票情况来看,从1985年到2008年,陈群川、林良实、翁诗杰均以大幅度的绝对优势胜出,不难看出总会长在党内根基深厚。(见表2-6)

表2-5　1949—2018年马华公会历任总会长、代理会长及其任期与离职原因

届数	任期	会长	离职原因
第一任	1949—1958	陈祯禄	连任失败
第二任	1958—1959	林苍佑	辞职
代理会长	1959—1961	谢敦禄	届满
第三任	1961—1974	陈修信	辞职
第四任	1974—1983	李三春	辞职
代理会长	1983—1985	梁维泮	党选失败
第五任	1985—1986	陈群川	被判入狱,辞职
第六任	1986—2003	林良实	辞职
第七任	2003—2008	黄家定	大选失败,引咎辞职
第八任	2008—2010	翁诗杰	重选失败
第九任	2010—2013	蔡细历	宣布不蝉联总会长职
第十任	2013—2018	廖中莱	宣布不蝉联总会长职

资料来源:笔者根据相关资料整理。

[1]《第7任总会长限制总会长任期,黄家定推动民主改革》,《光明日报》2008年9月9日。

表 2-6 马华公会历届总会长选举得票情况

年份	候选人及其得票数	得票率/%
1958	陈祯禄 67 票	42.95
	林苍佑 89 票(中选)	57.05
1977	陈国良 243 票	20.10
	李三春 966(中选)	79.90
1979	曾永森 686 票	43.23
	李三春 901 票(中选)	56.81
1985	梁维泮 809 票	27.11
	陈群川 2175 票(中选)	72.89
1987	梁维泮 231 票	15.18
	黄金峰 2 票	0.13
	林良实 1289 票(中选)	84.69
1990	黄日龙 303 票	19.44
	王朋 31 票	1.99
	林良实 1225 票(中选)	78.58
1993	石云进 433 票	22.52
	林良实 1490 票(中选)	77.48
2005	蔡锐明 819 票	35.09
	黄家定 1515 票(中选)	64.91
2008	蔡锐明 819 票	36.43
	翁诗杰 1429 票(中选)	63.57
2010	翁诗杰 578 票	25.00
	黄家定 833 票	36.03
	蔡细历 901 票(中选)	39
2013	廖中莱 1186 票(中选)	50.55
	颜炳寿 1000 票	42.63
	翁诗杰 160 票	6.82
2018	颜炳寿 173 票	29.08
	吴德强 0 票	0
	魏家祥 422 票(中选)	70.92

资料来源:笔者根据相关资料整理。

就总会长权力而言,除掌管党内事务外,还有重要的人事任命权和纪律监督权。从历时性的角度看,总会长权力,特别是委任权有扩大之势。1966 年 1 月 30 日,马华中央代表大会特别会议扩大总会长权限,将原本由中央代表大会选举产生的总秘书、总财政等党内高职,改成由总会长委任。[1] 这样在马华公会最高领导核心——中央委员会内,总会长有权委任总秘书、总财政、组

---

[1]《马华公会一九六六年会务报告书》,1966,第 1 页。

织秘书长,有权从中选的中委中委任副总秘书、副总财政、副组织秘书长,有权委任不超过8名中委。照此计算,在44名中央委员会阵容中,总会长任命的成员就已经达到15名,其势力占据了整个中央委员会的三分之一。另外,州联络委员会主席的委任权也属于总会长。(见表2-7)以时任总会长蔡细历为例,他本身兼任霹雳、柔佛两州的联络委员会主席。在2010年总人数为95.46万人的党员中,柔佛与霹雳两州的党员数量已经达到33.07万人,占党员总数的35%。也就是说仅总会长一人在全党的势力已经超过三分之一。另外,总会长还有权委任其属意的人选出任党内重要行政职务,有权推荐候选人担任内阁职位。一般总理也会尊重总会长推荐的人选。这种权力是总会长扩张自身势力的绝好手段。因为他也总是推荐其中意的人选担任内阁职位,同时打击与他不和的党内领袖。例如1979年党选后,署理总会长何文翰备受总会长李三春的孤立,没有被后者委任任何一个党内职务,权力完全被架空。在随后的1982年大选中,何文翰甚至没有被委派上阵,直接终结了政治生命。翁诗杰在担任总会长时期,也依靠此种权力来打压与他不和的署理总会长蔡细历。为了架空后者权力,翁诗杰非但没有按照惯例推荐署理总会长进入内阁,而且还剥夺了其原有的柔佛联络委员会主席职位,在党内职位分配上仅委任其为政府政策监督局主任。所以,诚如米歇尔斯的形容,在委任制下,政党领

表2-7　2018年马华公会各州联络委员会主席、署理主席、秘书

州属	州联络委员会主席	州联络委员会署理主席	州联络委员会秘书
霹雳	拿督马汉顺	拿督王林清	拿督黄金锭局绅
雪兰莪	拿督黄祚信	陈锦传传师	拿督梁国伟
彭亨	拿督斯里何启文	拿督斯里周良	拿督郭大雄
吉兰丹	蔡福光	徐先权	李国生
柔佛	拿督斯里魏家祥	拿督林培兴	拿督黄卿兴
吉打	拿督吴进强局绅	蔡通易律师	陈燕翔
马六甲	拿督林万锋	拿督威拉古乃光	拿督许金汉
森美兰	萧开文律师	准拿督钟明甫	许金水
槟城	拿督陈德钦	蔡天送	杨征家
玻璃市	郑再安	蔡天喜	陈新力
沙巴	卢远东	拿督彭胜欢	拿督杨仕平
登嘉楼	周世扖	拿督苏国贤	陈家伟
联邦直辖区	拿督王晓庭	黄孝儒	黄静修

资料来源:马华公会网站:http://www.mca.org.my/。

袖们便日益形成封闭的小集团,在政治上互相结盟,党同伐异[1]。其结果必然造成政党领导的寡头统治倾向。

除人事任命权外,总会长还拥有重要的纪律监督权。1970年的中央代表大会上修订的党章赋予总会长暂停、开除、解散或采取同样行动对付违反党利益的党员或者党内组织的绝对权力。[2] 在此后长达15年的时间里,这项权力一直是当权派铲除异己的有力武器。如20世纪70年代初期的林敬益事件、70年代末期的曾永森事件,以及80年代陈梁党争都是由于总会长绝对权力所致。其中,最典型的就是陈群川和梁维泮党争。1984年3月19日,由于陈派揭发了总会长梁维泮假党员事件,因此遭到了当权派的报复。这一天总会长梁维泮开除包括陈群川、李金狮、林良实在内的14名陈派党员,从而拉开了党争的序幕。虽然1986年3月2日马华特大废除总会长开除或暂停党员资格、暂停或解散区会或支会的绝对权力,[3] 但总会长在党内的地位还是无法撼动的,因为他还拥有党内纪律监督权。根据党章第123条,马华成立一个由中央委员会委任5名成员组成的纪律委员会负责处理党纪事项。纪律委员会把它所做的调查结果和意见提呈给会长理事会后,由会长理事会决定所要采取的纪律行动,最终的暂停、开除或者解散的谕令须由总秘书签署。需要注意的是,会长理事会的成员中,除了署理总会长和副总会长,其他成员均由总会长委任。那么就意味着,在会长理事会中起主导作用的是总会长,最终做出纪律决定的还是总会长。

以上这样广泛的委任及罢免权力不符合人们所了解的任何民主原则,更不符合华人以"客观的法则"及"公开的准绳"为挑选人才的传统。[4] 正如法国政治学者迪韦尔热所言:"政党的领导,好像目前大多数的社会团体(工会、联会、商会等)的领导一样,都具有表面上是民主而实际上是寡头统治的双重性质。"[5] 马华公会未尝不是如此。从马华的党组织结构来看,虽然党员从支

---

[1] 罗伯特·米歇尔斯:《寡头统治铁律——现代民主制度中的政党社会学》,任军锋等译,天津人民出版社,2003,第89页。

[2] 《马来西亚华人公会章程》,1970,第15-16页。转引自张晓威:《马来西亚华人公会与马来西亚华人社会研究》,硕士学位论文,"国立"中央大学历史研究所,1998,第111页。

[3] 《马华第三十三届常年代表大会1986年党务报告》,1986,第3页。

[4] 陈业良:《马华公会和华社的关系》,载陈祖排等编《马来西亚八十年代评论文选(政治·文化·教育·社会)》,大马青年出版社,1987,第71页。

[5] 莫里斯·迪韦尔热:《政党概论》,雷竞璇译,青文化事业有限公司,1991,第119页。

会大会中选出区会代表,再由他们选出中央代表,中央代表再选出最高领导人,但是总会长可以委任州联络委员会主席、总财政、总秘书,来领导和监督各州联络委员会、区会及支会的运作,使总会长可以巩固其领导并贯彻其理念。虽然马华出台系列改革措施,如党内三大高职限制、取消总会长绝对权力等来增强党内民主运作,但基于总会长的委任权力以及其在党内雄厚的根基,马华党内权威的成分依然浓厚。

第四节　小结

本章在论述马华公会宗旨的基础上,分析了马华的组织结构、权力运作、党员招募、精英甄选过程。笔者是从"政党作为组织"来着手研究,关注的是政党的"组织动力",而非"竞选动力",认为,从马华创党的四大宗旨来看,成立马华的首要目的是促进种族间的亲善与合作,而非维护华裔族群的权利与地位。所以,马华与标明维护马来君主制度及马来人特权的巫统存在着本质的差别,它不能从单一华族的角度,以对抗的方式行动,而只能通过种族谅解与合作,在维护各民族共同利益的大局下争取华社利益。在内部组织结构上,经过半个多世纪的发展,马华从基层至中央建立了相当完善的结构体系,即支会、区会、州联络委员会、中央委员会四级组织。相对于人民党等有着严格意识形态要求的使命性政党,马华在招募党员时门户大开,毫不计较意识形态,仅以华裔血缘为归依,以致不少党员党性薄弱,所以号称全球第三大华人政党[1]的政治意义不大,是典型的"掮客政党"。就马华党员先从支会大会中选出区会代表,再由他们选出中央代表,进而由中央代表选出最高领导人的间接选举方式而言,愈往上层,领导精英距离基层党员愈远,代表性愈弱。另外,在部分委任制的精英遴选方式下,从党员筛选到基层支会,从区会到州联络委员会,从选择国会、州议员候选人到组织纪律委员会,总会长都有极大的干预权力。因而,马华虽然身披民主选举的外衣,但内部亦充斥着领导人专权的本质。这种现象被米歇尔斯称为"寡头统治铁律",在政党领导中普遍存在。

---

[1]　在中国共产党和中国国民党之后。

第三章
20世纪80年代以来马华公会的政策分析

在治理阶段及制定政策的过程中,政党以不同方式与公权力体系结合,在继续作为政治输入平台的同时,开始综合考虑各方面的要求,整体性地配置相关资源,继而在各种政治流通或者利益博弈的背景下做出政策反应。[1] 其政策目标既要满足政党自身利益分配,也要满足其所代表的集团利益分配。理论上,政党政策的两个目标并不矛盾,因为后者利益的满足能够从根本上强化政党执政。然而实践中,上述两个目标并不完全一致。政党所代表的利益群体是有限的,在自身选举支持最大化利益的驱动下,政党需要制定出旨在最大限度满足最广泛选民利益的政策主张,而淡化其所代表群体的利益,导致合利益性危机。

作为单一华裔族群政党,马华公会的政策理应以马来西亚华裔族群利益需要为导向。但马来亚建国后,受新马分离和华人生育率所累,华族人口在马来西亚国民中的比例已经从新马分离前的40%下降到23%。在选票最大的考量下,马华公会政策输出力求平衡华族利益与全体国民利益。鉴于马来族群人口的优势地位以及巫统的政治恩庇,20世纪80年代以来马华公会的政策输出明显失衡,与华族利益诉求形成明显错位。

---

[1] 徐锋:《比较政党政治的基本逻辑》,中共中央党校出版社,2015,第199页。

第一节　马来亚建国后马华公会面临的社会矛盾

当年英国殖民当局提出马来亚独立建国的条件之一就是要求马来亚的三大主体族群——马来族群、华裔族群、印度族群能够保证和谐共处。在争取独立的过程中,三大族群的政党代表巫统、马华公会、印度人国大党组成华巫印联盟,赢得首届联合邦立法议会选举,获得马来亚公民鼎力支持,营造出族群亲密无间的形象。对政权的期待掩盖了各族群原本根深蒂固的矛盾。事实上,由于资源的稀缺以及获取资源能力的差异,资源在各族群的分配难以达到完全公允,各个族群、各个阶层的差别、矛盾与冲突无可避免。马来亚独立建国后,马华公会面临的利益矛盾主要集中在两个方面:

一、华裔族群与马来族群的利益矛盾

华巫族群关系问题是马来亚建国后头等重要的政治问题。受殖民地时期英政府分而治之的族群政策的影响,长期以来马来族群与华族之间相互隔离,自成体系。独立建国后两大族群领袖虽多次提出打造一个国族的主张,但终究因为族群分化的社会而无法成功。[1] 20世纪70年代马哈蒂尔曾描述过这种情况:"在马来西亚,我们有三个主要的种族,他们之间没有丝毫共同点,他们在外形、语言、文化和宗教方面,都格格不入……大部分马来西亚人民之间缺乏交流,其中甚至有许多从未成为邻居。他们生活在各自的世界里,华人住在城市,马来人住在甘榜,印度人住在园丘里。"[2] 各族群居住地与职业的差异导致各族群经济地位不同,但这种差异恰好又使族群界限和经济地位划分有所重合,给人以华人富裕、马来人贫困的印象,使华巫族群利益冲突凸显。

马来族群因先辈在这片土地上创建过马六甲王朝而自视为国家主人,理

---

[1] 陈中和:《谈英殖民时期分而治之政策对马来西亚社会之影响》,《立新》2015年第2期,第4—9页。
[2] 马哈蒂尔:《马来人的困境》,叶钟铃译,皇冠出版社,1981,第96页。

直气壮地声称马来人应该享有特权。马来族群的特权地位也得到了宪法的确认。从1957年马来西亚独立建国起,宪法就规定伊斯兰教为国教,马来语为唯一的官方语言,特权无限期延长,最高元首拥有保护马来人特殊权利之责任。马来人在土地保留制、公共服务之职位、经商特别准证和教育奖助优待4个方面拥有特殊待遇。除此之外,马来人还通过3种方式维护特权地位:第一,用华人公民身份交换马来人特权地位是两大族群领袖达成的契约,理应尊重;第二,马来人落后,无法与华人展开公平竞争,理应扶持;第三,如果弱势的马来人失去特权,就会出现社会动荡,华人安全也无法保障。

华族在经济上占据优势,属于主导市场的少数族群。马来亚建国后,公民权向华人开放给多数华人以马来亚公民资格,华族政治力量迅速增强。1955年大选前,有选举权的华族公民仅占全体选民的11.2%,而到1959年大选前这一比例激增至35.6%,与族群比例持平。[1] 华人获得公民权后,政治认同从祖籍地转向本土,开始参与当地政治。尽管宪法对华人权益也做出承诺,马来族群享有的特殊待遇不能以侵犯非马来人在此范围内享有的既得权益为代价,特别是在经济活动中的充分自由,但华人普遍不满于马来优先的宪法原则,亦对自身二等公民身份表示愤慨。基于第二大族群身份与经济上的优势地位,华裔族群依托各种政治、社会力量为争取平等的族群身份进行不懈的努力与抗争。

马来亚建国后,华巫两族利益的根本矛盾在于平等的公民权问题,这是厘清马来亚族群关系的主线。围绕着这一问题,两族进行过激烈的对抗,爆发了"5·13"种族冲突。"5·13"事件后,马来西亚族群关系总体平稳,这并非表示族群利益矛盾已经解决,而是得益于政府没有采取过激的族群政策,更在于华人的退让使华巫两族维持着"不平等的和谐"。

二、华族内部的利益矛盾

华人社会内部从来不是铁板一块,不同的生活经历、经济状况、社会地位、

---

[1] K. J. Ratnam, *Communalism and the Political Process in Malaya* (Kuala Lumpur: University of Malaya Press, 1965), p. 200.

意识形态使得华族内部也充斥着利益的冲突。王赓武教授以政治认同为标准将战前华人社会分为3个集团。第一种是以中国为认同对象，政治色彩最为鲜明的甲集团。该集团将自己与中国联系在一起，与中国政治保持各种联系。由于远离中国，又受到殖民当局限制，甲集团可能属于最不得志的一类。第二种是对政治冷漠的乙集团，由功利而精明的多数华人组成。他们关注贸易和社会团体的低姿态和间接政治。第三种是对马来亚抱有某种忠诚的丙集团，成员包括峇峇、海峡华人、马来亚民族主义者等。[1] 马来亚建国后尽管华族已经完成了从祖籍国到居住国的政治认同的转变，但王赓武先生对独立后华人社会分析依然坚持3个集团的划分模式。因为在注意中国政治的华人和承认马来亚政治具有直接意义的华人之间，以及在这些少数派集团和那些关心维护华人社会完整性的华人群体之间有着很深的鸿沟，也有着明显的利益冲突。[2]

承认马来亚政治直接意义的华人群体属于本土出生，接受英文教育的上层华人。他们多来自富有的商人或专业人士家庭，往往与其他族群精英结成良好的私人关系，同时也在公共部门、华人社团担任职务。他们一般在马来亚独立前就已经获得公民身份。这类华人较为认可马来西亚族群协商民主的制度模式，更重视自身经济利益。那些关心维护华人社会完整性的华人群体大多出生于中国，接受华文教育，多来自小商人或劳工阶层家庭。这一群体多数是在马来亚独立后，受形势所迫被动入籍者。早年的生活经历使这一群体有着浓郁的中国情结，因而他们特别看重华族文化，希望后代能够保持中华文化特质，追求华语的官方语言地位。同时由于与马来族群的隔阂，他们对马来特权极为不满，有的甚至认为马来特权是造成他们贫困的根源。于是在政治上试图突破族群界限，追求同一马来西亚公民平等的公民权。

---

[1] Wang Gungwu, "Chinese Politics in Malaya," *The China Quarterly*, vol. 43, no. 43 (1970):1-30.

[2] 王赓武：《东南亚与华人——王赓武教授论文选集》，姚楠编译，中国友谊出版公司，1987，第182页。

第二节　20世纪80年代以来马华公会的政策输出

针对华巫两族以及华族内部的利益矛盾，马华公会一直积极寻求华巫两族、华人内部各阶层都能够接受的利益平衡点。20世纪80年代以前，特别是"5·13"事件之后巫统主导的国民阵线（1974年多党联合的国民阵线取代原华巫印三党组成的联盟，成为新的执政党）政府实施新经济政策，对华族的经济、教育、文化权益采取了较为严格的限制，留给马华公会的政策空间余地有限。20世纪80年代之后，马来西亚政府华人政策开始松动。马哈蒂尔、巴达维、纳吉布政府相继实施国家发展政策，提出"2020宏愿""一个马来西亚"等治国理念。虽然在华巫两族地位、马来人特权问题上，政府依然没有让步，但逐步放弃固打制，废除"英教数理"政策，增设华校，给予华族更多的权益照顾，也扩大马华公会的政策空间。由于马华公会属于国民阵线的成员党，没有独立竞选宣言，因此只能从马华的施政纲领或者具体行为中去梳理其政策路线。

一、参与国家政策制定过程，主动引领华人经济发展

经济领域是马华公会正当化其存在价值及凸显华社代表性的关键。在经济繁荣获取政治权威的施政哲学下，马哈蒂尔上台之后的历任政府对马华公会的经济活动均持默许态度。20世纪80年代中期以后，政府调整新经济政策，采取一系列经济自由化措施，更为华人经济活动释放出一定空间。

（一）积极参与国家政策制定过程

马来西亚协和式民主框架为马华公会介入国家政策制定提供了合法渠道，它强调各族群领导精英代表本族裔人民进行闭门协商的议事法则。故"内部争取"一贯是马华公会争取华族利益的基本原则。从利益代表、意见综合、政策制定和执行到反馈监督，马华公会以华族利益代表者身份参与国家政策，如国家发展政策、马来西亚五年发展规划等制定的全过程。但是，巫统一党独

大的地位使得国民阵线内部协商成为以巫统为主导的强制性协商。公共资源分配权力掌握在巫统手中，马华公会政策参与度有限。20世纪80年代以来，马华公会在国家政策制定过程中的尴尬角色可以从马华公会参与国家发展政策的拟定过程中窥探一斑。

20世纪80年代中期，为期20年的新经济政策即将结束，围绕国家未来经济走向，各利益团体极为关注，马华公会尤为活跃。1988年马华曾主动与国阵磋商，建议成立民意咨询机构，共商国家未来发展导向。[1] 此建议虽被政府接受，但迟迟未见行动。在有迹象显示政府已经开始草拟新的经济政策，意图把它排除于决策核心门外时，马华决定对巫统采取较强硬的对峙谋略，从温和性的交易演化成抗衡性的谈判。1988年10月1日，马华公会总会长林良实"度假抗议"，恫言退出国阵。

林良实的行为政治意图明显，在46精神党分流相当马来选票的情况下，巫统不得不缓和与华社的紧张情绪。1989年1月19日，国家经济咨询理事会（National Economic Consultative Council，NECC）宣布成立，宗旨在于检讨新经济政策得失，建议国家未来经济发展政策，向政府拟定报告书。理事会成员共150人，包括92名团体代表与58名个人代表，其中土著和非土著各半。在49名华裔代表中，除马华派出10名代表、推荐11名党外代表外，民政党、行动党、董教总、雪华堂、大马中华工商联合会均有代表参加。[2] 参与理事会前，马华的态度十分明朗。因为首相马哈蒂尔在1986年大选时曾说，新经济政策延续与否，最后的决定在于国阵政府成员的赞成或反对。[3] 时任马华公会总会长的陈群川适时表明立场，马华不会支持新经济政策延长。[4] 其拟定的《大马团结蓝图》亦呼吁政府要消除种族差别，实现公平、民主政治价值。[5]

---

[1]《马华心声有回应，设国家经济协商理事会符合马华公会一贯主张》，《马华快讯》1989年1月/2月。

[2] 马华的10名代表包括黄木良、杨保康、陈炳坤、蔡锐明、杨元庆、陈仪乔、林方治、胡亚桥、蔡国治、林莉莲，马华推荐的党外人士多是著名商家、大学教授和退休官员代表。《参与国家经济咨询理事会，十一名党外代表各行业兼而有之》，《通报》1989年1月10日。

[3] 何启良：《新经济政策为何将会延续》，载何启良：《面向权威》，十方出版社，1995，第2页。

[4]《陈群川谓马华不会支持新经济政策延长》，《星洲日报》1986年6月8日。

[5]《为国为民：马华公会50周年党庆纪念特刊》，马华公会，1999，第148页。

配合马华的政治论述,其国会议员早先也在国会发言中批评新经济政策的执行偏差,并成立负责监督新经济政策的特别工作队,召开系列研讨会研究华人在新经济政策执行期间面对的问题,收集所有与行政偏差有关的资料。

咨询理事会的活动中,马华俨然以华裔代表领袖身份活动。除在理事会的常月会议中扮演积极角色外,马华代表本身也定期召开会议,邀请理事会内所有华裔代表,一同出席马华所召集的会议,保持所有华裔代表步调一致。但事实出乎意料,由于理事会工作程序严重不公,董教总、雪华堂、行动党等19名代表先后退出表示抗议,[1]仅余工商联合会、学术界、私人界代表与马华"坚守岗位"。这也成为政府随后否定理事会所呈报告书之代表性的口实。

经过马华和剩余华裔团体的协商,它们代表华人社会在国家经济咨询理事会呈现意见,基本原则有二:第一,要求国家未来经济政策必须以"绩效与需要"作为拟定政策的基础;第二,政府必须同意设立有效的执行监督机构,确保华裔在新政策下得到公平对待。[2]

后来国家发展政策尘埃落定,表明马华公会在国家经济咨询理事会中的意见综合并没有成为政府决策的参考。国家经济咨询理事会本身不但受制于政府,缺乏法律地位,而且国家发展政策也未能满足马华公会的要求,拒绝成立监督委员会。

(二) 开展企业化运动,领导华人经济自救

企业化运动是华人社会对新经济政策的一个反应,用意是集中华人经济力量以维持华人经济地位。新经济政策实施后,华人经济遭受排挤,发展举步维艰,尤其是广大华人中小企业更是深受其害。在失去国家机关的保护性和发展性功能后,华裔社会只有回到民间自救自强。在这场华人经济自救运动中,马华曾经充当过领头羊,以集资创办大企业的方式,提高华人经济竞争力。

其实,早在陈修信时代,马华就提出华人企业必须摆脱家族式的经营模

---

[1] Ho Khai Leong, "Dynamics of Policy-Making in Malaysia: The Formulation of the New Economic Policy and the National Development Policy," *Asian Journal of Public Administration*, vol. 14, no. 2 (1992):204-227.

[2] 《马华公会1989年党务报告》,1989,第2页。

式,集资发展大企业。1968年,配合此目的,马华创立了马来西亚多元化合作社(Koperatif Sebaguna Malaysia,KSM。简称"马化合作社")。当年社员只有1,396人,资本6.9万令吉。20世纪70年代是马化合作社迅速发展时期。经过10多年长足发展,到1980年,社员人数达到8万余人,缴足资本1,400多万令吉,资产额达到1.95亿令吉。[1] 由于"合作社法令"限制马化合作社继续扩展,1975年,李三春决定成立投资控股公司,即马化控股有限公司(Multi-Purpose Holding Berhad,MPHB。简称"马化控股")。1977年,陈群川担任马化合作社总经理和马化控股有限公司的董事经理,他通过合并—收购的方式让马化控股在短期内实现了惊人增长。1977年马化控股首次招股成功,当时缴足资本仅为3,000万令吉,到1980年,缴足资本已增至3.8亿令吉。[2] 短短3年时间,马化控股资本额增加了12倍多。马化合作社和马化控股起到了明显的示范效应,众多华人社团开始效仿马华,汇集游资办大企业。据统计,从20世纪70年代中期到80年代初,有不少于150个华人社团曾计划成立控股公司和合作社,实际成立的华团控股公司多达50家以上。[3]

20世纪80年代初期,马化合作社与马化控股继续保持急剧膨胀的发展态势。1980—1982年,马化控股的股本增长了6倍多,从7,000万股增加至4.5亿股。[4] 1982年初,它在吉隆坡股票交易所成功上市时,成为仅次于马来亚银行在本地注册的第二大公众上市公司,拥有股东2.7万名,市值高达12亿令吉。而陈群川的扩张策略也成功将种植业、建筑业、博彩业等经济领域网罗起来,使马化控股发展成为庞大的商业王国。20世纪80年代初,马化控股业务范围从土地产业向银行金融业、对外贸易方向扩展。1981年11月,马化控股从张明添手中收购未上市的国内第三大银行——合众银行40%的股份;

---

[1] Bruce Gale, *Politics & Business: A study of Multi-Purpose Holdings Berhad* (Singapore: Eastern University Press, 1985).
[2] 钟天祥:《李三春·华教·马华》,人间出版社,1984,第41页。
[3] Emile Kok-Kheng Yeoh, "Requiem for a Dream: The Rise and Fall of a Communal Economic Revival Movement," in *China in the World: Contemporary Issues and Perspectives*, eds. Emile Kok-Kheng Yeoh and Joanne Hoi-Lee Loh (Kuala Lumpur: Institute of China Studies, 2008), p.235.
[4] 埃德蒙·特伦斯·哥默兹:《巫统的商业王国》,林光、谢娥译,论坛出版社,1991,第7页。

1982年，为配合第四个马来亚计划实现国家出口贸易每年9.1%的增长目标，马化控股成功合并牙直利有限公司。为使马化控股向更深层次发展，李三春的第二个"五大计划"还决定筹组州级控股公司。到李三春引退前，已成立4家州级控股公司。至此，马化控股有限公司已经成长为最大的华人企业集团。到20世纪80年代中期，公司拥有8万多名股东，缴足资本5.7亿令吉，聘有员工1.8万余人。[1] 公司所有高层人员皆是马华主要领袖。

但是在马化控股无限风光的背后，却隐藏着严重的危机。第一，大规模的收购行动使其过度负债。1982年9月，马化控股的债务高达3.8亿令吉，几乎接近马化自身的缴足资本。第二，马化控股的股票上市后即跌破发行价，公司骄人的业绩并未令小股东受益。1982年，马化控股上市之初，股价为4.92元，自发行后股价便一路下滑，甚至一度跌破2元关口，令众多高价买入的持股者蒙受亏损。第三，作为私人商业机构，由于缺乏国家资源支持，马化控股的抗风险能力有限。同样是高度政治化的商业组织，马化控股与巫统创办的公共企业，如土著信托局和国家企业等有着本质的区别。后者得益于政府庇护所产生的偏袒，在国家政策衍生的商业机会中受益匪浅。[2] 它们既获得国家巨额投资，产生亏损时亦有强大的国家机器做后盾。例如，在巫统土著金融丑闻案中，政府共支付25亿令吉收拾残局。[3] 马化控股远没有如此幸运，所有资本全部来自民间私人投资，具体运营也没有受到政府特别待遇，反而深受特殊政治环境的影响。1981年，马化控股经政府批准，收购了未上市的合众银行40%的股份，且政府信托机构国民企业也收购了合众银行30%的股份，但巫统党员认为马化控股和合众银行的交易违反新经济政策。最后由首相马哈蒂尔插手干预，纷争才以马化控股和国民企业各占合众银行41%的股份告终。[4] 华人与马来人政治上的特性，决定了马华领导的这场企业化运动完全是华人

---

[1] Heng Pek Koon, *Chinese Politics in Malaysia: A History of the Malaysian Chinese Association* (Singapore: Oxford University Press, 1988), p. 271.

[2] 埃德蒙·特伦斯·哥默兹：《巫统的商业王国》，林光、谢娥译，论坛出版社，1991，第172页。

[3] 彭圣：《马来西亚华人社团公司化的发展与影响》，硕士学位论文，淡江大学东南亚研究所，2006，第78页。

[4] Edmund Terence Gomez, *Chinese Business in Malaysia: Accumulation, Ascendance, Accommodation* (Richmond, England: Curzon Press, 1999), p. 87.

自力更生的经济复兴,也为它的悲剧性收场埋下隐患。

1983年,马化控股因投资失败开始宣布亏损。1985年,马化控股公布的赤字已逾1.9亿令吉,翌年,其亏损又接近2.3亿令吉。[1] 1985年,马华总会长陈群川为拯救个人在新加坡的公司新泛电私自挪用马化控股2,300万令吉。同年8月8日,中央银行在接获公众投诉多家合作社舞弊丑闻后,援引保护存款人必需条例,冻结马化合作社在内的23家合作社。[2] 涉案机构多为华社所有,冻结行动令24万华人中下层储户接近14亿令吉存款血本无归,多名合作社领导人因此锒铛入狱,也包括马华总会长陈群川、纪永辉、黄循营。此事使马化控股为核心的华社企业化运动陷入困境。1987年,合作社风波告一段落后,马华承诺不再把政治与生意混为一谈。接着,马化控股全体董事辞职,说服知名华商郭鹤年、李莱生担任马化控股董事。1989年,甘文丁收购马化控股。时隔3年,合作社储户终于得以"一元对一元"取回全部存款。合作社运动宣告失败。[3]

(三) 开辟多种渠道,助推华人经济发展

企业化运动失败后,马华公会退居官僚体系内部,主要通过对华人中小企业提供政策扶持、行政帮助、融资服务、信息咨询等方式,助推华人经济发展。2006年马来西亚启动"培育中小企业"为核心的第九个马来西亚计划,马华公会总会长黄家定借此在《九大政纲》中提出关于提升华人经济竞争力的"第五个政纲"。内容包括:第一,政府的经济政策必须公平兼顾所有族群利益,扩大整体经济蛋糕,共同向前迈进;第二,广邀经济专才,以及各族、政府部门和私人界代表,通过经济协商理事会等平台,草拟有效应对全球化挑战的经济政策和计划;第三,为华商争取参与国内各项经济领域的机会,以提升国家竞争力;第四,协助华商面对全球化的挑战,积极开拓新市场,谋求新出路、新蓝图。[4]

---

[1] Edmund Terence Gomez, *Chinese Business in Malaysia: Accumulation, Ascendance, Accommodation* (Richmond, England: Curzon Press, 1999), p.88.

[2] 《过去业绩骄人,现在处于风暴中,中央银行介入调查,马化合作社蒙阴影》,《新晚报》1986年8月10日。

[3] 《林良实承认,马华十大计划之一,马化合作社已失败》,《南洋商报》1989年8月2日。

[4] 马华公会中央宣传局:《马华〈九大政纲〉简报》,2006,第12—13页。

"第五个政纲"延续国阵政府做大经济蛋糕,增加资源总量,平衡族群利益分配的经济发展思路。黄家定任总会长时期,马华公会的经济政策主要体现在:第一,信息咨询,帮助华人中小企业向高技术产业转型的过程中突破技术瓶颈。2004年马华公会成立马华资讯工艺中心,免费为中小企业提供资讯工艺咨询和支援服务。该中心在2005年获得多媒体超级走廊培训资格,为企业提供设施、商业融资服务,为国家培育、打造资讯工艺企业家。[1]依托拉曼大学成立经济研究中心,帮助华裔企业家切准国家经济发展脉搏,把握商机。第二,广泛动员,联络各类力量为华裔经济争取政策扶持。马华公会向政府建议,希望中小型企业银行及其他金融机构为非土著企业提供更多融资服务;并建议成立专属小型银行,拓宽中小企业融资渠道。[2] 2007年马华公会还联络马来西亚中华大会堂总会、中华工商联合会、七大乡团以及各主要华人社团成立"马来西亚华裔经济咨询理事会"监督相关政策执行。第三,群策群力,举办各类研讨会、商联会,为华裔经济体共谋发展之路。2004—2008年,马华经济局等部门承办的系列研讨会有"改变中小企业:在新经济时代里保持竞争性"研讨会、"中小型企业现代化:跨出本土,迈向全球"研讨会、"新浪潮企业:成功故事与潜能"研讨会、全国中小企业交流研讨大会等。

以中小企业为对象的经济政策成为黄家定任总会长时期马华公会主要的经济政策选择。2014年,马来西亚中小企业数量占全国商业机构的97.3%,占出口额的19%,为国家贡献32.5%的国民收入,并为国民提供57%的就业机会。廖中莱时代,马华对小微华人经济的支持开始细化,《十大经济方略》将小微华人企业分为农业、木材加工业、零售业、旅游业等10个行业,施行对口帮扶。如马青创立马来西亚青年农业合作社,在协助农民引进先进技术向现代农业转变的同时,也积极帮助农民争取农业土地。[3]为解决小微企业融资困局,马华公会积极推动成立马来西亚中小型企业拓展中心(SAME)向国内中小企业提供创投基金资料和融资方法。2014年马华公会设立中小企业自主

---

[1]《马华公会第五十三届常年代表大会马华总秘书党务报告》,2006年8月27日,第C-20页。
[2]《马华第53届常年代表大会马华总会长拿督斯里黄家定政策演词》,2006年8月27日。
[3]《〈十大方略〉研讨会马华公会总会长兼马来西亚交通部部长拿督斯里廖中莱开幕演讲词》,2015年9月2日。

发展基金,与自立合作社启动中小企业贷款计划(KSME),其中政府首期出资5,000万令吉,3年内注资1亿5,000令吉,为符合条件的商家提供5万—25万令吉低息贷款。[1]随着中国"一带一路"倡议的深入,众多华人企业愿意搭乘中国经济发展列车与中国企业展开合作。马华公会无疑扮演了"马中桥梁"的重要角色,它建议成立"一个马来西亚-中国机构"(1 Malaysia-China Corporation),联合国企和中小型企业进军中国;依托中国共产党与马华公会党际交往渠道,2015年以来马华公会与中国经济联络中心连续举办"一带一路"中国-马来西亚工商界对话,为双边合作搭建平台,促进两国企业对接。[2]

二、回避华文教育关键议题,扶持华人文化建设与教育事业

"教育马来化、教育本土化"是马来西亚教育政策的原则。华语在马来西亚的使用、发展权利虽然受到宪法确认,但是与马来语官方语言地位相比,华语地位明显不对等。在这种不对等的关系下,华文教育又具有合法地位,并以此为据建立起东南亚国家中最发达的华文教育系统,但是从1956年《拉萨报告书》开始确定"最终把各族儿童纳入一个以国语为主要教学媒介的国民教育体系"的单元化教育政策目标成为悬在华文教育头上的利剑。"准许发展但注重同化"成为马来西亚政府对待华文教育的基本立场。[3] 20世纪80年代,政府加强对华文小学的控制,在全国所有源流小学推行全部使用马来语作为教学媒介语的3M制,并委派不谙华文的教师到华小担任学校行政高职。20世纪90年代以后对华文教育采取一些开放政策,如允许南方学院开设中文系,创办新纪元学院、韩江学院,升格新纪元学院为大学。但是针对华文教育的基本立场没有改变,对华文基础教育的控制严格。20世纪80年代以来,马

---

[1]《"马来西亚中小企业拓展中心及自立合作社中小企业贷款计划"推介礼上马来西亚交通部部长暨马华总会长拿督斯里廖中莱演讲词》,2016年6月5日。
[2]《"一带一路与文明对话"研讨会马华公会总会长兼马来西亚交通部部长拿督斯里廖中莱演讲词》,2015年12月5日。
[3] 王焕芝、洪明:《马来西亚华文教育政策的演变及未来趋势》,《福建师范大学学报(哲学社会科学版)》2011年第4期,第191—195页。

华公会的文教政策包括如下两个方面：

（一）接受国家教育政策，避重就轻对待华文教育

受制于国家族群同化立场以及马来语官方语言地位，马华公会的文化教育立场一直是其政策短板。20世纪80年代是华裔文教权利的防御期。从1983年全国华人文化大会开始，由各州中华大会堂、董教总组成的十五华团引领华社展开文化觉醒与救亡工作。在这场"华人文化复兴"运动中，马华立场十分为难。自从马华在国阵中的角色从代表性政党沦落为成员性政党后，再也无法通过垄断政治资源来维持权威地位，但是马哈蒂尔的权威还没有完全建立，马华与巫统之间仍有裂缝，特别是46精神党对巫统形成挑战之际，巫统亦有求于马华，这给马华留下了些许操作的空间。因此，马华选择避重就轻的方式，尽量避开原则性的关键问题，在重大课题上无力招架，却对技术性操作课题采取过激反应。

1. 抵制政府钳制华人文教的行政措施

1981年底，教育部部长苏莱曼提出，全国所有源流小学将于1982年全部使用马来语作为教学媒介语的3M制。根据新课程纲要，华小只有华文和算术用华文编写，其他科目的有关教材均用马来文编写。[1] 政策一出，立即遭到以董教总为代表的主流华人社会的强烈谴责。为备战即将到来的全国大选，马华吸取前届大选因反对独大而流失华人选票的教训，选择支持董教总立场。不但马华属下三组织（马青总团、马华妇女组、马华中央教育局）与董教总发布联合声明，要求与教育部部长对话商讨纠正措施，在有关问题没有解决之前暂缓实施，[2] 马华高层领袖亦明确表态，马华不接受目前3M制。[3] 而且措辞强烈，称已经到了"华小生死危亡时刻"，马华要"誓与华小共存亡"。一项

---

[1]《教长披露3M制明年试行后年起全面实行，华小华文算术用华文，其他科目用国语编写》，《星洲日报》1981年12月30日。
[2]《董教总与马华属下三组织就3M制问题联合声明》，载《教总33年(1951.12.25—1985.4.8)》，马来西亚华校教师总会，1987，第593页。
[3]《李三春主持会长理事会议后表明立场，马华不接受目前3M制》，《星洲日报》1982年1月13日。

行政措施引发马华如此强烈的情绪释放,反倒是那些悬而未决真正威胁到华小存亡的课题,如华小长期经费不足、教员缺乏等,马华却熟视无睹。因此,其在3M事件中的行为不难被理解为哗众取宠的政治手腕。

相似的态度也发生在华小高职风波中。1987年8月教育部委派不谙华文的教师到华小担任学校行政高职,引起华社强烈反对。而巫统和华裔社会的针锋相对也使得种族气氛升高。当时正值马华与十五华团竞逐华社领导权,且因为其领袖涉及合作社失信案,成为众矢之的,马华不得不与华社站在同一立场。事件发生后,马华先寻求内阁解决未果,后决定作为压力集团,参与华社党团的民间抗议活动。首先,加入由十五华团行动委员会、民政党、行动党策划的"全国华团政党联合行动委员会";其次,参与天后宫抗议大会,以罢课方式向政府施压。副教长、马华副总秘书时运进甚至公开承诺,若问题不解决,他将离开教育部。此时巫统多位领袖猛烈抨击马华在事件上的表现,并建议检讨其在国阵中的地位。在随后政府展开的"茅草行动"大逮捕中,马华多名领袖如叶炳汉、陈立志、陈财和、邓诗汉等也在扣留之列。[1] 而最终令华社满意的内阁5人小组解决方案,即当局同意将华小所有重要职位保留给熟谙华语者,也与马华向内阁提呈的意见书相一致。[2] 其中也不乏马华争取的功劳。

2. 反对独大,杯葛华族文化自强运动

20世纪80年代初期,独大课题到了华社与政府正面交锋的终极对决阶段。1979年最高元首拒绝独大创校申请后,1980年9月,独大有限公司正式入禀高等法庭,就独大创办遭拒绝事件,起诉政府违宪。在"一人一元法律基金"为诉讼案筹款中,共筹得29.27万令吉,足见华社对独大的支持。虽然此项倡议曾获众多马华基层支持,有257个支会参加全马华人注册社团联署运动,但李三春却掣肘于国阵立场不敢有所违逆。在1978年11月全党第二十六届代表大会上依然宣布马华反对独大立场。[3] 当华社坚守独大最后的希

---

[1] 《为国为民:马华公会50周年党庆纪念特刊》,马华公会,1999,第145页。
[2] 《马华立场详明,不容歪曲》,《导报》1988年7月。
[3] 黄文斌:《李三春:时势英雄之得失功过》,载何启良主编《匡政与流变:马来西亚华人历史与人物政治篇》,马来西亚华社研究中心,2003,第267页。

望时,马华却仿若隔岸观火,如此鲜明的对比,怎能不影响马华的政治权威?

另一个让华社失望的是马华在华族文化自强运动中的不作为。1983年,借文化、青年及体育部重新检讨国家文化的机会,十五华团主办的全国华团文化大会向政府提出《全国华团国家文化备忘录》,表达全国华人对文化的基本看法、建议和要求,提出国家文化应该具有多元的文化形式、共同的价值观和本地色彩3个基本特征[1],抗议现行以马来文化为核心的国家文化政策,从而掀起了20世纪80年代华人文化自强运动的序幕。在这场运动中,马华态度十分暧昧。原本回应政府文化检讨工作是由马华牵头展开的,当时隶属于马华的马来西亚华人文化协会曾广邀其他华团以举办华人文化大会并草拟文化备忘录。但是,当此课题引起华社热情参与而逐渐脱离马华控制,所呈意见也完全背离以马来文化为主的国家文化政策时,马华却选择无声退出。不仅未见其与华团联署《国家文化备忘录》,缺席全国华团文化节,就连备忘录未经内阁考虑就遭到文化、青年及体育部部长安华一口拒绝时,马华高层领袖仍缄口不语,只派出二线领袖做出回应,也全然不见反对3M制时的激昂慷慨。言辞上也颇为谨慎,以卑微的态度促请政府以宽大胸襟、高瞻眼光、开放思想看待国家文化问题。[2]在华社的文化自强运动继而壮大为声势浩大的民权运动,公开以《马来西亚全国华团联合宣言》高位表现华社抗议姿态后,以陈群川为主的改革派提出马华"十大计划",企图与华团宣言相提并论,降低后者在华社引起的共振。一方面表示原则上接受华团宣言,另一方面却对宣言内容做出似是而非的回应。特别是针对1961年教育法令第21(2)条,马华早就声称要撤销,但在"十大计划"中却变成要修改,全文中也并未见到"撤销"等字眼,足可见其仍在玩弄政治游戏而缺乏诚意。

(二) 推动华人文化建设与华人教育事业发展

20世纪90年代,马来西亚政府利用国家统合机制强化对华人社会的控制,马来西亚华教运动进入低潮。同期马华公会的文教政策主要集中于华人

---

[1] 姚新光主编《马来西亚华人文化节资料集》,华总——全国华团文化咨询委员会,2001,第19页。
[2] 《马青总团文化局主任谢维强促巫青团,以客观态度看待十五华团所提呈文化备忘录》,《中国报》1983年4月8日。

文化建设和华人教育事业两个方面。

李三春任总会长时期,尽管马华公会在华文教育的关键议题上均持回避态度,但是在华人文化建设方面没有交白卷。在他的两个"五大计划"中,华人文化建设占据半壁江山。李三春常规性华人文化建设工作包括成立马来西亚华人文化协会、开展孝亲敬老运动等。大马华人文化协会发起于1977年,作为一种文化统合的政治渗透,其任务是发扬华人文化,协助各族文化交流,从而促进一种能真正被各族接受的国家文化的发展。[1]协会主要通过三项工作实现其宗旨,即举办文化活动、出版系列书籍和杂志、参与政府或私人机构举办的文化活动。该协会的主要文化建设成果包括:举办马来西亚第一个华文书籍展览会,出版当时唯一的人文类中文杂志——《文道》,等。[2]从1980年11月1日创刊至20世纪90年代中期停刊,《文道》共出版百余期,不少专家学人或年轻研究者都常有助笔,如郑良树、陈应德、孙和声、林水檺、何国忠等,为当时华社的人文旷野添了些许绿意。[3]李三春还开展过马华孝亲敬老运动,以期发扬与传承华族孝亲敬老的传统美德。2014年,马华公会更是与华社文化艺术团体成立马来西亚华社文化艺术咨询委员会,通过定期联席会议,结合华社文化发展与政府的文化艺术政策,协调、探讨、处理华社文化艺术相关课题。从2016年开始,马华公会承办了"马来西亚花穗艺术节",不仅展示了中华文化,还有效地促进了族群之间的交流与合作。

推动华人教育事业发展是林良实时代马华公会文教政策的核心。1993年2月,马华公会推出浮罗交怡教育振兴计划。该计划致力于提升乡村及城市边缘的教育水平,唤醒家长对教育的觉醒。具体拟定五大行动方针:第一,推动思想兴革运动,唤醒乡村父母对教育的关心与年轻一代对知识的渴望;第二,设立资料中心,为学生提供学习场所;第三,推行领养计划,资助家庭贫寒学生;第四,推广家庭工业,稳定乡村家庭的经济状况;第五,普及幼儿园教育,便

---

[1] 温放知:《李三春的政治路线》,出版者不详,1980,第16页。
[2] 《马来西亚华人公会29届全国代表大会总秘书丹斯里张汉源常年报告书》,1981年9月19—20日,第3—4页。
[3] 潘永强:《想着办报忘了文道》,载潘永强:《马华政治散论》,燧人氏事业有限公司,2005,第10—11页。

于乡村学生接受启蒙教育。[1]为此,马华党中央除了专门成立浮罗交怡教育振兴运动全国委员会,还在州、区、村的党组织成立相应委员会负责具体执行与督导工作。这场举马华全党之力的教育振兴计划在成立首年筹措资金就超过千万元,在全国设立了54个资料暨辅导中心。通过大专生社区服务计划,国语、英语提升计划,数学与科学升中学假期补习计划,开发辅助数理科英语教学教材等为乡村教育水平提升做出一定贡献。1993—2018年,大约150,000名大专生参与此项目,累计开设523班国语补习班、202班英语补习班、140班数理科升中学补习班。事实上,浮罗交怡教育振兴计划应属于一项人力资源培养、开发项目,因主要针对乡村华校而容易与华文教育相联系,其实与"维护华族母语教育权利,建立从幼儿园至大学完整的华文教育体系"之华文教育基本立场有天壤之别。

黄家定任总会长时期,马华公会将浮罗交怡教育振兴计划纳入终身学习运动。他将教育主体从学生扩展至全民,将阶段教育延展至终身教育,提倡通过全方位多元目的,自发且持续终身的学习活动,既学习中华经典文化,又学习现代科技资讯,使学员实现在专业发展、生活技能以及人文素养各领域的均衡发展。2004—2006年,拉曼大学延续教育中心、拉曼学院延续专业教育中心、自立学院为终身学习运动开办约804个短期课程,参与人次达39,194人。[2] 2014年,廖中莱出任总会长后,针对国内公共大学大专毕业生与市场脱钩、本地员工学历和技能偏低等问题,马华公会的教育政策继续拓宽至职业教育领域。2015年,成立拉曼技职学院(VTAR)并立志将其建为全国顶尖的职业技术学院。

为解决公共服务奖学金长期为土著垄断,家境贫寒的华族学生无力入学等问题,马华公会除设立自立合作社为成绩优异的学生提供奖学金外,还分别在2004年、2011年成立张明添基金、"一个马华教育贷款计划"为华族学生提供资助力度更大、惠及范围更广的贷学金制度。2004年以来,张明添基金已累计向1,774名学生提供总额达2,725万令吉的免息贷款帮助其完成学业。

---

[1] 《董总主席胡万铎全力支持〈浮罗交怡计划〉教育振兴运动》,《马华快讯》1993年2月。
[2] 《马华公会第五十三届常年代表大会马华总秘书党务报告》,2006年8月27日,第C-13页。

对于华文教育,马华公会虽然无力解决制度化增建华小、将独立中学纳入国民教育体系以及高等教育学额分配的固打制等关系华文教育和华人教育的基础性问题,但是20世纪80年代以后也以个别争取的方式为华文教育解决了一定的困难。通过扩建、重建、搬迁华小,增加经费投入,扩充华小办学实力,疏解城市华小学额奇缺而乡村华小闭校的矛盾。仅在2008年初,政府就批准兴建6所新华小,确定13所华小搬迁。2011年,政府确定了13所华小迁校,8所扩建或重建,7所兴建计划。其中新建7所华小所需9,500万令吉经费全部由中央政府负责。同年,政府也开始负担半津贴华小的水电费用,缓解华社办学压力。2009—2013年,教育部向华小追加经费4亿1500万令吉。政府虽依然拒绝承认独中文凭,但是也逐渐放松对独中的抑制,增加国民型中学投入。2011年起,政府开始发放年度特别发展拨款给国民型中学,并启动制度性国民型中学增建计划。固打制下,高等教育以族群为单位分配名额,导致优秀华裔学生无法接受高等教育;而独立中学文凭不被政府承认,独中学生只能负笈海外。马华公会成立拉曼学院、拉曼大学为华裔学生特别是独中生提供有质量保证的升学渠道。拉曼学院成立于1969年,当年是为洗刷马华反对独大的负面形象之需而创立。教学媒介语虽非华文,但几乎全校都是华裔学生,却也为华裔在有限的政府大专学额以外,提供了一个深造的机会。2002年拉曼大学成立,内部设立中文系,是国内唯一一所设置中文学士、中文硕士专业的私立大学。2014年10月拉曼大学继续拓展学科门类,成立拉曼大学医学院。截至2015年,拉曼学院、拉曼大学已累计为国家培养20多万名人才。[1]

三、修补官僚体系,投入民生服务

马哈蒂尔执政后10年,为提高国家竞争力,政府决定结合族群优势,扩大非土著参与空间。于是,政府着手调整华人政策,主动笼络华人社会。政治上,淡化意识形态色彩,肯定华人对国家的忠诚与贡献;经济上,提倡跨族群经济合作,邀请华人企业参加土著经济大会;文化上,鼓励族群交流,灵活对待华

---

[1]《马华公会66周年党庆"中庸治国,务实兴党"演讲词》,2015年3月。

文教育及华人文化。但是,这些政策调整没有法律依据,不属于法治层面的开放,只能算是领导人策略性的小开放。[1]

小开放的怀柔政策缓和了华巫族群之间的利益矛盾,也释放了华人社会对马华公会的压力。于是,林良实时代的马华公会宣告华社内部的重大课题已经解决,将政策重心转移至调整政府决策与公共利益的冲突,投入民生服务,在政府官僚体系内扮演"修补"角色。

马华在官僚机构内部着意调整政府与公众之间矛盾的"修补"角色首先集中在马华各党要"政绩"倾向之上。1993年全党代表大会,马华公开呼吁全党要"化理想为行动",以"表现为依归,获得全党上下与人民的支持"。[2] 各党要在各自负责的政府官僚部门极尽其力,同时极力认同多元政府。他们想做到身份和政绩"马来西亚化",用以减轻华社不给予他们支持的心理压力。

其次,体现在"张天赐现象"上。张天赐原是马华中央公共服务投诉局公共投诉部主任,专门负责处理民众公共投诉问题,并提供相关法律援助。该局自1987年成立以来就协助公众解决大量社会及民生问题,包括少女失踪、滥用毒品、欺骗与偷劫、家庭暴力及公共服务失效等案件。当民众遭遇难题时,不去寻求当局解决,而是向张天赐投诉,成为马来西亚社会的畸形现象,却顺利转移了民众对马华未能坚守华社权益的不满。1987—2004年,该局已累计处理超过3万宗个案,许多投诉得以解决,超过八成的少女失踪案都成功地找回了失踪者。[3] 由于张天赐已经成为马华的活招牌,每届大选,马华都会出动其到选情吃紧的选区助选,开拓票源。

最后,体现在马华公会"民生服务"的形象上。林良实时代,马华公会要求全党践行服务路线,各级议员重视民生服务,并专门为马华国会、州议员设立社区服务中心。民生服务虽与大众生活密切相关,但也多是水沟不通、垃圾堆积、道路失修、停水停电等民生琐事。当马华议员以极大的热情投入基层民生服务时,议员应该具备的立法问政等基础性职能便被束之高阁。以1995年大

---

[1] 林若雩:《马哈迪主政下的马来西亚:国家与社会关系(1981—2001)》,韦伯文化事业出版社,2001,第173页。
[2] 《马华公会1993年常年代表大会:总秘书党务报告》,1993,第4页。
[3] 林友顺:《专访:大马马华公会公共服务与投诉部主任张天赐》,《亚洲周刊》2004年4月11日。

选马华梳邦再也州议员候选人李华民为例,其竞选承诺就完全集中于民生课题(包括:解决当地交通堵塞与治安不良的问题;向开发商反映有关发展商偷工减料及手工低劣的问题;与当地居民成立华小建校筹备委员会,向政府争取多建一所华小),[1]但却对当地发展规划、地区华人权益保障等政策性问题讳莫如深。所以,当"社区服务"被异化为讨好选民的捷径,立法问政的议员被扭曲为社会工作者时,马华议员的行为实在有违于"在'法治'的框架之下通过选任的'官员'来'代表'公民的利益和/或观点而实行统治"[2]的代议制民主的基本精神。

四、全面投入新村工作,提升新村城镇化水平

2003年黄家定出任马华公会总会长。他是马华公会历史上第一个接受华文教育,出身于新村贫苦家庭的政治领袖。在其担任马来西亚房屋与地方政府部部长的8年时间内,累计为新村拨款超过5.5亿令吉。他对新村的感情,使得新村工作成为黄家定主政下马华公会施政的重要内容,也催生了房屋与地方政府部的"新村发展大蓝图"。该蓝图在获取全国450个新村准确资料与数据的基础上,对新村发展做出长期规划,以推动新村现代化发展融入国家发展主流。它根据不同新村的条件特色(包括环境规划、社会、经济、农业、新村土地、房屋、基本建设及公共设施、环境美化及管理等),将全国新村分为三大类,分别拟定不同的发展策略。[3](见表3-1)

表3-1 新村类别比较

新村类别	特色	数量/个
A类新村	指那些经济条件可以独立发展,并已取得一定成就的新村。这类新村可以作为其他新村的参考。	121
B类新村	其发展条件需要进一步的协助和引导,尤其在经济和社会领域的发展需要监督和支援。这类新村的基建设备和国内一些城镇的设备相差不远。	245
C类新村	基建设备和社会设施需要再提升,经济条件尚待改善。	84

资料来源:《新村发展大蓝图,利国利民大跃进》,《马华快讯》2005年2月。

---

[1] 李华民:《提供更有效率服务,争取梳邦增建华小》,《南洋商报》1995年4月19日。
[2] 戴维·赫尔德:《民主的模式》,燕继荣等译,中央编译出版社,2004,第6页。
[3] 《新村发展大蓝图,利国利民大跃进》,《马华快讯》2005年2月。

廖中莱时代,新村工作依然是马华公会的政策核心。在马华公会第 64 届中央代表大会上,廖中莱指出马来西亚现有 1/5 的人口居住在新村,其中 80% 以上为华裔,为提升新村现代化水平决定实施"新村城镇化战略"。[1] 此战略选择 10 个新村样本,借鉴文冬、永平转型模式,通过"一村一产品"、生态文化艺术旅游、农业产品产业化等多种方式,盘活新村经济,为新村青年就地创造更多就业机会。

第三节 马华公会政策输出与华裔公民利益诉求的错位

透过 20 世纪 80 年代以来马华公会政策轨迹,不难发现其政策输出与华裔公民利益诉求之间存在明显错位,体现在马华公会如何定位、以什么方式争取华人社会的权益、争取什么样的权益 3 个方面。

一、角色错位:"政治家"还是"行政者"

连接国家与社会的桥梁是政党角色的基本定位。英国学者欧内斯特·巴克曾对此做过形象类比:"政党是把一端架在社会,另一端架在国家上的桥梁。如果换一种表达方式,政党就是把社会中思考和讨论的水流导入政治体制的水车并使之运转的导管和水闸。"[2] 作为联络国家与社会的中介,一方面,面对社会,政党应该承担利益表达与意见综合的功能,将所代表利益群体的诉求转化为党的纲领,获得社会授权取得民众认同的合法性;另一方面,面对国家,政党应该影响权力,促使政府做出偏向性权威性资源分配。政党功能分为代表性功能和程序性功能两个层次,前者包括利益表达、整合、政策的制定等,后者包括政治领导的录用、议会和政府的组成等。从政党角色定位来看,代表性功能是政党的基本功能,程序性功能属于政党的衍生功能。然而 20 世纪六七十年代开始,

---

[1]《马华公会第 64 届中央代表大会马华总会长拿督斯里廖中莱演讲词》,2017 年 11 月。
[2] Ernest B., *Reflections on Government* (London: Oxford University, 1942), pp. 179-181.

部分西方国家出现政党"功能异化"论调,指责政党利益代表、影响权力等基本功能弱化导致政党程序性功能强化,使得政党过多地与官僚体系结合,形成"政党行政化"趋向。郑永年先生认为,"政治组织"还是"行政组织"的功能区分对于政党而言尤为重要。政治组织意味着政党需要处理与社会的关系,践行政党的代表性功能。行政组织主要是执行政府的政策。一旦政党演变成为行政化的官僚组织,它和社会群体的关系必然产生严重问题。[1]

政党功能异化理论同样可以解释马华公会角色错位现象。马华公会是单一华裔族群政党,在政治系统的输入过程中应该代表华族利益,并协调其他族群利益,形成综合意见进入决策系统。在政治系统的输出过程中,马华公会应该利用执政联盟的成员党身份,影响决策,使政府权威性资源分配能够满足华裔族群的利益诉求。这才是马华公会作为"政治家"应该具备的代表性功能。然而从20世纪80年代以来马华公会的政策轨迹来看,马华公会日益与华人社会脱节,甚至丧失了政党应该具备的代表性功能。以扶持中小型企业为核心的经济政策的初衷在于贯彻政府"第九个大马计划",为与政府华文教育保持立场一致而不惜站在华教运动的对立面上,其推出的华人教育政策多是人力资源培训计划,属于"一流心智"国民提升计划的配套措施,提升公共服务水平围绕着"阿都拉新政",新村振兴计划则更是马来西亚城市乡村协调发展的具体操作。原本应该处于华裔社会与国阵政府之间的马华公会已经越来越密切地与官僚体系结合,成为忠诚执行国家政策的"行政者",而不是致力于敢于撼动政府决策以捍卫华族利益的"政治家"。

二、利益争取方式的错位:"内部协商"还是"外部压力"

"协商"意指各种观点相互比较、相互协调以达成一致意见的过程。20世纪80年代,它逐渐发展成为现代民主的实现途径。"协商民主理论"代表人物——美国政治学家阿米·古特曼、丹尼斯·汤普森认为,协商民主是一种政府形态,其可促使自由而平等的公民提出彼此能够接受且普遍可以相信的理

---

[1] 郑永年:《民主,中国如何选择》,浙江人民出版社,2015,第203页。

由,来为各种决定辩护,其目的在于达成对当前全体公民具有约束力,但未来仍可接受挑战的各种结论。从上述定义可判断,协商的要件是"理性""公平""自由",即拥有足够理性的主体共享平等的话语平台,自由发表意见,转移对方偏好,达成共识。

自马华公会成立以来,局限在执政联盟精英之间的"内部协商"是其一贯秉承的政治路线,也是其争取华族权益的主要方式。独立建国之初,马华领袖选择华巫印三大族群组成政治联盟,作为争取独立和治理国家的政治合作方式。当时协商的效果是明显的,不但三大政党居于相对平等的地位,而且还成功地转移了马来族群保守派拒绝向华人开放公民权的倾向,在《独立宪法》中给予非马来人在经济、土地、语言方面"保留权利"的既得权利保障。"5·13"事件后,政府推行的以马来议程为主导的政策造成华人政治地位日益边缘化。特别是20世纪80年代华人"企业化运动"失败后,无论是林良实"少数民族要有少数民族的样子"的消极任命,还是黄家定"以宪法赋予华族的权利'理直气壮''以理服人'争取权益"的积极争取,抑或是廖中莱"中庸治国、分享政权、共存共荣"的有礼有节,马华公会都没有超越马来西亚的宪制框架,而是坚守建党以来的内部争取为华族寻求利益保障。然而,"协商"是以各主体之间平等的地位为前提。巫统一党独大的国民阵线内部,马华公会的弱势地位已然决定了这种协商只能是在华巫族群利益冲突中以牺牲华族利益为代价的"妥协"。

面对马华公会的"内部协商失灵",华人社会曾经做过多次尝试。20世纪80年代初期,8名华教人士带着对国阵改善施政的期许"打入国阵,纠正国政",集体加入民政党,企图弥补国阵华基成员党内部争取缺陷。希望破灭后,华人社会又开始尝试"加入反对党,壮大两线制",或者干脆投票给在野的华基政党——行动党,通过外部施压,宣泄对国民阵线施政不公的不满,惩罚马华公会对华族权益争取不利。进入21世纪,随着马来西亚政治民主化进程的加速,华裔社会公民意识开始觉醒,他们尝试跨族群合作,以马来西亚国民身份参与"干净与公平选举联盟"(BERSIH,简称"净选盟")集会等社会运动。2007年,净选盟首次集会时,参加者以马来人为主,华人只占一成,2012年达到

40%左右,2015年参加者大多是华人。[1] 华人投票趋向也发生重要逆转,不再单一支持华基政党,一些马来人为主的跨族群政党也成为华裔选民的选择。这些动向表明,马华公会仰仗的"华人诉求"的"内部争取"已经遭到华人社会拒绝,华人社会已经摆脱族群政治束缚,选择在政治体制之外,通过外部压力的方式争取自己作为"马来西亚公民"的公正权利。

三、观念的错位:"华文教育"还是"华人教育"

华文教育关乎华人社会利益,也是马华公会施政的核心。然而,什么是华文教育,华文教育在华人教育中应该扮演什么角色,马华公会与华教运动存在着观念上的明显错位,也反映出上层华人与中下层华人间的隔阂。马华公会最初是上层华人精英组成的"头家政党",其首任总会长敦陈祯禄出生于马六甲峇峇华人富商家庭,早年在新加坡莱佛士学院接受英文教育。他与同期马来西亚侨领陈嘉庚不同,陈祯禄具备土生意识,同时他也很难理解中下层华人对中华文化无法割舍的情结。20世纪80年代之后,马华公会虽然逐渐摆脱了"头家政党"形象,但其领导人除黄家定外,均接受英文教育。因此,马华公会对华文教育的理解就与中下层华人社会迥然不同。

20世纪80年代以来马华公会的文教政策明显缺乏母语教育色彩,多属于针对华族的人力资本培育计划。它所坚持的文化教育三原则,即"华族学生必须能够好好地掌握华语华文;华族学生离校后再深造与就业方面应有合理的保障;华族学生必须具备所需的条件,以便能适应国家多元种族社会的生活环境"[2],与以董教总为代表的华教人士提出的华文教育三原则"尊重各族群接受母语教育的权利,华人文化纳入国家多元文化,建立从幼儿园到大学完整的华文教育体系"相距甚远。所以,从严格意义上讲,马华公会的文教政策只能算是"华人教育",而不是"华文教育"。

---

[1] 范若兰、廖朝骥:《追求公正:马来西亚华人政治走向》,《世界知识》2018年第12期,第17—19页。
[2] 《为国为民:马华公会50周年党庆纪念特刊》,马华公会,1999,第139页。

第四节　小结

　　根据马华公会面临的利益矛盾,结合 20 世纪 80 年代以来马华公会的政策输出,不难发现,马华公会的政策输出与华族利益主张之间存在巨大张力。华族希望马华公会能够成为代表华族利益,撼动国家权力的"政治家",马华公会只是依附在官僚体系中的"行政者";华族希望马华公会对巫统施加更大压力,纠正其不公的族群政策,马华公会只是封闭在族群精英内部温和地"协商";华族希望建立从幼儿园到大学完整的华文教育体系,马华公会却支持政府保证母语教育只到小学阶段就足够,华人文化的保存与发扬可以其他方式来进行,不一定要靠完整的华文教育体系[1]。

　　按照系统论的观点,政治系统的政策输出会反馈给社会。通过反馈过程,提出要求的个人和团体就会检查政治系统是如何处理他们的诉求的。若政治系统能满足这些要求,政治过程的各部分就皆大欢喜。如果不能满足这些要求,诉求者就面临 3 项选择:①接受该决定;②重新提出更温和的要求;③撤回他们对整个政治系统的支持。就现实来看,通过政策反馈,华裔社会发现马华公会既无力扭转国民阵线政府偏向马来族群的资源分配,又忽视绝大部分中下层华人利益诉求,存在"合利益性错位"。当这样的情况重复发生时,华裔社会就会丧失对马华公会的认同,形成"合法性危机"。

---

[1]　林开忠:《从国际理论的立场——马来西亚华文教育运动中"传统中华文化"之创造》,硕士学位论文,"国立"清华大学,1992,第 105 页。

第四章
20世纪80年代以来马华公会的派系政治

在当代政党的政治实践中,政党派系无处不在。曾担任日本首相的大平正芳说,"三人相聚,可成两派"。《朋党论》亦云:"朋党之说,自古有之。"因此派系的形成、竞争及效应是政党研究之重要环节。对派系问题妥善处理,既反映出政党在制度规范下的运作方式,也彰显了政党作为整体其一致性的程度。马华公会自创党以来历经多次党争,各派环伺在政党领袖身边而相互竞争,引发党内冲突与权力倾轧,也对国家政治产生冲击。本章从政党派系的概念及路径出发,选取20世纪80年代以来马华公会派系竞争3个典型案例——梁维泮、陈群川之争,林良实、林亚礼之争,翁诗杰、蔡细历之争,详述历次竞争各方分歧焦点、激化过程及解决方案,总结其派系政治的基本特质,亦希望找寻到化解之道将派系的破坏力降至最低。

第一节 政党派系一般理论

自组织理论被引入政党研究后,派系一般被视为政党内部最重要的次级团体。对于这种政党单元之下的第一个次级单元,早期政党不过是派系的代名词,并对它存有"传统偏见",认为它有碍于团结,是令人生厌的政治结合。对它的称谓,有流派(current)、翼(wing)、倾向(tendency)、宗派或派系(faction)等多种称呼。为确保价值中立性,G.萨托利在《政党与政党体制》一书中将其称为"派别"(faction),只是结构上将其作为政党内的次级单位。[1]本节主要进行政党派系的理论探讨,从派系的定义、起源、角色功能、价值评价4个方面反映政治学者长期以来的研究重点与途径。

一、派系的定义

学术界对派系的定义经历了从传统偏见到现代定义的发展过程。早期的政党与派系是同义词。如博林布鲁克(Bolingbroke)所言,派系是政党的堕落,是某些人为特定的目标及特定利益的结合。[2]而将政党与派系做出明确区分的首推埃德蒙·柏克。他在1770年《导致当前分裂的一些想法》一文中提出,政党是"人们为通过共同努力以提高民族福利,并根据某种他们共同认可的原则而结成的组织",而派系是那些为地位与薪俸进行利益斗争的"国王人马"。[3]派系是最为可恶的邪恶,它们没有群众的信任,没有舆论支持,也缺乏相互依赖,却掌握政府的一切权力。与埃德蒙·柏克的态度相似,亨廷顿也对派系提出批评,指出宗派主义指的是这样的集团,"(派系)存在的时间很短且没有结构。它们是典型的个人野心的折射"[4]。

从以上三位学者的定义可以看出,他们均对派系持有偏见,认为派系的维系在于功利性的私欲,派系倾轧的结果将会危害国家稳定和社会秩序,因而是应该被舍弃的政治组织。但美国学者弗兰克·P.贝罗尼(Frank P. Belloni)和丹尼斯·C.贝勒(Dennis C. Beller)在《竞争性的政治组织:政党派系研究》一文中给派系正名,提出过去对于派系的厌恶只是一种传统偏见,事实上派系不仅可以在政治竞争中扮演一定的角色,同时派系体系也可以在许多国家中长久维持,并拥有相当庞大的影响力。他们以中立的态度指出派系是"由一群人组成的,簇拥在一个伟大领导者人格周围的团体,或者,是由一群具有某些共

---

[1] G.萨托利:《政党与政党体制》,王明进译,商务印书馆,2006,第107页。
[2] G.萨托利:《政党与政党体制》,王明进译,商务印书馆,2006,第16页。
[3] 埃德蒙·柏克:《自由与传统——柏克政治论文选》,蒋庆、王瑞昌、王天成译,商务印书馆,2001,第148页。
[4] Samuel P. Huntington, *Political Order in Changing Societies* (New Haven: Yale University Press, 1968), pp.412-413.

同价值的人结合成的有组织团体,可以无须特别考虑其领导人为何人,却分享着意识形态、纲领计划与经济的共同价值"[1]。与贝罗尼和贝勒一样保持中立立场的还有扎里斯基,他对政党派系的定义是:"党内一种明确的组合或者集团,其成员有共同的认同感和共同的目的,并且组织起来用集体行动以实现自己的目标。"[2]同时他也将政党派系与政党内部其他次级单位做了区分,认为那些能够持久发展组织与形成自我意识者,才能称为派系。因而,派系与政党其他次级团体的区别在于"组织化"的程度。

二、政党派系的分析框架与类型

G.萨托利认为,对政党派系的解剖可以在4个向度上有效展开:组织、动机、意识形态、左-右[3]。组织向度描述了派系的组织化程度;从动机来看,派系可以分为追逐权力、利益的"分肥-权力派系"与追逐观念和理想的"原则派系";从意识形态来看,派系又可划分为极端狂热主义和极端实用主义两个极端;而左-右向度则能最直观地帮助观察者厘清派系的政治定位。同时按照派系的角色将派系分为:"支持团体",即支持胜利者以取得额外报酬;"否决团体",即其主要目标与战略在于从事阻碍;"政策团体",即其寻求统治与强制执行其政策。(见表4-1)

表4-1 政党派系的分析框架与类型

结构	有组织的
	无组织的
	一半对一半
动机	分肥-权力集团
	追求理念的集团
	皆有或皆无

---

[1] Frank P. Belloni and Dennis C. Beller, "The Study of Party Factions as Competitive Political Organizations," *Western Political Quarterly*, vol. 29, no. 4 (1976):531-549.

[2] Raphael Zariski, "Party Factions and Comparative Politics: Some Preliminary Observations," *Midwest Journal of Political Science*, vol. 4, no. 1 (1960):27-51.

[3] G.萨托利:《政党与政党体制》,王明进译,商务印书馆,2006,第110页。

续表

态度	意识形态的
	现实主义的
	皆有或皆无
定位	左派
	右派
	中间派
	不明
构成	个人派别
	联合派别
	一半对一半
角色	政策
	支持
	否决
	不定或其他

资料来源：G. 萨托利：《政党与政党体制》，王明进译，商务印书馆，2006，第119页。

而贝罗尼和贝勒则以政党派系的组织特质为标准，将派系区分为同好型派系或趋势、私人侍从团体派系、制度化或组织型派系3种类型。[1] 同好型派系或趋势指的是由一群在意识形态、政策、物质或个人偏好上具有共同利益的人所组成的团体。此团体缺乏正式的组织形式，甚至其成员也没有全部意识到组织的存在。在现实对象上，这类团体如同政党的"翼"或者是非正式的派系。私人侍从团体派系源于人类学中恩庇侍从概念，派系领袖与追随者之间的收编与结合建立在独特的、个人化的特殊形式上，由互惠与保护的利益交换来维系。它可以再分为两类：一是"传统型、高度私人化的派系"，通过高度私人与小范围的传统方式接纳追随者；一是"大众选举机器"，通过党机关以公开和大规模的方式争取党员。与同好型派系相比，私人侍从团体派系具有真实的组织、独特的形式，注重个人甄补，且领袖和追随者之间持续约束。制度化或组织型派系一般被描述成正式化派系或者已发展的派系，它建立在更平等和非个人化的组织机制上，有正式干部、规则、派系名称。在这3种派系中，制度化或组织型派系的组织程度最高。

---

[1] Dennis C. Beller and Frank P. Belloni, "Party and Faction: Modes of Political Competition," in *Faction Politics: Political Parties and Factionalism in Comparative Perspective*, eds. Frank P. Belloni, Dennis C. Beller (Santa Barbara: ABC-Clio, Inc., 1978), pp. 419-420.

三、政党派系形成之原因

关于政党派系形成的原因,汉密尔顿、杰伊、麦迪逊在《联邦党人文集》中指出,派系的潜在原因深植于人性之中,源于财产分配的不同和不平等。因此在任何文明社会里,在宗教、政治与社会等层面到处都可以发现它的踪迹。[1]《朋党论》亦云:"朋党之说,自古有之,惟幸人君辨其君子小人而已。大凡君子与君子,以同道为朋;小人与小人,以同利为朋。""道"与"利"分别是君子、小人结成派系的原因。台湾学者对政党派系起源议题有"蓄意制造"和"自然形成"的分歧。以陈明通、吴重礼为代表的一派认为,在政党领袖与追随者之间的恩庇侍从关系,不仅可以解释派系内部成员之结构,而且足以扩大适用于国民党权威政权与地方派系之间互利、互惠的模式,因而派系政治是国民党为巩固政权而蓄意制造的。而陈介玄、蔡明惠等另一派学者则认为,国民党在台湾重建政权之前,部分区域早就已经存在着地方派系。有些是传统地方乡绅势力的延伸,有些是个人经济生活缺乏安全而寻求集体交易,有些是由于自我族群认定的对立与冲突,因而派系是基于血缘、姻缘、语缘、地缘或者职业关系等形成的人际关系。恩庇侍从关系只是影响派系生态的原因之一。[2]

贝罗尼和贝勒则认为影响政党派系形成的因素包括社会原因、政治原因和结构原因。社会原因包括生活的文化环境是否具有分裂的倾向,社会经济结构是否明显区分,是否出现传统价值崩溃、现代化价值重新树立的社会变迁,等等。政治原因指来自派系之外的政治体系因素,包括精英主义、选举制度和政党制度等。据实证研究,政治体系如果长期由精英占据,则明显具有结合成派系的倾向;在"初选度""比例代表制""复数选区单记名不可让渡投票制"选举制度下结合派系的情形也相当普遍;"多党制"和"一党独大"的政党制度有助于派系政治的生成。结构原因包括政党意识形态情况、凝聚力程度等。当政党组织化程度不高,制约力低,政治成员集中性低,并能容纳"非正式团

---

[1] 汉密尔顿、杰伊、麦迪逊:《联邦党人文集》,程逢如、在汉、舒逊译,商务印书馆,1980,第44—51页。
[2] 吴重礼:《政党与选举理论与实践》,三民书局,2008,第59—65页。

体"存在时,党内便容易滋生派系政治。而权力分散干部型政党也容易有以个人为首的派系萌芽。

四、派系政治的功能及评价

论及派系的功能,传统意义上派系的产生被视为组织机能失调的负面现象,传统论者认为派系内部弥漫着个人功利主义,有碍于政党团结与政治稳定。如果以派系为单位参与公共资源的权威性分配形成派系政治,一旦缺乏控制派系的机制,那么政党组织将会受到破坏;而派系本身作为政党单元之下的局部单位,也会给政党管理带来麻烦,从而破坏党的团结。[1] 陈明通在《派系政治与台湾政治变迁》中提到,派系政治容易导致政治腐化、政府决策僵局、应对危机能力缓慢等后果[2]。在中国传统语境中,亦存在"朋党比周""结党营私"之语。麦迪逊说派系政治的危害不在于派系本身,而在于对政府的影响,它将给公共议题带来动荡、不安和混乱。要削减这种负面影响,一是消灭自由,因为自由是派系的养料;二是使所有公民都有同样的想法、情绪、利益。但如果按照第一种方法废除自由的话将是愚蠢的做法,而后一种途径更注定不能见效。潘永强认为既然派系竞争在任何组织生态中都避免不了,那么只能尽量降低其破坏力。化解非制度化派系冲突在于建立制度化普遍性规则调解党内利益分歧。[3]

为派系正名的学者认为派系作为在党内表达分歧意见的建制形式,派系政治是一种有利于政治稳定的功能补偿性的制度安排。在日本、墨西哥等国家"一党独大"的政党体系中,党内的派系之争客观上实现了一种"拟态的两党制或多党制";而当党内派系之争达到一定限度导致执政党执政能力下降,"一

---

[1] Michael Waller and Richard Gillespie, "Introduction: Factions, Party Management and Political Development," in *Factional Politics and Democratization*, eds. Richard Gillespie, Michael Waller, Lourdes López Nieto (London: Cass., 1995), p. 2.
[2] 陈明通:《派系政治与台湾政治变迁》,月旦出版社,1995,第22—25页。
[3] 潘永强:《马华公会派系政治初探(2000—2003)》,《新纪元学院学报》2006年第3期,第63—88页。

党独大"的地位出现危机甚至丧失时,派系政治又成为民主化的特殊动力。[1]对此,瓦尔迪默·奥兰多·基伊(V. O. Key)持保留意见。他在研究美国南方民主党派系时指出,美国南部诸州在长达一个世纪的时间内被民主党把持,在缺乏其他政党外部竞争的情况下,政治体系的自我纠错功能在民主党内部派系竞争中实现。但是派系不可能完全替代政党,成为形成竞争性的体系。特别是在推选候选人进入公职方面,其内部存在私人关系网络,导致其不可能如政党一样做到民主推选。因而派系的民主功能逊于政党,即使在派系组织完好的两派制情况下,它也不可能成为两党制的替代品。[2]

第二节 梁维泮与陈群川之争

1984—1985 年梁维泮与陈群川的派系之争是马华公会历史上最惨痛的党争之一,前后历经 20 个月。1982 年,署理总会长梁维泮出任代理总会长,李三春在 1983 年突然宣布引退。由于与梁维泮的政见不合,在李三春任总会长时期颇受赏识的副总会长陈群川以"幽灵党员"事件向梁派挑战,导致包括陈群川在内的 14 名党员被开除党籍,当中还包括两名副部长,即林良实与李金狮。开除党籍事件引起马华公会党内空前激烈对峙,最后陈以压倒性的胜利囊括所有党职。在此次的派系竞争中,局中双方缺乏协商与合作,是典型的你得即是我失、双方受益为零的零和博弈。[3]对于整个政党组织而言,政党利益没有增进半分,完全是一场内部次级单位之间毫无意义的内耗。因此,党争过后,马华公会本身元气大伤。纵观演变过程,陈梁之争共分 3 个阶段:从最初的由治党理念分歧引发的仅限于党内高层参与的精英封闭式派系竞争,发展到两派公然决裂,动员各自基层力量将竞争蔓延至整个组织内部形成开放式

---

[1] 李宜春:《独大型政党派系政治的比较研究》,《经济社会体制比较》(双月刊)2004 年第 4 期,第 87—93 页。

[2] Frank P. Belloni and Dennis C. Beller, "The Study of Party Factions as Competitive Political Organizations," *Western Political Quarterly*, vol. 29, no. 4 (1976):531-549.

[3] 普拉伊特·K. 杜塔:《策略与博弈——理论及实践》,施锡铨译,上海财经大学出版社,2005,第 129 页。

派系政治局面,再到外部力量介入扶持陈派取得压倒性胜利。

一、精英封闭式派系政治时期

精英封闭式派系政治指的是派系竞争仅限于少数政党领袖,而参与竞争的精英通常会将竞争的范围局限在党内上层中。它的竞争程度可以温和,也可以激烈,但一般会遵守规则,党内控制权倾向于由不同的派系联盟轮流坐庄,以维持派系之间的权力平衡。[1]陈群川派系与梁维泮派系之间的竞争由来已久,最初两派的分歧在于治党理念的差异。梁维泮提倡"政治专业化",要求马华公会以专业化的方式投入国家发展浪潮与主流,坦言:"我们认为如果政党以商业方法管理,则将很危险……政治不应该与商业混合,不论在精神上与物质上都会妨碍到廉洁。"[2]他原是马来亚大学物理学讲师,1973年加入李三春阵营,因抗拒林敬益派而获得重用,获选马华中委,并受任副总秘书,1975年升任总秘书,1977年党选中选副总会长。陈群川则倡导"政治商业化"。1977年,陈群川接受李三春邀请进入马华公会,出任马化合作社总经理和马化控股董事经理。[3]在陈群川的领导下,马化控股从原始资本仅4,000万令吉一跃成为国内最大的控股公司之一。李三春任总会长时期,政商合一路线的成功让马华低落的形象有所提升,陈群川在党内的仕途也平步青云。一个是跟随自己10多年的心腹,一个是为自己赢得骄人政绩的商业奇才,作为总会长的李三春一直以分而治之的方式维持陈梁之间的权力平衡。1981年,在马华公会中央代表大会上,梁维泮再次中选副总会长,仍出任房屋与地方政府部部长,随后被委任为柔佛州马华联委会主席;同时陈群川中选中委,任联邦直辖区联委会主席。1982年9月,未被委任出征的署理总会长何文翰辞职。梁维泮与陈群川公开角逐署理总会长之职。两人相较,总会长李三春

---

[1] Dennis C. Beller and Frank P. Belloni, "Party and Faction: Modes of Political Competition," in *Faction Politics: Political Parties and Factionalism in Comparative Perspective*, eds. Frank P. Belloni, Dennis C. Beller (Santa Barbara: ABC-Clio, Inc., 1978), p.437.

[2] 《马华代理总会长拿督梁维泮博士强调……》,《导报》1984年1月。

[3] 章龙炎:《马华公会历任总会长》,大马新闻资讯学院,2006,第104页。

更属意梁维泮。在他的操纵下,1982年9月26日,中央委员会委任梁维泮填补署理总会长空缺。为安抚陈群川,委任其为副总会长。[1]权力开始向梁派倾斜。而之后李三春的辞职则完全打破了陈梁之间的权力平衡。1983年3月25日,马华总会长李三春突然宣布引退政坛,身为署理总会长的梁维泮自动升任为代理总会长[2]。梁维泮派系与陈群川派系之间的权力关系骤然失衡。

梁维泮掌舵马华后立即着手扩充派系势力。他在上任后的一个星期,首次主持中央委员会会议就援引总会长特权,委任副总会长之一的其支持者麦汉锦为署理总会长;宣布"八大方针",成立8个委员会取代中央委员会原有各局,[3]撤换干训中心主任李金狮、教育局主任黄木良。干训中心是培训马华接班人的摇篮,撤换李金狮等人是梁派铲除异己的第一步。[4]此举意在转变李三春时期马华政商合一路线,重新定位马华在经济活动中的立场。当时马华机关报《导报》就刊载多篇文告,以"政治专业化"纠正之前的"政治商业化"路线。1984年1月,一篇名为《马华的政治哲学》的文章明确马华公会"政治专业化"之理念。文中提出:"马华当前面对的竞争和挑战,就是政治的实践和效果,以及华族的现代化。这项压力促使马华的政治趋向于专业化……所谓专业化,就是政治的领导必须全力以赴,集中全力于政治工作,不能被当作一种副业。政治领导人更不能太过牵涉于广泛的商业活动以免妨碍政治的廉洁、可信赖和有效率。"[5]"政治专业化"被视为梁维泮挑衅陈群川的讯号。后者时任马化控股总经理,在经营马化合作社过程中,马化控股已经成为其政治工具,马华公会亦是他和他在马化控股中经济利益的保护伞。在金钱政治的网络下,陈群川亦笼络了一批有相当影响力的党内领袖支持,包括总理署副部长兼马青团团长李金狮、新闻部副部长兼马华副总会长陈声新、财政部副部长林良实,[6]而马化控股亦为他带来了雄厚的基层力量。与马化控股相关的华人多

---

[1] Ho Kin Chai, *Malaysian Chinese Association: Leadership under Siege* (Kuala Lumpur: Ho K.C., 1984), p.25.

[2] 根据马华公会党章,一旦总会长职位出现空缺,将由署理总会长出任代理总会长直至下届党选。

[3] 《马华中委会通过八大方针,巩固党组织迎合时代需求》,《中国报》1983年5月9日。

[4] 司徒六郎:《马来西亚华裔民主政治的斗争——马华危机》,现代出版社,1984,第4、8页。

[5] 《马华的政治哲学》,《导报》1984年1月。

[6] Lao Zhong, *The Struggle for MCA* (Selangor: Pelanduk Publications, 1984), p.24.

达25万人,其中绝大部分均为马华党员。与陈群川相比,梁维泮缺乏党内中层和基层的支持力量,他上台后的一系列举措遭致陈派诸多异议,而1983年芙蓉和劳勿两次补选的惨败更使马华陷入低潮,派系分裂加剧。在劳勿补选时,蔡汉钦的落败被形容为10年来马华在劳勿市区得票最少、败得最凄惨的一战。[1]此时,虽然陈梁两派权力平衡已然打破,但派系竞争仍然处于封闭的暗中角力状态,参与者局限在少数党内高层范围内。

斗争的公开化始于林建寿。作为梁维泮忠实的支持者,他公开抨击马化控股,将陈群川描述为无足轻重的政治人物,称(他)掌握领导权并不等于赢得党内尊重。[2]虽然林建寿被高等法院判以诽谤,但陈群川却因此离开了马化控股。陈群川反击梁维泮的利器是"幽灵党员"事件。陈派发现在新招募的党员中存在使用马来人或印度人的身份证,却通过伪造华人姓名、地址和出生日期的方式入会的假党员。于是陈派指出八打灵区会出现3个神秘辅导班,揭发马华出现幽灵党员,展开舆论攻势,批评当权者借此使支持他们的区会派出更多代表投票以期为当年党选创造有利局面。[3]由于原定于1984年6月2—3日举行的马华党选临近,此言一出立即成为两派斗争的焦点。[4]

梁维泮坚决否认马华党员中有假党员存在,他甚至公开警告,如查出假党员,支会将被冻结。虽然梁派口头驳斥指责,但却拒绝公开由马华总部保管的党员名册。同时,梁派宣布,由于电脑未能及时整理党员名册,马华各级选举改期。党选日期也延至同年7月7—8日。党选改期,未能化解两派纠纷。陈派15名中委[5]要求召开特大,讨论假党员问题。两派支持者互相指责,终于在1984年3月17日召开的中央委员会会议上正式决裂。两天之后,即1984

---

[1] 《马华补选两度失利》,《新明日报》1984年1月3日。
[2] Lao Zhong, *The Struggle for MCA* (Selangor: Pelanduk Publications, 1984), p.29.
[3] 揭发八打灵区会出现虚假党员的是八打灵区会政治局主任陈思源、义务秘书黄克强医生,二人被舆论形容为"陈派揭露假党员的开路先锋"。
[4] Lu Hon San, "Chinese Politics in Malaysia: The MCA Crisis of 1984-1985" (MA diss., University of Malaya, 1987).
[5] 联名要求召开特大的中委是:陈群川、李金狮、林良实、纪永辉、黄木良、黄俊杰、陈立志、饶文明、李永枢、黄初华、陈德泉、陈声新、周福泰、李文彬、刘集汉。后来周福泰与刘集汉退出。当时马华有35名中委,只要有超过三分之一(12名)中委联名要求就可以召开特大。陈派的13名中委联名已经符合召开特大的条件。

年3月19日,梁维泮援引总会长权力,撤销李三春委任的陈群川与李金狮联邦直辖区和雪兰莪州联委会主席职位,并罢免陈德泉中委职位。接着,署理总会长麦汉锦以党纪律委员会主席身份以党章第127(1)条文[1],一举将陈派的14名重要领袖开除党籍,包括副总会长、中委陈群川、李金狮、林良实、纪永辉、黄木良、陈德泉、黄俊杰,直辖区总秘书黄循营,八打灵区会总秘书黄克强,八打灵区会政治局主任陈思源,雪兰莪州马青组织秘书黄福安,八打灵区会秘书黄秋,白沙罗区会委员郭仁德,华都牙也支会主席李继鸿。至此,陈梁党争范围从高层领袖蔓延至全党,斗争方式亦从"暗斗"变成"明争"。

二、开放式派系政治阶段

开放式派系政治指的是派系竞争不只限于党内精英,也牵动整个党组织,蔓延至党内其他成员,甚至诉诸党外的利益团体和一般民众。竞争参与者有意扩大对抗,加剧竞争,令党内外群众可以在派系中做出选择。[2] 当权派的开除令引起马华基层极大的情绪反弹,并迅速蔓延。虽然开除党籍是马华党争史上常用的策略,但是如此大规模的开除行动造成的争议以及基层党员参与的程度已经远远超过之前的党争。[3]《新海峡时报》也做出评论,当梁维泮开除陈派14名重要领袖时,这些被开除的领袖或许预料到他们的追随者和华人社会将会抗议,甚至会喊冤,但他们可能也没有想到开除令会使全党陷入马来西亚政党政治中最严重的危机之中。[4] 一时间"马华民主已经死亡"将当权派推向风口浪尖。两派人马开始各自表明立场并列队。当权派共收到18个党区会和马青团中央委员会10名委员的支持;而凭借马化控股积累的支持

---

[1] 马华党章第127(1)条文为:"(纪律委员会有权)暂停、开除会员资格或同时单独采取任何其他行动对付言论、行动,或行为有违反、损害、不利或影响本党利益的党员,或基于有利本党的理由而采取行动。"

[2] Dennis C. Beller and Frank P. Belloni, "Party and Faction: Modes of Political Competition, "in *Faction Politics: Political Parties and Factionalism in Comparative Perspective*, eds. Frank P. Belloni, Dennis C. Beller (Santa Barbara: ABC-Clio, Inc., 1978), p.438.

[3] *Far Eastern Economic Review*, November 22, 1984, p.29.

[4] *New Straits Times*, January 31, 1985.

力量,陈派的势力显得比较充实。开除令公布的第二天,就有超过 2,000 名来自雪兰莪州和联邦直辖区的马华及马青党员聚集在马华大厦门外为被开除的陈群川派系请愿,要求当权者收回成命。[1] 抗议行为还逐渐蔓延至地方,怡保等地也出现陈派支持者于怡保马华大厦抗议总会开除行动。[2] 在领袖层中,有超过一半的马华国会议员和州议员以辞职相威胁,要求被开除的 14 名党员复职。[3]

开除令公布的 4 天后,陈群川向马华总部提呈一份由 1,499 名中央代表[4]在 48 小时内签署的请愿书,要求在 4 月 29 日召开特大,解决党内纠纷。但梁维泮控制的中央委员会则拒绝陈派召开特大,并宣布在同一天举行马华大集会。前总会长李三春在这期间试图参与调解,但无果而终,随即也吁请马华全体中央代表出席 4 月 29 日召开的特大。但是警方在特大召开前夕,以安全为理由训令取消特大,梁派的马华大集会亦被终止。尽管如此,仍然有超过 1,500 名支持陈群川的中央代表同日于美轮酒店召开了一项非正式特大,以签名方式通过包括罢免梁维泮党职在内的 8 项议决案,并以特大流产为理由将特大延至一周后,即 5 月 6 日举行。这次闪电式的集中重新鼓舞了原本已经感到沮丧的中央代表,陈派也重新开始向警方申请特大准证,并在 5 月 5 日终获批准。

1984 年 5 月 6 日,马华公会特大在吉隆坡希尔顿酒店举行,共有 1,616 名中央代表出席。[5] 经过 99.96% 的中央代表同意,特大通过如下议案,作为解决马华危机的方案:第一,撤销纪律委员会的决定,恢复在 3 月 19 日被开除的 14 名党员党籍;第二,任命一个由 1 名主席及另 6 名委员组成的特别委员会,全权处理鉴定本党截至 1983 年 12 月 31 日党员名册合法性之事项;第三,

---

[1]《马华大厦前昨午群情激昂愤慨,陈派支持者示威请愿,要求梁维泮收回开除成命》,《南洋商报》1984 年 3 月 21 日。

[2]《约两百名马华陈派支持者,手持标语集合怡保马华大厦,抗议总会开除行动,向支持当权派者喝倒彩》,《中国报》1986 年 3 月 26 日。

[3] *Far Eastern Economic Review*, April 5, 1984, p.16.

[4] 1981—1984 年,马华公会中央代表共有 2,517 名,1,499 名代表联名签署已经达到党章"有三分之一中央代表联名,可以召开特大"的规定。

[5]《陈德泉文告强调,梁维泮应即辞职,陈声新在文冬区会主席职受挑战》,《光华日报》1984 年 5 月 9 日。

中止预定1984年3月至5月间举行的本党各支会与区会的委员会选举,若选举已在此期间进行者,则属无效;第四,撤销代总会长或中央委员会做出的所有委任。[1]为与陈派特大分庭抗礼,梁派也在同一日于马华总部举行马华公会35周年党庆大集会。虽然之前党庆集会主席陈忠鸿声称届时将有2万人参加,但是据媒体报道当日到场的与会党员只有近3,000人,不仅远低于组织者的预期,同时亦彰显了梁派基层动员力量的下滑。在党庆集会中,与会者还是就相关问题达成了一致立场:第一,完全赞同本党作为一个政治组织,不受金钱政治影响之理念;第二,绝对支持本党领袖之领导;第三,全力支持以帮助华文小学、促进华人教育发展为宗旨的马华公会教育委员会;第四,谴责那些拒绝遵守党内多数决议以及因为不能遂愿而不惜抹黑政党形象的领袖;第五,捍卫党章,声讨无视党章、蔑视法律与秩序的非法集会者;第六,谴责敌对者企图以非法、违章的手段推翻党的领导,全力支持对14名党员的开除令;第七,完全服从以代总会长梁维泮为中心的党的集体领导。[2]特大与党庆相比,虽然前者合法性未被当权者承认,但在基层力量上已明显占据优势。依《马来西亚商业》评论所言:"若以特大作为标准的话,那么马华现任领导应集体辞职,并尽快从代表大会中寻求新的授权。"[3]尽管特大如期召开,但当权派还是拒绝让步,以特大不符合党章为由否认特大通过议案的合法性,而国阵与社团注册官也无意介入。基于此,陈派只得将问题交予法庭。

1984年5月10日,陈派的3名人士,即马华吉隆坡自治市支会主席及吉隆坡市区会副主席郭伟杰,被开除的八打灵区会秘书黄秋,蒲种十四哩支会主席朱松喜入禀吉隆坡高庭,申请临时禁令阻止当权派召开任何区会代表大会及在第三十二届全国中央常年代表大会或其他大会上进行选举;起诉马华公会总秘书张汉源,要求法庭宣判开除冻结令无效。[4]5月12日,全国各地陈群川的支持者,也都同样通过律师,在新山、马六甲、槟城、怡保、麻坡等地入禀

---

[1] Lu Hon San, "Chinese Politics in Malaysia: The MCA Crisis of 1984-1985" (MA diss., University of Malaya, 1987).
[2] Lu Hon San, "Chinese Politics in Malaysia: The MCA Crisis of 1984-1985" (MA diss., University of Malaya, 1987).
[3] *Malaysian Business*, May 16, 1984, p.14.
[4] 《马华党争闹上法庭》,《南洋商报》1984年5月11日。

高庭申请禁令。[1]同时特大议长陈声新向高庭提呈诉状,要求宣判 5 月 6 日特大有效,当权派必须执行特大通过之议案。[2]最先取得突破的是怡保。支持陈群川的 20 名马华区会代表,通过律师曾惠燕申请高庭禁令,禁止原定于 5 月 13 日举行的改选大会,结果获得法官安诺华批准发出禁令。而高庭在怡保审讯马华假党员事件中,马华执行秘书陈灿松承认在梁派控制的 10 个区会,出现 21,693 名假党员,其中两个区会的党员 100% 都是"幽灵党员"。[3]同日,马华党员陈振良也在怡保举行记者招待会,揭露在 1983 年 3 月曾经协助马华华都牙也区会主席陈朝宗抄写约 3,845 份假党员名单放进其区会属下各支会,以准备和陈群川派领袖在马华改选中争一日之长短。[4]真相曝光后,梁维泮的公信力丧失殆尽。全国 80% 以上的区会、支会、马青、妇女组各单位,以及 45 名马华国会、州议员声讨当权者所为。5 月 18 日,郭伟杰等 3 人入禀高庭案成功取得禁令。高庭法官哈姆扎·萨利赫(Hamzah Salleh)在多日审讯后决定接受陈派要求,宣布禁止马华召开全国代表大会,并发出禁令,禁止当权派举行各级选举,但并未支持陈声新之要求。[5]特大合法性问题随即陷入僵局。

三、外部势力介入阶段

从梁维泮开除陈派 14 名党员党籍,到陈派获得高庭禁令冻结马华各级党选,而特大合法性问题悬而未决,马华党争迅速升温,权力竞争的范围从高层领导间的暗中角逐蔓延至全党。双方动员各自基层势力,结盟形成集体力量,互相叫阵。援引党内程序化解纠纷无望,迫切需要第三方调解势力介入。

---

[1] Ho Kin Chai, *Malaysian Chinese Association: Leadership under Siege* (Kuala Lumpur: Ho K.C., 1984), p. 130.
[2] 《代表 1499 马华中央代表,陈声新入禀高庭》,《南洋商报》1985 年 5 月 12 日。
[3] 《为国为民:马华公会 50 周年党庆纪念特刊》,马华公会,1999,第 143 页。
[4] 《马华党员陈振良记者招待会上揭露,去年三月曾助陈朝宗制造三千余名假党员》,《南洋商报》1984 年 5 月 17 日。
[5] Ho Kin Chai, *Malaysian Chinese Association: Leadership under Siege* (Kuala Lumpur: Ho K.C., 1984), p. 132.

在陈派获得高庭禁令时,虽然总理马哈蒂尔公开表示马华危机无论通过司法程序还是党章程序均可以得到圆满解决,但是在当时马哈蒂尔本人也受到党内异己分子威胁的情况下,他自然不愿巫统成员仿效马华借助于法庭公开挑战当权派领袖。在1985年7月23日国大党大会上,他就曾公开呼吁国阵成员党修改党章防止党员以司法程序解决党内纠纷。[1] 这也是特大决议未得高庭赞同之缘由。在马哈蒂尔的授意下,中华总商会主席黄文彬、雪兰莪中华总商会主席黄琢齐分别约见梁维泮和陈群川,直接介入争端,寻求双方都能接受的调解方案。黄文彬宣称诉诸法律并非解决马华危机的最好途径,因为无论谁胜利都会失去党内另一半力量的支持,这将无益于马华本身和华人社会,因而最好的方法是庭外和解。同时国内主流华文、英文媒体也开始抨击陈群川夺权的方式,认为政党领袖若不能依照党内程序化解纠纷,实际上意味着其个人领导能力的低劣和党内威信的缺失。迫于压力,1984年10月12日,双方决定接受巫统副主席、国阵总秘书长嘉化峇峇作为庭外和解调解人。但嘉化峇峇两个月的调解并未取得明显进展,两派冲突愈演愈烈。1984年10月21日,改革派举行全国救党大会通过罢免梁维泮议案,单方面撤销梁维泮的领导权,将陈群川奉为党内"精神领袖",并展开党内复决运动。1984年10月24日在芙蓉举行的梁派州级大集会上,两派支持者竟公然发生械斗。马华内讧再次升级不只使华社普遍反感,巫统也向其发出逐客令。1984年12月15日,副总理慕沙希淡打破缄默,公开表示,他建议马华公会应立即退出国阵,待党内纠纷解决后再返回。[2]

副总理的态度不但震动马华,也在华社引起强烈响应,因为这是继已故前副总理伊斯迈在1971年用"不生不死"形容马华以来,巫统领袖首次因马华内部操作问题中止与马华的合作。慕沙希淡的警告立竿见影,双方鸣金收兵,梁维泮高呼"马华不能再喊派系"。短短几天之内,双方共同发表联合声明,表示对和解所有基本课题都已原则上达致协议。1985年1月31日,在总理马哈蒂尔和国阵总秘书长嘉化峇峇的见证下,双方签署了和平协议。协议内容包括

---

[1] *The Star*, July 24, 1985.
[2] *Far Eastern Economic Review*, December 27, 1984, p.25.

恢复所有被开除者党籍,列出一份中央委员会名单作为双方在来届党选共同支持的领导层候选人。随后确定各级选举日期,将召开马华代表大会的时间定于 5 月 30—31 日[1],成立由梁维泮任主席,陈梁两派各占 6 名成员的联合理事会,负责鉴定党员名册[2],监督各级选举工作。在党争甫露曙光之际,两派又因党员名册而战火重燃。1985 年 4 月 11 日,陈声新再次入禀高庭,称马华修改党员名册,至少 5 万个党员的名字被删除,要求冻结马华各级选举并成功取得禁令。[3] 同时他们也向法庭申请庭令,准备在 5 月 12 日再次召开特大。而当权派也向法庭申请禁令阻止特大召开,以及申请撤销禁止举行党选的禁令。4 月 24 日,高庭法官哈伦·哈希姆(Harun Hashim)宣判支持陈派要求,驳回梁派诉讼。梁派上诉无果,也宣布在 6 月 16 日召开特大。就当党争再次一触即发时,却突然又出现峰回路转之态。马华总秘书张汉源宣布辞职,空缺由陈忠鸿填补。张汉源的辞职被视为两派和解的前兆。1985 年 5 月 10 日,两派在高庭审理马华总部针对准许特大召开并冻结各级党选而提出的上诉案最后一分钟同意庭外和解。最高法院谕令成立由嘉化峇峇为首的特别委员会处理有争议的党员名册。两天以后,陈派在天后宫举行的第二次特大赞同高庭谕令,将党员名册及选举事宜交由特别委员会[4]处理。马华将内部事务拱手让于巫统,被当时舆论形容为华人政治的一项"壮举"。

1985 年 5 月中旬,特别委员会召开第一次会议,聘请毕马威公司协助处理党员名册整理工作。但调解工作进展缓慢,又频频节外生枝。8 月 16 日,梁派出现内讧,被梁维泮任命为马华总秘书的陈忠鸿宣布署理总会长麦汉锦已是马华的"代总会长",公然背叛梁维泮。马华党争从双人博弈扩大成三分天下,出现第三次失控。这次巫统给马华下了一剂猛药。8 月 17 日,国阵最高理事会给马华 3 个月时间解决党争,否则它必须自行退出国阵。同时,巫统对马华派系的倾向性已非常明显,梁维泮被革除房屋与地方政府部部长职位,且被拒绝

---

[1]《马华梁陈两派已原则上同意举行各级选举日期》,《建国日报》1985 年 2 月 19 日。
[2] 梁派成员是麦汉锦、张汉源、陈汉源、陈忠鸿、陈仁安、林香莲,陈派包括陈群川、李金狮、林良实、陈声新、余银山、纪永辉。
[3]《马华党争又上法庭,陈派昨获庭令禁止全国选举》,《星槟日报》1985 年 4 月 12 日。
[4] 特别委员会共有 7 人,除主席嘉化峇峇外,两派均有 3 人,包括林良实、陈声新、黄俊杰、陈忠鸿、麦汉锦、王成就。

说明理由。而后,更爆出嘉化沓沓将党员名册泄密给陈派林良实,特别委员会中立性备受质疑。[1] 根据特别委员会公布的改选条例,1985年9月下旬至10月中旬,举行支会及区会选举;中央代表大会定于11月24日召开。[2] 虽然其间,第三派麦汉锦与陈忠鸿指责嘉化沓沓泄密并辞去在特别委员会之职务,甚至继续申请法庭禁令冻结进行中的支会、区会选举,但均被驳回,并未影响党选进程。

区会选举中,陈派占尽上风,控制接近三分之二的区会,而梁派与麦派则兵败如山,各占据不超过10个区会。1985年11月21日是马华第32届代表大会提名日。当天,陈群川与梁维泮两派分别宣布他们的提名阵容,麦派为抗议泄密事件而杯葛选举。在最受瞩目的总会长职位选举中,陈群川和梁维泮直接对垒。署理总会长竞选中,林良实对阵王成就、杨福祥。在副总会长的选举中,共有9人角逐4个副总会长职位。11月24日选举日当天,共有3,542名中央代表参加投票,88名代表缺席。选举结果正如之前所料,陈派大获全胜,除陈群川以2,715票、林良实以2,708票分别当选为总会长和署理总会长外,陈派人马亦囊括所有职位。(见表4-2)

表4-2 1985年11月24日马华公会中央代表大会选举结果

职位	候选人	得票
总会长	陈群川	2,715票(中选)
	梁维泮	809票
署理总会长	林良实	2,708票(中选)
	王成就	710票
	杨福祥	35票
副总会长	陈声新	2,775票(中选)
	陈立志	2,658票(中选)
	陈炳坤	2,623票(中选)
	李金狮	2,470票(中选)
	沈益辉	504票
	余银山	490票
	刘集汉	609票
	郑振玉	791票
	杨宝山	820票

资料来源:《陈群川当选马华总会长》,《光华日报》1985年11月25日。

党选的顺利完成象征着僵持20个月的马华党争落幕。党选结束后,党内

---

[1] 《电脑磁碟丑闻大揭秘,正本磁碟遭人拆封,嘉化自辩不符实情》,《通报》1985年10月17日。
[2] 《马华特委会公布改选条例》,《星洲日报》1985年8月30日。

未爆发大规模退党运动,失意者没有效仿林敬益、曾永森带着支持者集体跳槽至民政党,梁维泮与麦汉锦甚至被总会长陈群川委任为中委。实际上,梁派与麦派势力被当权者逐一清除。如果说1985年党选后梁派在党内还拥有40%的势力的话,两年以后,在1987年马华中央改选中,梁维泮再次冲击高职无果而终,其势力仅存20%。[1] 随后两派势力被当权者连根拔起,从此烟消云散。

第三节 林亚礼与林良实之争

1986年陈群川被判入狱,林良实以署理总会长身份继任总会长之职。在马华公会风雨飘摇之时,林良实对内整顿党务,铲除梁维泮、麦汉锦剩余势力,消除署理总会长李金狮干扰,吸纳陈祖排、植廉贵、陈广才等专业人士进入领导高层;对外成功化解合作社风暴,解决马华大厦债务危机。对马华的成功整合为林良实带来了崇高威望,同时也挽救了马华之前的负面形象。马华公会在1995年、1999年两次大选中取得的骄人战绩更是巩固了林良实的党内地位。从1993年到1999年连续三届的党选中,在"菜单政治"的等额选举下,林良实顺利蝉联总会长职位。然而盛极必衰,从1999年开始林良实的地位受到来自署理总会长林亚礼的威胁。双方由于内阁职位安排而剑拔弩张,随即公然决裂为AB两队。双方战情激烈,不只在马华母体相斗,甚至马青与妇女组也全面交锋。在派系竞争的过程中还涉及南洋报业控制权风波,将党内事务扩大到社会层面。此次党争,波及面之广、历时之长令人瞠目结舌。相对于非此即彼的陈梁党争而言,双林党争以和平方案收尾降低了党争的破坏力,其间巫统的作用亦不能忽视。纵观整个演变过程,可以分为如下3个阶段:

---

[1]《马华中央改选风平浪静,与上一届党选剧烈斗争成强烈对比》,《南洋商报》1987年7月13日。

一、接班人选秘密谈判

1999年大选过后,国阵虽能保住政权,但由于选前受亚洲金融危机和安华事件的冲击,局势急转直下,巫统受到重挫。安华事件的效应分裂了以往稳定支持巫统的马来人选票,打破了"巫统＝马来人"和"马来人＝巫统"的政治神话。[1]年轻一代疏远巫统,同时亦影响上一代的政治倾向。然而华裔选民在"维持现状"的政治取向下,相信执政集团"安定"诉求和免于"伊斯兰教国"恐惧,一反常态用选票集中支持国阵。因而马华公会再次大获全胜,中选28个国会议席、68个州议席,为协助国阵保住国会三分之二多数立下汗马功劳。但在大选后的内阁改组中,马华公会仍然只获得4个内阁部长职位分配,为日后党争埋下隐患。

在大选之前的1999年马华公会改选中,林良实公开宣布要让新人接棒马华。[2]因而当署理总会长林亚礼在大选中未能蝉联国会席位而退出内阁时,马华两位高职林良实、林亚礼达成"君子协议",由副总会长陈广才接任林亚礼的内阁职位。[3]林亚礼和陈广才都来自彭亨,后者一直被视为前者政治资源的继承者。陈祖排也同意离开内阁。这样在内阁改组时,除了总会长林良实和副总会长蔡锐明分别留任交通部部长和卫生部部长,原来林亚礼与陈祖排的内阁职位分别由冯镇安和黄家定出任。前者出任人力资源部部长,后者出任房屋与地方政府部部长。对于黄家定的入阁,林亚礼没有异议,他是林良实的前政治秘书,在党内外享有极佳声誉。但林亚礼不满对冯镇安的提拔。对此,林良实以冯镇安党选票数最高,对其委任是中央代表众望所归为理由来平

---

[1] Maznah Mohamad, "The Contest for Malay Votes in 1999: UMNO's Most Historic Challenge?" in *New Politics in Malaysia*, eds. Francis Loh Kok Wah and Johan Saravanamuttu (Singapore: Institute of Southeast Asian Studies, 2003), p. 69.

[2] 《林良实:新人接棒壮大马华,部分领袖将退位》,《南洋商报》1999年6月20日。

[3] Francis Loh Kok Wah, "The Nanyang Takeover Crisis: Representing or Opposing Community Interest?" in *Old vs New Politics in Malaysia: State and Society in Transition*, by Francis Loh Kok Wah (Petaling Jaya: Strategic Information and Research Development Centre, 2009), p. 53.

息异议。但是显然,林良实的做法已经违背了之前的"君子协议"。

林良实与林亚礼的紧张关系在2000年4月9日的会长理事会上公开决裂。黄木良、林亚礼斥责林良实违背当初承诺。随后,虽然马华向国阵争取到多一个政务次长职位,委由彭亨的胡亚桥出任,以安抚林亚礼阵营,但效果不大。[1] 林良实选择以退为进,在2000年5月22日宣布辞去内阁职位,表示将会推荐陈广才出任,称陈是唯一一个没有内阁职位的副会长。林良实的做法无疑将分裂党的责任推给了林亚礼。无奈之下,陈广才表示难以接受林良实的做法。在各方的挽留下,林良实继续留任交通部部长,安全越过林亚礼第一次挑战。

争端再次被挑起是在2001年初。在当时盛行的"有提名无竞选"的"菜单政治文化"下,为避免权力竞争带来混乱,马华各级组织拒绝差额选举。所有党选均事先协商出等额的候选人菜单,选举只是为候选人提供程序认可而已。因而,在安排式的权威领导下,党内高层推荐菜单人选是党选结果的关键。在2002年党选安排上,盛传林良实建议由陈广才出任署理总会长,黄家定则担任总秘书。但这种配套安排被林亚礼拒绝,关键在于林亚礼要求林良实一同引退。[2] 林亚礼的方案被拒后,为避免造成混乱,2001年2月,双方决定谈判搁置。不过,马华领导层已然出现问题。

二、收购南洋报业风波

2001年4月下旬,有关政党准备控制华文媒体的传闻就开始甚嚣尘上。5月14日,英文商业周刊 *The Edge*(《边缘》)头版刊出"Is Hume Selling Nanyang Press?"(《丰隆集团正在出售南洋报业吗?》),随后林良实公开承认收购传闻。5月23日,林良实以迅雷不及掩耳之势,借会长理事会以12张同

---

[1] 潘永强:《马华公会派系政治初探(2000—2003)》,《新纪元学院学报》2006年第3期,第63—88页。

[2] Francis Loh Kok Wah, "The Nanyang Takeover Crisis: Representing or Opposing Community Interest?" in *Old vs New Politics in Malaysia: State and Society in Transition*, by Francis Loh Kok Wah (Petaling Jaya: Strategic Information and Research Development Centre, 2009), p. 54.

意票对3张弃权票,通过委托华仁控股旗下的《星报》收购《南洋商报》的决定(见表4-3)。5月30日,马华召开紧急中央委员会会议,以32票对8票追认会长理事会之前通过的收购南洋报业决议。投反对票的是林亚礼、蔡锐明、陈广才、翁诗杰、陈仪乔、胡亚桥、黄木良、邓诗汉。[1]翌日,谦工业宣布,华仁控股以2亿3,012万令吉收购南洋报业控股72.35%的股权交易已经完成。[2]围绕着收购课题,通过会长理事会和中央委员会,原本立场不明的一些领袖也表明立场。"拥实"及"拥礼"派系已经分头整顿队形,划清界限,各向基层展开游说。媒体将林良实为首的当权派称为A队,林亚礼为首的挑战派称为B队。从中央委员会投票结果看,AB两队力量悬殊。显然A队拥有更多党内资源,垄断官职分配,掌控舆论导向。B队唯一的优势则是华社普遍认为林良实派排除异己的形象不佳,借A队领袖在处理白沙罗新村华小(简称"白小")及华教课题上迟钝、傲慢的态度向A队开炮。而不认同马华掌控过去相对独立的华文报也成为B队借华社支持,向对手进攻的利器。至此,原本由内阁职位分配引发的派系竞争进入新的阶段,"反对收购"成为B队挑战A队更加合理的理由。

表4-3 2001年5月23日马华公会会长理事会对收购南洋报业的表决结果

赞成	林良实、植廉贵、黄家定、冯镇安、韩春锦、黄燕燕、曹智雄、陈财和、黄家泉、林祥才、何仁德、黄锦鸿
弃权	林亚礼、陈广才、胡亚桥
缺席	陈祖排、蔡锐明、黄思华、翁诗杰、石清霖

资料来源:《马华会长理事会12票同意,委托华仁收购南洋》,《南洋商报》2001年5月24日。

马华公会的收购行动与其党争、财务丑闻和2004年大选不无关系。在报道马华公会党争时,《星洲日报》的采编部高层人员偏向林良实,而《南洋商报》的总编辑却偏向林亚礼。对林良实而言,要保护党的控制权,则有必要封锁亲林亚礼派的言论。在马华公会财务丑闻和失责的报道上,《南洋商报》和《中国报》皆比《星洲日报》出位,评论也比较尖锐。事实上,在收购风波之前,A队人马黄家定就曾多次联络南洋报业高层,企图左右新闻和言论的处理。[3]而1999年大选以来,巫统诉诸马来民族主义情绪企图扳回马来选民的各种手段

---

[1]《投票反对收购南洋报业,马华7中委爆内幕》,《南洋商报》2001年6月8日。
[2]《华仁收购南洋报业,交易已经完成》,《中国报》2001年6月1日。
[3] 陈亚才、何华芳等:《报殇——南洋报业沦陷评论集》,飞脚制作室,2001,第11页。

不但未能奏效,反而激怒了众多华裔选民。从"华团诉求"被歪曲,到"宏愿学校",华社把对国阵的失望发泄到鲁乃补选中。鲁乃补选的落败与华文报章有直接关系。长期以来,南洋报业属下的《南洋商报》和《中国报》多站在反对党立场,对政府提出诸多批评。因而国阵要赢取华人区和混合区,必须钳制华文媒体。〔1〕所以,尽管总理马哈蒂尔宣称其对收购案保持中立,其实他一直持默许态度。笔者在与黄家定先生访谈时,他表示马华公会收购南洋报业的行动实际上就是在遵照总理马哈蒂尔的指示。

由于华文报章向来被视为华社之喉舌,有迹象显示另一家华文报《星洲日报》也介入南洋报业收购案,于是引发华文报章被单一集团垄断的疑虑。2001年5月30日,在马华中央委员会表决收购案的同一天,"全国华团反对政党收购南洋报业大会"召开,有250多个团体的上千名代表出席。〔2〕华文报章主要供稿来源的40名评论人也停止供稿,抗议收购行动。〔3〕在行动党进行的575人的抽样调查中,高达94.8%的公众不赞同马华收购行动。〔4〕凭借华社炽热的反收购行动,B队举行巡回演说,并援引党内程序,向A队施压。马青总团长翁诗杰指示马青于6月23日召开马青特大,议题是"呼吁党中央代表放弃收购南洋报业",向母体告白立场。〔5〕为回应马青特大,A队决定主动召开马华特大。

"6·23"马青特大在倾向当权派的中央代表抵制下,仅有678人出席,占代表总数的44.78%。会议以631票对25票通过反对母体收购南洋报业决议。但决议被总会长林良实以会议不合程序而拒绝。翌日举行的马华特大,双方高度动员。在总数为2,384人的中央代表中,出席人数达到了2,216人。最终特大表决,以1,176票对1,019票通过收购决议(见表4-4)。A队险胜,B队高层力量薄弱,但能在短时间内迅速整合,显示了惊人的基层实力。有分析

---

〔1〕 沈观仰:《马华收购华文报业的目的与后果》,载陈亚才、何华芳等:《报殇——南洋报业沦陷评论集》,飞脚制作室,2001,第62—66页。
〔2〕 《数华团成立委员会,反对政党收购南洋》,《星洲日报》2001年5月30日。
〔3〕 《40评论人声明:评论人停止供稿,抗议马华收购南洋报业》,载陈漱石编《华文报变天全纪录》,泊世工作室,2001,第43页。
〔4〕 《民行抽样民意调查,94.8巴仙不赞同》,《中国报》2001年5月28日。
〔5〕 《马青23日特大,急商收购南洋》,《南洋商报》2001年6月15日。

人士提出,B队在经过特大后,有了很大的潜在基层力量。B队也坦言,他们输在国会、州议员选票,在基层,他们甚至拥有六成到六成五的票。[1]

表 4-4 马华特大收购南洋报业投票结果

项目	票数/票	比率/%
支持	1,176	53.3
反对	1,019	46.2
废票	12	0.5

资料来源:《马华党争摊牌,当权派险胜》,《亚洲周刊》2001年7月2—8日,第48—50页。

在马青特大、马华特大闹双簧的情况下,两派因马青特大合法性的技术和程序性问题陷入争执。双方甚至在2001年8月3日马青第38届全国代表大会时发生斗殴事件,AB队关系继续恶化。混乱之中,马青通过了罢免A队人马马青总秘书姚长禄和副团长卢诚国的临时动议。林良实过后成立6人调查委员会,调查报告认为"6·23"特大不合法,"8·3"罢免案无效。[2]鉴于马青的分裂,2001年底,马华中央委员会决定冻结马青一切活动。

2002年是马华的党选年。待收购问题尘埃落定后,AB两队又开始角力于党选。双方针对新成立的216个支会的合法性展开争论。B队以"幽灵党员"为理由要求展延党选。A队利用所掌控的党内资源,逐一疏解压力。针对假党员事件,马华下达封口令,要求党员向党选督导委员会提呈投诉,而不能直接向媒体发表谈话。3月12日,选举指导委员会主席陈祖排宣布在所接到的179个支会,9,121名党员的投诉中仅有868名党员存在问题,[3]而按照《社团法令》第18(C)条政党有权最终决定党务的规定,中央委员会又核准了261个新成立支会参加党选的权利。[4]马华各级党选如期举行。在3月30日的支会改选时B队一些领袖被拉下马的情况下,他们开始酝酿特大,[5]但遭到A队坚决拒绝。此时,马华的"双林之争"已经超出了党内民主机制的负荷,在双方摊牌之际,巫统开始介入。

---

[1]《马华党争摊牌,当权派险胜》,《亚洲周刊》2001年7月2—8日,第48—50页。
[2] 潘永强:《马华公会派系政治初探(2000—2003)》,《新纪元学院学报》2006年第3期,第63—88页。
[3]《马华新党员名册,2,667代表有权投票》,《中国报》2002年3月13日。
[4]《陈祖排:党决定不受社团法令挑战,261支会如期选举》,《星洲日报》2002年3月28日。
[5] B队要求召开特大的核心议题是委任以李金狮为首的审核与党选委员会,处理党员名册以及各级党选问题。参见《B队要求讨论6议案》,《南洋商报》2002年4月6日。

自马华 AB 队决裂以来,总理马哈蒂尔曾先后多次召见两派,称他得到的印象是双方都有错,并未表达倾向性意见。在对马华党争恐会影响下届大选的担忧下,马哈蒂尔决定以和平方案解决两派争端,即 B 队取消特大及展延党选,各级党选如期举行,但要求"有提名无竞选",以单一提名阵容的方式确保原班人马蝉联至下届党选。[1] 在"假党员事件"已经被当权派化解,区会党选 B 队又处于下风的情况下,马哈蒂尔的调解显然有利于 B 队,因而率先签署和解备忘录。对此,林良实指责 B 队对外宣布的和解方案部分内容已违反党章,只是 B 队的单方面行动。[2] 但在总理的压力下,A 队被迫妥协,随后同意两派和解。

但事实上和平方案并不和平。虽然在中央高层力量强行通过表面的协定,但一年以来的明争和过去的暗斗已经造成不可弥补的鸿沟和破裂,媒体将此形象地比喻为:"手脚都已经断了,哪里还能伸出手来握手言和。"[3] 有三分之一的区部出现竞选,多州马青州级领袖协商难产处于支离破碎的局面,在柔佛麻坡区会广大基层党员不满此方案,出现当众焚烧党章等过激行为。在马华中央三机构中,也只有妇女组完全落实和解方案,4 个悬空的马青中委职中挑战者高达 14 人,总会长、副总会长、中委皆有挑战者的存在。无奈之下,选举指导委员会只得以在"单一名单"协议之外的挑战者皆提名无效,强制性保证所有职位保持原状。这项被视为顾全大局的方案实际上还是难以获得基层及不同派系的认同。(见表 4-5)

表 4-5 马华公会 2002—2005 年度中央委员会选举提名结果暨马华公会 2002 年党选结果

党职	候选人
总会长	林良实
署理总会长	林亚礼
副总会长	冯镇安、蔡锐明、黄家定、陈广才
中委	石清霖、胡亚桥、黄木良、曹智雄、陈财和、何仁德、蔡细历、韩春锦、黄家泉、刘衍明、陈祖排、龙仕祥、林时清、刘文丰、曹德安、邓诗汉、黄思华、姚再添、马兴松、傅润添、黄锦鸿、丘励兴、林祥才、何掌醒、黄雅兰

资料来源:《按照单一名单提名,马华顺利票选中委》,《星洲日报》2002 年 6 月 25 日。

---

[1]《首相劝告,马华 AB 队,取消特大党选召开》,《南洋商报》2002 年 4 月 14 日。
[2]《林良实:等首相今日回国再讨论,A 队未签署和解方案》,《南洋商报》2002 年 4 月 22 日。
[3] 杨凯斌:《马哈迪:马华终结者》,《小辣椒》2002 年第 19 期,第 4 页。

三、林良实下台

和解方案暂时化解了 AB 两队水火不容的紧张局面,但马华公会的派系斗争并没有因此终结,林良实的去留和内阁职位的分配问题还没有结果。2002 年 8 月,林良实违规出牌,革除林亚礼惯例上由署理总会长兼任的纪律委员会主席职位。[1] 这遭致早有引退之意的林亚礼的强烈不满,他在 2003 年初宣布将在下届党选中挑战林良实:"如果到了 2005 年党选,他(林良实)和我都还在,同时又没有人挑战他,那么我将亲自上阵。"[2] 未料林良实竟再次以辞职化解 B 队施压,在总理的挽留下,结果是他将继续领导马华,直到下届党选。

B 队再次展开进攻,这次以对方领导人个人操守为焦点。一时之间,马华"金钱政治""黑金政治"成为争论的话题。马华基层领袖屡屡传出的涉及犯罪的活动;党内高职中,林良实之子林熙隆与商人苏启文之间纠缠不清的政治金钱瓜葛,马华妇女组主席黄燕燕拥有澳洲永久居民权事件,《马来邮报》(Malay Mail)上刊登的副总会长黄家定与黑社会党魁"成龙"王勤义来往的讯息,掀起社会层层舆论压力。马青团长翁诗杰甚至向副总理阿都拉提呈两名涉及"黑金政治"的马华领袖名单。[3] 阿都拉为息事宁人,将名单转交给林良实彻查,而后者将问题澄清,但马华形象已然蒙上黑金的污点。

AB 两队的派系竞争到此阶段,相互的纠缠已经让党内民主机制瘫痪。尽管林良实自负本身掌控的资源不肯轻易妥协,但外在政治生态的改变和马哈蒂尔/巫统力挺林亚礼的态度,迫使其不得不低头。同时,A 队开始瓦解。以黄家定、黄家泉为主的强硬派开始传出与陈广才分享政权,抛弃林良实的风声。其他的 A 队领袖也纷纷与林良实保持距离,认为应该唯总理的意愿是瞻。在党外势力的主导下,2003 年 3 月 29 日林良实宣布"他不会在 2005 年党选中

---

[1]《周四召开党选后首次中委会议,马华数州主席换人》,《南洋商报》2002 年 8 月 25 日。
[2]《林亚礼再成焦点》,《星洲日报》2003 年 1 月 7 日。
[3] 李正闻:《马华乱过伊拉克》,《小辣椒》2003 年第 29 期,第 6—7 页;杨凯斌:《黑金风波缠家定,巫统要马华倒一次》,《小辣椒》2003 年第 33 期,第 6—7 页。

寻求蝉联总会长职"[1]。5月23日,林良实和林亚礼共同辞呈,把领导棒子分别交给黄家定和陈广才,马华正式告别"双林时代",历时3年的马华党争"技术上"暂告落幕。在分配党职及官位方面,两方阵营各有所得。A队中坚力量马华总秘书陈祖排、总财政植廉贵、行政主任黄思华、组织秘书长黄家泉被重新委任原职;[2]B队核心人物陈广才除接任署理总会长外,还兼任交通部部长一职,同时也领导马华两个重要委员会,即竞选委员会及纪律委员会。

AB派系竞争一直延续到2005年党选,黄家定与陈广才分别击败B队大将蔡锐明及A队人马陈祖排后,才被初步整合。以林良实为代表的旧势力曾经游说中央代表彻底扫清B队人马,但未获成功。带着B队影子的署理总会长陈广才、副总会长翁诗杰、马青团长廖中莱的当选,反映AB队的标签不再成为投票选举的考量。同时AB两派回归亦说明此次马华派系竞争并未遵循之前党争的"胜者得全部,出局者一无所有"的游戏规则,而讲求敌对派系之间的平衡。虽然这种党内权力之间的相互制衡曾经被评论家称作是"作茧自缚",但就民主机制而言,却不失为实现党内民主,防止当权者权力膨胀的一种绝好方式。而从2005年党选结果来看,散布全马的旧势力仍展现了相当威力,不仅致使黄陈二人的得票率远低于预期,还将当权者内定的副总会长人选胡亚桥拉下马,并成功扶持林熙隆当选马青署理总团长。[3] 所以,2005年党选后派系竞争的阴影并未完全散去,以前总会长林良实为首的力量跻身马青中央,对马华中央构成挑战。新一轮的派系划分、角力正在因应新局面而酝酿。

第四节 翁诗杰与蔡细历之争

从2004年的狂胜到2008年的重挫,国阵与马华公会经历了从巅峰到谷底过山车式的大逆转。国阵失去了三分之二的多数,除了无法夺得吉兰丹州

---

[1]《林良实后年党选引退,让代表选出接班人》,《星洲日报》2003年3月30日。
[2]《黄家定谈陈祖排等辞职事件,重委4人担任原职》,《南洋商报》2003年5月25日。
[3] 林友顺:《马华政党大选落幕后派系整合重新出发》,《亚洲周刊》2005年第36期。

政权,还失去了槟城、雪兰莪、霹雳及吉打四州政权。而马华公会更是面临着严峻挑战。在其参选的40个国会议席和90个州议席中仅赢得15个国会、31个州议席。华人和印度人选票的大量流失,使得马华遭遇类似于1969年大选时的挫折。大选失利也引发党内剧烈动荡,时任总会长黄家定的权威性备受质疑,马华公会新一轮的派系角逐由此展开。此次马华党争抛弃了以往将意识形态、政策偏好或路线分歧充作政治操作上的理由与口实,纯粹是一场权力与职位的较量。在经历了党选、特大裁决、推翻原有决议重新再选后,这轮历时两年的权力核心大洗牌才宣告落幕。而如同前两次党争一样,巫统的倾向性意见也发挥着关键作用。组织内部各派势力的明争暗斗,对于已经"病入膏肓"的马华公会而言无疑是雪上加霜,使这个号称华社的在朝力量愈发失去政治正当性。本节就以马华公会2008年大选后陷入的内部混乱为对象,概述2008—2010年马华党争的历时过程。

一、2008年马华公会党选

马华公会大选败北的第二天,总会长黄家定就在马华政治局会议上宣布,为表示对此次败绩承担责任,马华决定贯彻问责文化,放弃内阁职位。黄家定放弃内阁职位的决定并没有平息党内对败选的不满情绪。马华公会副总会长林祥才首先发难,在马华败选后48小时内公开要求黄家定"按比例原则"为败选负责。而包括马华怡保东区署理主席汤华昌和副主席叶逸堂,前任百乐镇州议员林春景、蒲种,马青团长汤木和加埔区会主席许炎才等多名区会领袖随即附和,要求黄家定与总秘书黄家泉辞职谢罪。[1] 2008年3月13日,马华前副总会长蔡锐明也开始加入声讨领导层的阵容。而雪兰莪州马华则公开表示全力支持黄家定的领导。"挺黄派"与"倒黄派"之争拉开了2008年后马华分裂的序幕。

"倒黄派"发起全国马华救党大会,矛头直指黄家定与其兄长黄家泉。而到了2008年5月初,马华灵北前区会主席黄日龙更是指控前会长黄家定成立

---

[1]《马华大选惨败党内掀千重浪 地方领袖促黄氏兄弟辞职负责》,《光明日报》2008年3月11日。

包括马青总团长廖中莱、黄家定前政治秘书黄日升、马华前基层领袖郑安泉在内的"3人秘密小组",目的是要铲除蔡细历及其支持者、蔡锐明及其支持者、林祥才及其支持者、林良实及其儿子林熙隆的所有支持者。马华成立以石清霖为首的独立调查委员会(简称"独委会")介入调查,6月10日,独委会发布报告认定黄日龙指控的"3人秘密小组"并不存在。[1] 但当时的局势已经迫使黄家定放弃总会长职位。6月28日,黄家定宣布放弃连任马华公会总会长职位,加上早前署理总会长陈广才也出于健康原因决定不参选,马华2008年党选面临着激烈的竞争。

马华2008年党选定于2008年10月19日召开,提名在10月13日下午5时截止。本次党选,打破马华传统的"菜单政治"文化,除了马青团魏家祥和妇女组主席周美芬不战而胜,马华公会3个最高党职竞争激烈。翁诗杰与蔡锐明一对一竞逐总会长,署理总会长竞选出现四角战,而副总会长竞选则上演八角战。在中委方面,25个中委职位候选人多达65人。

翁诗杰,马华副总会长,率先声明要竞选总会长职位。蔡锐明,马华前卫生部部长、副总会长,随即也宣布加入到竞选总会长的队伍中。蔡细历,马华另一位前卫生部部长,2008年因为"性爱光碟事件"被迫辞去内阁部长和马华副总会长职位。蔡细历认为,如果他加入总会长之争的话,那么形势无疑有利于翁诗杰。因为,从领袖形象上,翁诗杰具备华社心目中的领袖特质。2008年大选过后,马华需要一位敢于向巫统呛声的领袖,而翁诗杰在华社眼中一直以来是一名敢作敢为、敢怒敢言和充满正气的政治领袖,常被赞许为马华的一股清流。另外,从支持力量上,翁诗杰除拥有自1999年担任马青总团长以来积累的基层支持以外,还拥有前总会长黄家定的支持。[2] 所以,蔡细历想拉拢同蔡锐明组成联盟,由蔡细历一对一挑战翁诗杰,而蔡锐明则竞选署理总会长职位。[3] 但蔡锐明并不满意这样的安排,并坚持对外高调宣布自己要竞选总会长。蔡锐明的这种行为无疑把蔡细历挤入死角,为避开三角战,蔡细历只能

---

[1] 《独委会指控无根据 家定没涉秘密小组》,《光明日报》2008年6月10日。
[2] 在2005年马华党选中,蔡锐明曾经挑战过黄家定总会长的职位,但结果失败。
[3] James Chin, "Malaysian Chinese Association Politics a Year Later: Crisis of Political Legitimacy," *The Round Table*, vol. 99, no. 407 (2010):153-162.

转而竞选署理总会长。而在署理总会长的竞选中,蔡细历与黄家泉无疑是最有分量的两个人物。另外两名候选人——副总会长林祥才与马华丹绒区署理主席李学德沦为配角。

所有高职候选人都以"改革,重振马华辉煌,恢复在华社中的代表权"作为竞选宣言,凸显马华急需转型的困境。大选结果跟预计的相似:翁诗杰以1,429 票高票当选总会长,他的对手、前副总会长蔡锐明仅得 917 票。他们的得票比例是 61％对 39％。在署理总会长上,蔡细历得 1,115 票,黄家泉则得 1,001 票,林祥才得 209 票,李学德得 10 票。[1](见表 4-6)

表 4-6 2008 年马华公会党选主要候选人竞选宣言一览表

候选人	竞选职位	竞选宣言
翁诗杰	总会长	突破旧格局,创造新价值
蔡锐明	总会长	重建马华,重拾民心,实现 2020 宏愿
黄家泉	署理总会长	中央领导肩并肩,改革才会有明天
蔡细历	署理总会长	马华改革新力量;真正的勇气,真正的政治
林祥才	署理总会长	团结为党,为党团结
李学德	署理总会长	勇敢马华人——冲开黑暗,迈向光明

资料来源:笔者根据报章、网络资料整理。

二、2009 年双十特大

对于党选的结果,翁诗杰表示他不能接受一个有道德污点的人作为马华的领导层,并在随后拟定的党职名单中,没有委任蔡细历为任何一个州联络委员会主席[2],只让其担任政府政策监督局主任一职。翁诗杰与蔡细历的关系随即陷入僵局,为马华第二次分裂埋下伏笔。

2009 年 7 月 29 日,沉寂近一年的"救党委员会"重新启动,把矛头转向翁诗杰,开始了蔡派倒翁行动的第一步。在呈交给马华纪律委员会的信函中,罗列翁诗杰犯下四大罪状,足以破坏党的形象,要求纪律委员会采取行动。[3]而翁诗杰立刻予以反击,依靠总会长在党内高层的支持,8 月 27 日马华会长

---

[1]《马华党选成绩》,《南洋商报》2008 年 10 月 20 日。
[2] 早在 2002 年蔡细历已经成为柔佛州联络委员会主席。
[3]《2 中央代表联署倒翁拟今呈函纪委会》,《光明日报》2009 年 7 月 29 日。

理事会接纳纪律委员会的建议,以蔡细历涉及"性爱光碟事件"损害党的形象为由开除其党籍。[1] 马华在2008大选后的第二轮党争拉开序幕。蔡派人马立即启动党员特大签署运动,并在10天之内收集到超过1,200名中央代表的签名支持,[2] 以召开特大的方式来推翻对蔡的开除。同时,蔡细历还获得在霹雳拥有巨大势力的黄家泉的支持。[3] 从表4-7可以看出,雪兰莪州是马华全国第一大票仓,两派若要取得支持,雪兰莪州代表至关重要。虽然翁诗杰委任亲信王弗明出任雪兰莪州联络委员会主席,以掌控雪兰莪州政局,但雪兰莪州内部还是暗流涌动,超出了王弗明的掌控范围。因而,整体上翁蔡势力相对均衡,而各方对特大信心充沛,翁诗杰甚至放言,如果他失去一半中央代表的信任,他将辞去马华总会长职务。

表4-7 截至2009年9月7日,马华公会各州联络委员会响应召开特大中央代表

州属	代表人数/人	响应特大代表人数/人	响应特大代表人数所占比例/%
柔佛	426	210	49
马六甲	90	50	56
森美兰	124	55	44
雪兰莪	433	260	60
联邦直辖区	180	144	80
霹雳	349	240	69
槟城	151	70	46
吉打	174	95	55
玻璃市	27	8	30
吉兰丹	77	48	62
丁加奴	44	13	30
彭亨	178	18	10
沙巴	149	70	47
总数	2,402	1,281	53

资料来源:《签名破1,200人,蔡派放眼2/3倒翁》,《南洋商报》2009年9月7日。

在双方的协商下,马华中央代表特别大会于10月10日召开,会议表决3个议案:第一,对翁诗杰投不信任票;第二,恢复蔡细历党籍;第三,恢复蔡细历署理总会长身份。而投票结果却形成了"两败俱伤"的局面。中央代表一方面以1,155票对1,141票通过不信任总会长翁诗杰的提案,同时以1,204票

---

[1] 这个开除令被2009年9月19日召开的马华中央委员会推翻,蔡细历被改判冻结党籍4年。
[2]《签名破1,200人,蔡派放眼2/3倒翁》,《南洋商报》2009年9月7日。
[3]《蔡派拉拢成功,细历家泉联手倒翁》,《南洋商报》2009年8月30日。

对1,095票恢复了蔡细历的党籍;但另一面却以1,184票对1,110票否决了恢复蔡细历署理总会长的提案。[1]（见表4-8）"翁蔡齐走"，而遗留的4名副总会长中又没有一个能够整合各派势力，因而马华领导层出现权力真空，又进一步加剧了马华的分裂。

表4-8 2009年双十特大投票结果

提案	赞成/票	反对/票	多数票/票	废票/票
对翁诗杰投不信任票	1,155	1,141	14	8
恢复蔡细历党籍	1,204	1,095	109	5
恢复蔡细历署理总会长职位	1,110	1,184	74	10

资料来源：《南洋商报》2009年10月11日。

三、2010年"3·28"重选

双十特大造成"翁蔡齐走"的局面除了显示出无论是翁诗杰还是蔡细历都没有能力整合党内混乱的局面，也表明马华基层对于领导层的不满，同时也凸显了马华第三股势力的出现。关于第三股势力的涌现早在特大召开前已经初见端倪。在特大召开前10天，柔佛州马华挺翁派中间分子就曾披露，柔佛80%的基层早已对翁蔡之争感到厌倦不已，他们打算凝聚成第三股势力，引导同志走不挺翁也不挺蔡的第三条道路。[2]《光华日报》2009年10月7日的一篇报道也指出，早在会长理事会通过开除蔡细历的决定后，第三势力就已经积极开始促成"翁蔡齐走"的局面。这股势力主要由元老级人物组成，包括马华前总会长林良实、黄家定，前署理总会长陈广才，前总财政刘衍明。[3]而特大的结果也证明，马华第三股势力确实存在，并拥有大约100张选票，在这场对决中发挥关键影响，迫使翁蔡二人隐退。

特大结果揭晓后，翁诗杰并没有兑现自己"输一票也要走"的诺言，反而声明将自己的去留交给中央委员会及会长理事会来决定。[4]蔡细历也寻求社

---

[1]《马华第56届常年代表大会党务报告——总秘书王弗明提呈》，2010，第13页。
[2]《厌倦内耗保党尊严，第三派酝酿炒翁蔡》，《光明日报》2009年8月30日。
[3]《包括4丹斯里，元老要翁蔡齐走》，《光华日报》2009年10月7日。
[4]《翁诗杰：尊重党决定，去留交中委会讨论》，《光华日报》2009年10月11日。

团注册局证明"恢复党籍就是自动恢复党职",继续跟翁诗杰抗战到底。但是在 2009 年 10 月 22 日,翁与蔡突然提出和解,提出大团结方案,同意排除歧见,以一个团队的方式合作,解决当前的领导危机,并强调大团结方案已经获得总理的支持。[1] 并委任蔡细历为柔佛州联络委员会主席,以表示大团结的诚意。但翁蔡二人拟订的大团结方案却遭到了以原任副总会长廖中莱、马青总团长魏家祥博士、妇女组主席周美芬的强烈反对,他们认为团结方案并没有经过马华最高领导机构中央委员会的讨论和接纳,不具备合法性。16 名马华中委(通过三分之一中委)援引党章 30.2 条文,要求召开特大,[2] 以重选马华中委。马华党争进入第三个阶段——廖翁对决。

大团结方案公布后,尽管招来不少质疑,但翁蔡二人仍然积极行动,整合党内力量。在 2009 年 11 月 3 日马华中央委员会召开前 3 个小时,传出 4 名支持廖派联署要求召开特大的受任中委被终止党职的消息[3],随后又传来蔡细历获社团注册"正名",确认他为合法的署理总会长[4]。蔡的行动加剧了廖派的不满,他们组织"还党诚信行动委员会",以"尊重代表,重选救党"为口号,要求在 11 月 28 日再次召开特大,落实双十特大决议。[5] 然而第二次特大的呼吁并没有引起基层共鸣,马华各州、区部显得颇为平静,基层领袖普遍认为第二次特大并不能解决党争。在槟城,就有多名区部主席表示,绝不出席第二次特大。[6] 尽管如此,廖派还是加紧召集"11·28"特大的步伐,在各地召开"11·28"汇报会以获取社会支持。党内持续的纷争使得各派无法抽身,也给予国阵干涉马华党争的机会。总理纳吉布在 11 月 20 日发表声明表示:"鉴于马华所做的事情已经无法赢得马华以外人士,包括国阵成员党的信心,因此他

---

[1]《马华党争:翁诗杰蔡细历宣布和解》,《星洲日报》2009 年 10 月 23 日。
[2] 特大发起人包括王乃志、黄日升、廖润强。参见《廖派自费开特大》,《南洋商报》2009 年 11 月 7 日。
[3] 4 名被撤职的中委是马华组织秘书长姚伟豪、副组织秘书长颜丰守、马青总秘书蔡金星和内政部副部长拿督曹智雄。
[4]《蔡细历证实获注册局函件,我是合法署理总会长》,《星洲日报》2009 年 11 月 3 日。
[5] 廖派特大两项提案包括:通过并核准马华公会中委之重选,并在此项提案被通过后,30 天内举行重选事宜;总会长翁诗杰在 2009 年 10 月 10 日特大后所做的所有委任、停职或者相关承诺,一律被撤销。
[6]《马华再开特大,各州领袖看着办》,《东方日报》2009 年 11 月 7 日。

将在近期内个别召见重量级马华领袖,以听取各派意见,协助解决马华危机。"[1]在总理纳吉布和副总理慕尤丁的斡旋下,终于在11月27日特大达成协议,取消"11·28"特大,尽快进行中委重选。

按照党章要求,要进行中委重选,必须有三分之二以上的中委辞职。在"11·28"特大汇报会上,已经有13名中委签下没有日期的辞职信,一旦择定重选日期,辞职立即生效。而2010年3月4日,蔡细历也宣布率领旗下7名票选中委辞职,以解决长达1年的党争。[2]

2010年特大于3月28日召开,3月22日为提名截止日。此次重选竞选激烈,多达101人角逐31个党职,包括总会长、署理总会长、副总会长和25个中委。在总会长的竞争中,一共有3个候选人,除了翁蔡,马华前总会长黄家定也加入竞选行列;署理总会长由原副总会长江作汉与廖中莱对决;副总会长出现了10人对决;至于中委,则有多达86人参选。[3]在选前形势分析中,黄蔡势力均衡,而翁则明显落后。而随后的结果也印证了之前的预测。蔡细历以901票中选为马华总会长,前总会长黄家定获得833票,而翁诗杰取得578票。

至此,随着蔡细历成为马华新一届总会长,困扰马华长达2年的党争终于尘埃落定,但是否意味着马华党争的落幕,所言还为时过早。从"3·28"重选结果来看,虽然蔡细历能够以多数票中选,但是他所获得的支持率不足40%,而在其竞选署理总会长和在双十特大表决时,他还能获得近一半中央代表的支持。时隔1年,蔡细历基层势力的下滑使得人们对于其整合党内力量的能力产生怀疑。从领导层结构来看,以署理总会长廖中莱为代表的马华元老派在党内仍然有相当势力,未来两派之间会有什么大的动作还不得而知。

---

[1] 《纳吉布出手了,特大或取消12月底重选》,《星洲日报》2009年11月20日。
[2] 马华中央委员会共有25名票选中委,另加1名总会长、1名署理总会长及4名票选副总会长,总共31人。若要促成重选,就必须要有三分之二,即21名票选中委辞职。
[3] 《"3·28"重选创多项纪录》,《星洲日报》2010年3月28日。

第五节　派系政治对马华公会道德形象的破坏

在政党政治中,公民同意将公共权力授予某个政党,除了包括对与执政相联系的社会政治、经济和文化等方面的状况的认同,还包括选民对该党的道德取向和自身道德状况的认同,这是政党执政的道德基础。从当代世界各国政党实践情况来看,一个有作为的政党特别是执政党,都十分注意维护自身在公众心中的形象,以赢得民众支持,从而争取或维护执政地位。[1] 然而,20世纪80年代以来马华公会政治派系的特质与属性,派系竞争中暴露出的组织僵化、民主瘫痪、权力垄断等缺陷,严重损害了政党在公民心中的道德形象,导致该党遭遇严重"合道德性危机"。

一、个人利益优先,功利主义盛行

纵观马华党争,其矛盾的爆发均源于总会长人选以及党内职位的分配。在整个党争过程中,各方力量环伺在属意的政党领袖身边结盟与合作,最终形成相互分裂的两大派系。因此,马华公会的派系政治显然不是出于意识形态或者政策路线的偏好,而是为了追求个人政治机会而展开的权力争夺。这种以私人利益为核心的斗争,不仅令马华公会派系竞争的格局日益狭隘,更败坏了政党"选民利益至上"的道德形象。

"个人利益优先"的派系特质说明马华公会党内各个派别追求的重点无疑是人事与权力。尽管在陈梁党争中出现过"政党专业化"与"政党商业化"的分歧,在双林党争中也引起过"政党能否干涉媒体"的争执,但是随着局势的演变,理念、路线等政策议题或者被束之高阁,或者成为各派较劲时的口实。党内稀缺的资源供给又加重了派系之间资源竞逐的压力,更使得派系内部呈现出私人侍从团体的组织特征。派系领袖权力网络中各种背景、各级人士相互

---

[1] 唐海君:《〈论共产党员的修养〉与执政党建设》,湖南人民出版社,2005,第125页。

凝结的动力在于彼此的依赖感。相互的依赖感或以"安全与保护"的利益交换为前提，或以地域出身、师徒背景、政治渊源、商业利益等人际关系网络为基础。这样的"人脉派系"充斥着领袖与追求者之间非正式的利益结合与交换。由于任何一派都只占据部分资源，无法垄断全局，因此各方都尽力避开正面进攻，多使用抹黑、造谣、揭露丑闻的黑暗方式针对具体个人实施人身攻击。实质议题缺乏，各方只能过度夸大技术和程序性问题。这种"自曝家丑""过度渲染"的斗争方式给派系竞争蒙上了阴暗、低级的色彩，增加了民众对马华公会政党形象的负面感知。

二、党章搁置，党内机制瘫痪

作为政党最高的行为规范，党章是解决党内矛盾，处理党员与组织、组织与组织之间关系的基本规则。与以国家暴力机关为后盾的法律强制执行不同，党章虽然也具备制度化的制定、修改、执行、监督程序，但党章对于政党犹如道德之于个人，多数依靠内省与自律。因此，政党尤其是政党领袖对规则的尊重，对党章的敬畏，能够彰显出政党的道德水准。

马华公会的派系冲突从高层精英蔓延至全党，持续数载，纠缠不清，其结构性原因在于回避矛盾、漠视规则的党内政治文化导致党章搁置，无法制度化解决分歧。马华公会号称有百万党员，一个规模庞大的组织不可能没有内部分歧。可是，党内的政治和制度规章中，却从不承认乃至掩盖派系的存在，甚至刻意营造团结和谐的形象，这才导致党内利益分配无法遵循制度化的方式调解，最终引发派系公开决裂。[1] 陈梁党争的白热化阶段，在梁派党纪律委员会主席麦汉锦根据马华党章第127(1)条——"（纪律委员会有权）暂停、开除会员资格或同时单独采取任何其他行动对付在言论、行动，或行为中有违反、损害、不利或者影响本党利益的党员，或基于本党的理由而行动"，开除陈派14名领袖时，陈派立即援引党章——"超过三分之一中央代表联名，可以召开特

---

[1] 潘永强：《马华公会派系政治初探（2000—2003）》，《新纪元学院学报》2006年第3期，第63—88页。

别大会",动员内部力量反击梁派开除令,梁派遂召开马华党庆大集会宣告全党支持对梁派决议予以还击。为证明各自行为合法合规,两派甚至发动律师团,借助于法律力量对党章、党纪进行技术性辩论。表面上维护程序正义,实则为各自私念"正名"。而在双林党争中,马哈蒂尔暂停党选、自动延长党职任期,明显有违马华公会党章之规定,各派反而均缄默接受。同一个党章,不同的对待说明,马华党内机制瘫痪,党章已经失去了规范和引领党运作的功能,沦为各派别随意诠释的工具,凸显了马华公会党章执行力低下的窘境。

三、权力过度集中,党内民主失序

如果将政治民主的本质"人民当家作主"套用在政党之上,政党民主指的就是"党员当家作主"。自民主政治在近代西方产生后,"民主"很快就成为社会政治进步的必然趋势,成为政治权力合法性的主要源泉。民主化浪潮同样冲击政党组织运行机制,在政党内部实行民主自然也成为现代政党建设的头等大事,是塑造具有吸引力和认同感的政党形象的重要渠道。党内民主的本质就是全体党员在有关本党事务上有平等地直接或间接处理和决定的权利,包括民主的选举、民主的决策和民主的监督,[1]排斥精英垄断党内权力的"寡头统治"。

然而透视马华公会派系竞争发生、发展过程,不可否认该党陷入周期性党争泥淖与权力过度集中、民主失调等党内民主建设缺陷密切相关。按照《马来西亚华人公会章程》,总会长是马华公会法定的最高领袖,由中央代表大会选举产生。总会长除负责党内事务外,还拥有人事任命权和纪律监督权。借助于人事任命,总会长对党内高层领导职务发挥着关键性影响。总会长能够控制中央委员会三分之一委员人选,党地方组织领导人特别是各州联络委员会主席的委任权也属于总会长。另外,总会长还有权选择其属意的人选出任党内重要行政职务,有权推荐候选人担任内阁职位。在党内高职、政党资源为政

---

[1] 张成明:《论中国特色政党制度的民主性》,《重庆社会主义学院学报》2011年第3期,第26—29页。

党领袖单一垄断的情况下,就不难理解为何各派矛盾焦点总是集中在党内领袖人选之上。

权力过度集中导致党内民主选举失效,普通党员无法借助于正规精英甄选渠道谋求政治机会自由上升,只能通过各种非正常方式依附某个政党领袖成为羽翼。林良实时代,马华曾经连续10年4届党选出现"有提名无竞选"的"菜单式"等额选举。在这种安排式的权威领导下,客观的法则及公开的准绳不再是甄拔政治专家的管道,党内高层的认可才是影响选举结果的关键。尤其是1999年马华党选,25个中委全部通过"不劳而获"产生;96%的支会、75%的区会、80%的州分团和州妇女组的党职选举也均在无须竞选的情况下产生。民主机制瘫痪直接导致政党发展充斥领导人个人意志,漠视基层党员意见,诱发政党腐败。陈群川挪用公款导致马化合作社失败,林良实亦深陷巴生自贸区丑闻。2010年,因"道德污点"被开除党籍、辞去公职的前署理总会长蔡细历竟然在派系角逐中成功反击,当选为马华总会长,马华公会的道德形象已荡然无存。

四、政党自主性衰退,被外部势力俘虏

政党自主性是指政党基于其意识形态偏好而拥有的自主愿望和能力。政党自主性主要表现在3个方面,即政党对国家政权的自主性、政党对社会的自主性以及政党的组织和意识形态的自主性。[1]政党自主性是衡量政党制度化的重要指标,其存在的最大问题就是权力运作不受约束。政党如政权否认外部所要求的影响力和代表性一样,它也不承认自己的行动受到任何法律或者制度上的限制。一旦如此,政党自主性又会被异化,如果一个政党变成单一社会势力的传声筒,那么它就会失去自己的旗帜而沦落为该社会集团的工具。当一个政党被外部的等级制和可利用的资源渗透,纷至沓来的只能是政治信任缺乏的考验。

---

[1] 蒋永甫:《政党自主性:当代中国执政党建设的重要命题》,《湖北行政学院学报》2017年第2期,第36—42页。

马华公会的派系竞争有一个无法回避的因素,就是第三方势力的介入。无论是陈梁党争,还是双林党争,党争的结果不但需要巫统的确认,甚至在双方陷入重复循环之时还要由巫统居中调解、仲裁。在双林党争起步阶段,巫统并未介入,其有意识放任党争蔓延以削弱马华。进入第二阶段,即针对收购南洋报业召开特大讨论时,巫统感受选举压力选择介入。不过这时巫统保持中立,只在外围呼吁尽快结束党争。中立调停无法奏效,巫统才开始积极介入,马哈蒂尔俨然成为不受党章约束的超级领袖,两次提出有违党章的"和平方案"。巫统从拒不表态到有限介入再到强势仲裁,马华公会从争相迎合、接受调解、屈从接受,在两者互动中,后者明显表现出对巫统的屈服、顺从。借助于派系竞争扶持弱势领袖上位,马华公会被巫统俘虏,失去政党自主性。

第六节 小结

纵观20世纪80年代以来马华公会爆发的三次大规模派系竞争,会发现几乎历任总会长都面临派系分裂的困境,党争成为马华挥之不去的噩梦,而且有愈演愈烈之势。如果说陈梁党争、双林党争分别是李三春突然辞职与林良实"菜单政治"忽视组织民主运作的必然结局,那么黄家定在2008年大选失败后遭遇的党争危机会令人产生疑问。在黄家定的领导下,马华非常注重党内组织建设,通过限任制、调整中央代表人数等方式增加党内民主成分,目的就在于降低派系分裂的可能性。但是从2008年马华败选后马华内部组织的混乱状态来看,黄家定的民主改革无疑是失败的。而且,在政党最衰弱的时候,党内各方力量不思进取,不奋发图强,反而借助于可乘之机,尽力扩展私人利益的行为,也着实令人寒心。

马华公会派系竞争个人利益挂帅,是党内长期规则失范、民主失调的必然结果。由于缺乏制度化分歧解决机制,派系竞争反而只能借助于第三方力量解决,导致该党被外部势力俘虏,政党自主性丧失。这亦能解释为何派系竞争的良性作用鲜少反映在马华公会身上。派系竞争给马华公会带来众多负面效应:面对巫统,马华公会丧失了平等协商的条件;面对华人社会,马华公会政党形象崩塌,存在道德正当性危机。这场"处于种族权威与一党独大之下的华人政党派系竞争"的最终结果只能是马华公会和华人政治在马来西亚主流政治中愈加边缘化。

第五章
20 世纪 80 年代以来马华公会的议会政治之路

政党作为"人们为通过共同努力以提高民族福利,并根据某种他们共同认可的原则而结成的组织"[1],与其他政治组织本质的区别在于它身处政治体系内部,直接谋求公职和控制政府。实现政党权力意图的路径有二:其一,走议会路线,以选举得到民众授权作为获取国家政权的依据;第二,发动暴力革命,推翻原有秩序夺取政权。在现代政治结构内部已经普遍具备选举机制以吸纳各类势力进入权力核心的制度安排下,绝大部分政党倾向前者。目的要求手段,为获取权力,多数政党甚至将选举作为政党的核心活动,于是就出现了专门为选举而生的"掮客政党"。鉴于政党与选举关系如此密切,许多学者直言政党就是选举的工具。例如,美国学者莱昂·D. 爱泼斯坦(Leon D. Epstein)就认为政党是结构松散的以特定标签选举官员为目的的组织[2]。因而,厘清政党如何通过选举机制进入议会进而获取国家权力,是研究政党行为的重要分析框架。本章考察的是 20 世纪 80 年代以来马华公会的议会政治道路,以选举表现作为评价其政治实力的尺度。从历时性的角度观察,马华公会的议会政治历程有过从 1986 年到 1990 年遭遇反对党围追堵截溃不成军的时期,也有过从 1995 年到 2004 年长达 10 年平稳发展的岁月。在 2008 年之

---

[1] 埃德蒙·柏克:《自由与传统——柏克政治论文选》,蒋庆、王瑞昌、王天成译,商务印书馆,2001,第 148 页。
[2] Leon D. Epstein, *Political Parties in Western Democracies* (New York: Frederick A. Praeger, 1967), p. 9.

后,马华公会议会选举之路越走越窄。2018年大选更是中断了其分享国家政权的合法权利。本章详细论述1982年以来马来西亚历届大选,着重讨论马华公会竞选策略与选举表现。

第一节 溃不成军:1982—1990年大选分析

进入20世纪80年代,马来西亚华人思潮发生了重大变化。中国十年"文革"、越南侵略柬埔寨制造的血腥罪行、苏联扩张行动带来的危机使马来西亚华人对居住国产生深厚感情而庆幸身处和平的环境。因此,原来左派强调的主义斗争和思想意识失去市场,族群利益的强调和重视成为马来西亚华人社会最关心的课题。1978年大选,行动党得到城市华人的支持一跃成为最大的反对党就反映了华人对族群权益、文教问题的不满情绪。华人社会经历20世纪70年代受压抑的苦闷期后开始寻路,80年代大马华人政治的新变化就是寻求原来政治困境的突破,追求基本人权和平等的政治权利。[1]而马华公会自"5·13"事件后,在巫统缔造联合的战略中,已经从执政联盟中的代表性政党蜕化为成员性政党;封闭、建制化的官僚体系更是将马华公会排除在政策输出过程之外。所以,华人社会的理想与马华公会现实能力的落差使得后者遭遇严重的"权威危机"。[2]必然后果就是议会选举的失利。虽然1982年大选,在总理马哈蒂尔上台带来的改革气势的引导下,马华公会寻求政治突破,取得了不错的战绩,但是根本问题没有解决,胜利也只是昙花一现而已。在华人社会的失望和反对党的围追堵截下,马华公会在1986、1990年大选中接连失败,溃不成军。

---

[1] 张应龙:《百年回眸:马来西亚华人政治史之变迁》,载何国忠编《百年回眸:马华社会与政治》,马来西亚华社研究中心,2005,第1—18页。
[2] 何启良:《权威危机和协商困局——为马华公会和民政党定位》,载何启良《政治动员与官僚参与》,华社资料研究中心,1995,第22—37页。

一、1982年大选

1982年大选是马哈蒂尔自1981年7月接替胡先翁继任总理职位以来举行的首次大选,也是对马哈蒂尔政府进行的首轮考验。此次大选距离上届大选不满4年,促成政府决定提前大选的原因,除马哈蒂尔需要借选举证明其领导政府的合法性外,莫过于经济形势的恶化。20世纪80年代初期,世界性的经济衰退不断蔓延,给马来西亚带来巨大威胁。橡胶、锡、原油价格的持续走低使工业基础薄弱、国内经济及出口主要依赖初级原产品的马来西亚经济短期内复苏无望。政府认为选举越往后延迟,其承受的压力就会越大。[1] 在此次大选中,国阵独霸的局面依然巩固,华人政治局面发生一些改变。行动党遭遇创党以来最严重的挫败,马华公会及民政党则斩获颇丰。

(一) 选前局势

1981年6月,在巫统大会上,马哈蒂尔在没有对手的情况下中选巫统主席,慕沙希淡则击败东姑沙拉里当选署理主席。按照惯例,巫统主席和署理主席将被委任为正副总理,马来西亚的2M时代由兹开启。新政府延续"新经济政策"之同时,也锐意改革。政治上整顿吏治,将伊斯兰价值观注入国家行政体系,以"廉洁、有效率、可信赖"政府扭转大众对于公务员系统的负面印象。

为迎接1982年大选,马华公会做出全面出击和调动,包括:清除异己,借行动党分裂之际拉拢外援对党内进行组织整合;推动经济大企业改变华人传统商业地位,刷新马华形象;与民政党短兵相接,力争在国阵的代表权。组织整合方面,总会长李三春自1979年击退曾永森一派挑战后,马华公会内部暂时趋于稳定。1981年初,马华纪律委员会宣布开除曾派61名党员,随后曾永森蝉曳别枝,带领各地拥曾派集体跳槽至民政党。为平衡大规模的退党潮之负面影响,马华积极拉拢民政、行动两党国会、州议员。1981年3月21日,3

---

[1] Harold Crouch, *Malaysia's 1982 General Election* (Singapore: Institute of Southeast Asian Studies, 1982), pp. 1-2.

名行动党槟城国会、州议员萧汉钦、陈毓书、吴林炎宣布加入马华公会，这是自彭加兰哥打区补选林建寿胜出后，马华在槟城势力的进一步巩固。后来，行动党总财政黄鸿杰、马六甲国会议员陈德泉也从反对党阵营跨进马华公会。民政党方面，马华成功争取到陈忠鸿医生的加盟。在组织人事上，马华公会明显有所盈余。

20世纪80年代初，马华公会与华人社会因1980年内阁教育报告书和独大问题仍处于南辕北辙状态。李三春以企业化政治为突破口，采取"化零为整""积少成多"的办法，聚集华人零散资本向大企业进军，以提升华人经济地位的方式，挽救马华公会面临的信心危机。单就选前局势而言，20世纪70年代末到80年代初，陈群川经营的马化控股形成一股强大的经济力量，确实起到了刷新马华形象的政治效应。到20世纪70年代末期，马化控股股东数量达到2.7万余名。[1] 在20世纪80年代初，马化控股下属的最大股东——马化合作社集团的社员数量超过6.5万人，自有资产达到2.03亿令吉。仅1980年当年课税后盈利就高达2,638万元。[2] 马化合作社的蓬勃发展给华人社员带来了丰厚回报。从其创立至1979年，除第一年分年利为4%外，其余每年都向社员分10%的股息。1980年，改向社员发放10%红股。每年还拨出15万元充作社员子女的奖励金。马华公会以大企业面貌来改变华人传统商业地位的策略，虽然在舆论和政治斗争中有赞有弹，但它的确一度使马华摆脱困境，进而成为配合马华"华人大团结"竞选口号最生动的现实写照。

在与民政党的关系上，后者在1978年大选后，声望有下降之势，在槟城失去3个州议席，连丹绒和日落洞国会选区也拱手让给行动党。从意识形态上，民政党强调马来西亚人和多元族群路线，希望以此抵消种族主义蔓延，与马华公会"华人大团结"的单一族群路线大相径庭。[3] 因此两党关系一直处于貌合神离状态。转入20世纪80年代，彭加兰哥打区补选中，马华公会主动向民

---

[1] 《陈群川局绅在瓜丁指出，马化控股及马化合作社，两家机构目标一致，集中土地产业投资》，《星洲日报》1979年7月24日。

[2] 《至90年止停发10巴仙现金股息，马化合作社今年起每年发红股予社员》，《南洋商报》1981年5月7日。

[3] Harold Crouch, *Malaysia's 1982 General Election* (Singapore: Institute of Southeast Asian Studies, 1982), p.11.

政党抛出橄榄枝，推动两党倾力合作。对此，后者虽无反对理由，却并未真心商谈。林敬益出任民政党领袖后，亦未诚意修补两党裂痕，反而在议席分配问题上针锋相对。马华公会自1969年痛失槟城执政权后一直希望在该州有所突破，而民政党自1969年取得该州政权后一直视其为堡垒区。两党围绕槟城议席分配问题短兵相接。前者以用独立标示参加竞选向巫统争取槟城更多的议席分配，后者也同样表示，以争一日长短。结果，巫统拒绝独立标示竞选要求，向两党各分配8个槟城州议员竞选席位。相较于上届马华5席、民政党11席的分配结果，巫统这次明显偏向马华公会。国会议席方面，跳槽至民政党的曾永森在雪兰莪乌鲁国会选区享有很高的个人威望；而投向马华的陈忠鸿则在上届大选中以民政党候选人身份险胜甲洞区国会选区，两党围绕着两个选区的归属也展开争夺。结果是曾永森和陈忠鸿均被转移，但给马华公会留下安全区，却给民政党留下危险区。[1]因此，大选前夕，有失公平的议席分配成为马华、民政党交恶的隐患。

另外，反对党和董教总的新动向也让马华亦喜亦忧。行动党方面，由彭加兰哥打区补选造成的分裂，不但影响夺取槟城政权计划，也令党内元气大伤。退党的国会、州议员纷纷投入马华公会怀抱，令其欣喜不已。董教总在3M制问题受挫后，开始选择与现有政党接触，寻求政治途径解决华教问题。1982年4月，8名董教总人士在"打入国阵、纠正国阵"三结合[2]概念下，加入民政党，为其带来新的战略。华教人士加盟成为民政党1982年大选的有力武器，在国阵内部争夺华社代表权上，着实让马华公会忧心。

（二）以点带面，寻求突破

全国大选于1982年4月7日提名，4月22日投票，竞选活动仅持续15天。为减少竞选带来混乱，政府禁止一切公开竞选活动，仅允许在私人住宅及半公共场所举行小型讨论。于是，走门串户的拜票成为拉拢选民最便捷的方式，掌握国家机器的执政党无疑占领先机。马哈蒂尔领导的国阵以"廉洁、有

---

[1] Harold Crouch, *Malaysia's 1982 General Election*（Singapore：Institute of Southeast Asian Studies，1982），pp.27-28.
[2] 即执政党内的华人政党、反对党和华团的结合，具体参见本书第六章第一节之论述。

效率、可信赖"作为竞选口号。在巫统提名候选人中，45%以上都是新面孔。他们大都接受过高等教育，不同以往候选人偏重马来教师或公务员背景，多数具有专业人士或者商人背景。[1] 马哈蒂尔希望通过这种微妙但系统的调整在获得党内稳固支持的同时，也能够反映出马来社会的重要变化。

马华公会的竞选口号是"华人大团结"，给马华一个机会寻求突破；民政党的口号是"走马来西亚人的路线"，确保槟城政权；行动党的口号是"壮大反对党的力量"，阻止执政党削弱反对党力量。三个华基政党在大选中纷争不断，相互倾轧。最突出的是，马华公会总会长李三春移师芙蓉，与行动党主席曾敏兴直接对垒；华教人士郭洙镇、许子根代表民政党分别在甲洞、丹绒对阵行动党的陈胜尧和陈庆佳。整个竞选活动，华人社会焦点集中在芙蓉、甲洞、丹绒三地。

相对巫统，马华公会较为保守，提名候选人中仅一成五为新人。为先发制人，行动党领袖林吉祥宣布要在华人超过60%的选区挑战马华公会，引"22个华人优势选区中马华仅占4席"为据，挑战其在华人社会的代表性。按照当时观察家的分析，林吉祥已经认定马华不敢应战。事实上，行动党早已耳闻李三春有引退之意，若他不应战，那么行动党垄断华人选区的结论可以继续成立；若他应战失败，则更能体现马华公会缺乏华人基层支持。起初，李三春对林吉祥的挑战置之不理。在提名截止的前五天，李三春突然宣布他将移师森美兰的芙蓉选区，与从1969年开始就在此选区胜选的行动党主席曾敏兴对决。[2] 李三春以政绩寻求选民支持，在马华竞选委员会宣传小组向芙蓉国会选区发布的告选民书中言：

"亲爱的同胞们，让我们自问：是谁辛辛苦苦地把马来西亚多元化合作社搞起来……是谁带头策划成立马化自立合作社推行大学贷学金计划……是谁扮演了最主要的角色，把拉曼学院创办起来……是谁深谋远虑，登高一呼，号召华人社会通过化零为整的办法在国家的主流内积极参与经济的发展……是谁始终丝毫不动摇地坚持，我们要的是融合不是同化……拿督李三春与曾敏

---

[1] Gordon P. Means, *Malaysian Politics: The Second Generation* (Singapore: Oxford University Press, 1991), p.87.
[2] Lao Zhong, *The Struggle for MCA* (Selangor: Pelanduk Publications, 1984), pp.10-11.

兴医生的这场仗,意味着团结与分裂之争。你们都很清楚,如果没有足够的政治代表权,华裔人民就休想突破目前这种困境。你们究竟是要团结还是分裂?你们是否同意,时候已经到来,我们必须集中力量寻求突破,相信你们就在4月22日那一天一定会做出明智决定,那就是,大家一致投拿督李三春一票。"[1]

对此,林吉祥以李三春政绩未能挽救华裔各种力量式微的命运予以反驳。林吉祥指出,华人社会已经给马华足够的机会,但华裔在文化、教育、经济及政治方面的力量却日渐被蚕食。他形容说,国内的华人仍处在冷酷的冬天,这么多年来,华人社会并没有真正尝过春天的暖意。因而,他促请芙蓉选民借此机会给马华公会一个教训,痛挫李三春,才能使华人社会在马来西亚抬头。[2]

最终,李三春得23,258票,以845票的微弱多数战胜曾敏兴。对于此结果,李三春本人也深感意外,他曾向一个记者表示,他从未想到过他会赢,他甚至根本没有去过森美兰。但李三春此举成为马华政治上的一大突破,以"突破一点,带动一片"的方式提高了马华在全国的影响力。

另外,在民政党与行动党的对垒中,许子根以834张多数票击败陈庆佳,而郭洙镇则不敌陈胜尧。

(三) 大选结果

总体而言,1982年大选,国阵取得了压倒性的胜利,反对党则节节败退。国阵在总数为154、312席的国会、州议席中分别获得132、281席,国会议席得票率达到60.5%,比上届大选55.3%的得票率提高了5.2个百分点,可谓战绩辉煌。除巫统外,收获最大的当属马华公会。在竞选的28个国会议席中,收获24席;竞选的62个州议席中,收获55席,胜选率分别达到85.71%和88.71%,超出1974年国会议席82.61%,1964年州议席81.48%胜选率的历

---

[1]《集中力量谋求突破,马华呼吁芙蓉国会内选民,投拿督李三春一票》,《南洋商报》1982年4月13日。
[2]《林吉祥称华社已给予足够机会,华裔各种力量式微,马华李三春难辞其咎,一行人访问芙蓉公市小贩》,《星洲日报》1982年4月16日。

史最高水平。[1]民政党也表现不俗,特别是在槟城,所派出的8名州议会候选人全部当选,在槟城势力可见一斑。反对党方面,伊斯兰党在吉兰丹共夺得4个国会、10个州议席,得票率虽未见有所突破,但已出现恢复传统势力的迹象。行动党方面,与董教总的论战对其打击颇深。在华教运动最活跃的霹雳州,行动党原有的4个国会议席皆全军覆没,州议席也从9席降至4席。该党在西马的国会议席更是从15席降至6席,所幸一周后在东马多获取3个国会议席,否则其处境将会更为艰难。虽然该党得票率从19.1%增至19.6%,但这也是由于该党庞大的参选队伍所致,不能代表民众支持度的提升。(见表5-1)

表5-1 1982年大选各主要政党国会、州议席数和国会议席得票率

政党	国会议席/席	州议席/席	国会议席得票率/%
国阵	132	281	60.5
巫统	70	196	
马华公会	24	55	
民政党	5	15	
国大党	4	9	
人进党	0	1	
伊斯兰阵线	0	5	
沙捞越国阵	19		
沙巴国阵	10		
行动党	9	12	19.6
伊斯兰党	5	18	14.5
独立候选人	8	1	5.5
反对势力总和	22	31	39.5

资料来源:Harold Crouch,*Malaysia's 1982 General Election*(Singapore:Institute of Southeast Asian Studies,1982),pp.58-62。

在华裔选民占多数的选区,行动党得票461,409张,得票率从48.8%下降至46.6%;马华公会得票362,582张,民政党得票128,398张,两党得票率从40.6%上升至51.7%,仅比行动党高出5个百分点。[2]从华人执政党与反对党的得票率可以看出,华裔选民处于完全分裂的状态之中,支持政府与反政府的力量几乎平分秋色。说明华人政党的斗争越来越尖锐化,华人社会内部

---

[1]《马来西亚华人公会30届全国代表大会总秘书丹斯里张汉源常年报告书》,1982年10月3日,第3—4页。
[2] Lao Zhong,*The Struggle for MCA*(Selangor:Pelanduk Publications,1984),p.12。

问题越来越多。

二、1986年大选

1982年大选,在公众对新政府的期待中,马哈蒂尔首度领军获胜;在总会长李三春亲至行动党堡垒区破釜沉舟勇气的带领下,马华公会也实现政治突破。好景不长,正当李三春风头正旺时,他却突然宣布引退,辞去所有党政职位。李氏辞职后,署理总会长梁维泮接任代理总会长职位。在基层支持缺乏的情况下,梁维泮受到来自副总会长陈群川的强力挑战,从此引发一场长达20个月的党争。李三春英雄主义式的忽起,又鸵鸟式的退出,使华人选民对马华公会彻底丧失信心。1986年7月18日,马来西亚第9届大选正式拉开序幕,距离马华党争结束不到8个月。同时,刚刚从党争中胜出的总会长陈群川在年初因卷入新加坡新泛电失信案而被逮捕。仓皇应战之下,马华公会自然阵乱旗靡。

(一) 马华公会的失利

选前经济环境继续呈现不断恶化态势,马来西亚正经历着自建国以来最严重的经济衰退;土著金融丑闻、合众银行丑闻、公积金局股票丑闻、马明哥购锡丑闻、马化控股丑闻等负面消息令2M政府曾经自诩的"廉洁、有效、可信赖"的形象荡然无存;巫统内斗升级,总理马哈蒂尔与副总理慕沙希淡分道扬镳。[1] 所以,多数民众当时对国阵能否保持国会三分之二多数席位表示怀疑。但政府还是决定背水一战。本届大选选民投票两极化倾向严重,乡村马来选票流向国阵,城市华人选票流向华人反对力量。在国阵成功保住乡村马来人选票的情况下,它在177个国会议席中获得148席,执政地位安如磐石。虽然得票率从上届大选时的60.5%跌至55.8%,但在不公平的选区划分上,国阵还是赢得了83%的国会议席。在351个州议席中,国阵赢得299个州议

---

[1] Diane K. Mauzy, "Malaysia in 1986: The Ups and Downs of Stock Market Politics," *Asian Survey*, vol. 27, no. 2 (1987): 231-241.

席。其中,在玻璃市大获全胜,囊括该州全部议席;柔佛和彭亨仅失1席;丁加奴失2席;吉打、马六甲、森美兰、雪兰莪四州的议席率超过85%。此次大选巫统无疑是最大的赢家。在参选的84个国会议席中,赢得83个,胜选率达98.8%;参选241个州议席,胜选230个,胜选率达95.4%。伊斯兰党的表现令人意外,尽管它矢言重夺吉兰丹,但与其他非穆斯林政党(包括社会民主党、人社党和国家主义党)合作组成"反对党联合阵线",主动成立华社咨询委员会(Chinese Consultative Council)与华人社会修好的竞选策略未得到华社认同,反而惹怒了马来人,使马来选票一边倒向巫统。[1] 其仅在吉兰丹赢得1个国会议席,而胜选的15个州议席中,也有10席来自吉兰丹,未能实现政治翻身,只能偏隅吉兰丹一州。

华基政党方面,城市选民倒向华人反对党的情况下,执政的马华公会与民政党表现不佳,特别是马华公会,其损失颇为惨重。在竞选的32个国会议席中,共赢得17席,比上届大选少7席,中选率仅为53%;州议席方面,竞选69席,赢得43席,比上届大选少12席,中选率为67%。在得票数量上,马华公会得票589,289张,占半岛总票数的14.2%,得票率比上届大选低4.2个百分点。反观行动党,该党已经从失利的阴影中走出,并取得创党以来最辉煌的胜利。它竞选64个国会议席,赢获24席;提名127个州议席,有37席告捷。从选票方面计算,行动党获得968,009张,得票率为20.30%,比马华公会与民政党得票率的总和还要高。换言之,行动党赢获的支持仅次于巫统,该党已经成为国会最大的反对党。(见表5-2、表5-3)

表5-2　1986年大选各主要政党国会选举成绩

政党	得票数/张	得票率/%	国会议席/席
国阵	2,649,263	55.82	148
巫统	1,474,063	31.60	83
马华公会	589,289	12.42	17
民政党	149,644	3.15	5
国大党	104,701	2.21	6
哈民党	29,943	0.63	1

---

[1] Sankaran Ramanathan and Mohd. Hamdan Haji Adnan, *Malaysia's 1986 General Election: The Urban-Rural Dichotomy* (Singapore: Institute of Southeast Asian Studies, 1988), p.60.

续表

政党	得票数/张	得票率/%	国会议席/席
沙捞越国阵	20,048	4.20	21
沙巴国阵	10,115	2.10	15
行动党	968,009	20.30	24
伊斯兰党	718,891	15.35	1
独立候选人	146,903	3.09	4

资料来源：Gordon P. Means, *Malaysian Politics: The Second Generation* (Singapore: Oxford University Press, 1991), p. 186; Sankaran Ramanathan and Mohd. Hamdan Haji Adnan, *Malaysia's 1986 General Election: The Urban-Rural Dichotomy* (Singapore: Institute of Southeast Asian Studies, 1988), p. 54。

表5-3　1986年大选马来半岛朝野政党州议会选举结果

州属	议席总数/席	执政、在野势力得席数量及比例			
		国阵		反对党	
		数量/席	比例/%	数量/席	比例/%
柔佛	36	35	97.2	1	2.8
吉打	28	25	89.3	3	10.7
吉兰丹	39	29	74.4	10	25.6
马六甲	20	17	85.0	3	15.0
森美兰	28	24	85.7	4	14.3
彭亨	33	32	97.0	1	3.0
槟城	33	23	69.7	10	30.3
霹雳	46	33	71.7	13	28.3
玻璃市	14	14	100.0	0	0
雪兰莪	42	37	88.1	5	11.9
丁加奴	32	30	93.8	2	6.3
总计	351	299	85.2	52	14.8

资料来源：Sankaran Ramanathan and Mohd. Hamdan Haji Adnan, *Malaysia's 1986 General Election: The Urban-Rural Dichotomy* (Singapore: Institute of Southeast Asian Studies, 1988), p. 52。

　　从各族裔选民投票的倾向来看，马华公会遭到华人选民的普遍唾弃。马华公会对1986年大选做出的分析报告显示，该党在其参选的32个国会选区中，平均有35%非马来选民（主要为华人）投马华；而平均87%的支持来自马来选民。[1]如表5-4所示，在马华当选的17名国会议员中，仅有5人在华人选民过半的选区当选，6人在马来选民占多数的选区当选，其余6席来自混合选区。值得注意的是，马华失去的15个国会议席全部由行动党收归囊中，这

---

[1]　马华公会资料组编《马华1986年全国大选成绩分析报告》，1986，第5页。

15个选区除亚沙区外,均是华人过半选区(见表5-5)。

表5-4 1986年大选马华公会17名中选国会议员选区族群结构

姓名	州属	选区	各主要族群选民比例/%		
			马来裔	华裔	印度裔
林安焜	雪兰莪	安邦再也	68.5	25.9	4.6
周锦海	吉打	巴东色海	55.2	20.6	3.7
余银山	吉打	亚罗士打	54.8	38.8	5.5
郭伟杰	马六甲	实岗道	52.2	36.3	11.3
吴来兴	柔佛	笨珍	52.2	46.8	1.0
黄循营	彭亨	立卑	51.6	26.2	12.5
李金狮	雪兰莪	乌鲁冷岳	48.1	41.6	9.6
邓育桓	彭亨	劳勿	47.9	43.6	7.2
陆垠佑	霹雳	丹绒马林	44.2	36.1	17.8
蔡锐明	柔佛	巴吉里	43.8	54.3	1.8
云时进	柔佛	士乃	41.1	52.8	6.1
黄秋贵	霹雳	红土坎	40.9	46.5	12.3
林良实	柔佛	拉美士	38.3	46.7	14.9
陈群川	霹雳	务边	38.3	45.9	13.1
陈声新	彭亨	文冬	34.5	55.6	8.8
黄俊杰	雪兰莪	巴生	23.8	58.6	16.5
林水仙	柔佛	居銮	14.1	75.8	10.1

资料来源:Ho Khai Leong, "Bureaucratic Participation and Political Mobilization: Comparing pre-and post-1970 Malaysian Chinese Political Participation in Ethnic Chinese in Singapore and Malyasia," in *Ethnic Chinese in Singapore and Malaysia: A Dialogue Between Tradition and Modernity*, ed. Leo Suryadinata (Singapore: Times Academic Press, 2002), p.147。

表5-5 1986年大选马华公会负于行动党的15个国会选区的族群结构

选区编号	州属	选区	各主要族群选民人口比例/%		
			马来裔	华裔	印度裔
P40	槟城	蒲甘	22.0	62.5	15.1
P42	槟城	大山脚	24.3	66.6	9.1
P47	槟城	淡巴鲁	24.7	66.2	8.8
P58	霹雳	彬如港	8.6	86.4	4.2
P59	霹雳	怡保	12.3	66.4	19.6
P60	霹雳	巴都牙也	14.1	75.8	10.1
P65	霹雳	金宝	16.4	74.9	8.5
P99	雪兰莪	八打灵再也	27.0	61.0	10.6
P91	雪兰莪	蒲种	27.3	56.5	15.0
P99	吉隆坡联邦直辖区	武吉兔登	8.3	83.5	7.9
P101	吉隆坡联邦直辖区	士布爹	7.6	83.1	8.6
P102	吉隆坡联邦直辖区	新街场	31.4	59.0	8.7
P107	森美兰	芙蓉	31.0	56.7	11.5
P108	森美兰	亚沙	26.9	49.3	22.8
P113	马六甲	马六甲市区	22.1	72.0	3.5

资料来源:马华公会资料组编《马华1986年全国大选成绩分析报告》,1986,第7页。

州议席方面,非马来人对马华的支持率为 44%,马来人的支持率为 70%。[1] 在表现最好的吉打、玻璃市、柔佛、雪兰莪、彭亨 5 州,马华共收获 43 个州议席。华人聚居的槟城,在林吉祥"丹绒之役"夺取槟城政权的造势下,马华公会参选的 3 个国会议席皆全军覆没,竞选的 9 个州议席中也仅获 2 席。而上届大选马华表现不俗的霹雳州,这次也遭遇滑铁卢。在竞选的 7 个国会议席中,胜出 3 席;参选的 11 个州议席中,也仅获 3 席,远低于上届 6 个国会、9 个州议席的成绩。

(二) 马华公会失利原因

关于本届大选表现,马华自我评价为"表现欠佳"。无论是议席数量还是得票率,均已降至历史低位,仅比 1969 年大选略强一些。对选举失利的原因,马华公会把矛盾焦点引向华人社会和政府,认为政府行政偏差导致非马来选民强烈的反政府情绪,族群不公正待遇是失败的主因,马华公会仅是选民宣泄对政府不满的替罪羔羊而已。此言虽非空穴来风,但如若真如马华自我安慰那样,"希望马华各级代表与领袖都能自律,不要把党大选失利归罪于派系斗争或私人利益冲突"[2],的确失之偏颇。笔者认为,外部政治环境对华人社会有失公允的待遇与马华内部矛盾均是导致马华选举失势的重要原因。本质上亦可还原为华人政治突破的理想与马华公会偏安官僚体系边缘无法扮演有效角色的现实落差。华人选票流向行动党,不是在于认同后者的纲领与路线,而是想借此教训马华公会。对马华落败的原因分析,可以沿着以下路径展开:

第一,紧绷的族群争执。在 20 世纪 70—80 年代,马来西亚的政治风貌曾经因为政府实施新经济政策与先前延续下来的文化争论,充斥着紧绷的族群争执。这类政治争执在 1986 年全国大选中达到最高峰。[3] 虽然上届大选的辉煌战绩一洗马华公会多年怨气,但扬眉吐气的马华显然在族群问题上不能使巫统有所松动。从 1984 年底开始,马来西亚陷入长达 18 个月的经济衰退

---

[1] 马华公会资料组编《马华 1986 年全国大选成绩分析报告》,1986,第 8 页。
[2] 马华公会资料组编《马华 1986 年全国大选成绩分析报告》,1986,第 1 页。
[3] 邱武德:《超越马哈迪:大马政治及其不平之鸣》,王国璋、孙和声、黄进发等合译,燧人氏事业,2004,第 27 页。

期,1985年GDP甚至出现1%的负增长,失业率高达7.6%。经济蛋糕的缩小加剧了华人原本对族群利益分配不公的新经济政策的抱怨和不满。1985年锡米市场崩盘,全马488个锡矿中有314个破产,对这个在传统上由华人占优势的产业产生致命打击;橡胶、可可、棕油价格低落,令众多华人小园主和种植工友举步维艰。[1]而巫统在上届大选狂胜后,其"马来至上"的族群同化政策日趋强硬。这种单元化的思维在政府体制内普遍渗透和指导的结果就是国家机关对华人社会诉求全面排斥。舞狮准证、华文招牌、华校师资、支票用字、大学配额、发展三保山、兴建文化城、电视中文节目、学生周会用语、大学华裔生毕业服饰、马大中文系风波、历史教科书事件等林林总总无不反映出国家单元族群政策下华族所受的钳制。所有这些,不但激起华人社会强烈的反弹情绪,而且集合成为华人社会的抗议政治。1985年10月12日,由代表5,000多个华裔团体的27个领导机构及联合总会签署发表的《马来西亚全国华团联合宣言》就是华社民间抗议政治的力量展示。与此同时,总理马哈蒂尔正陷于巫统内部派系竞争,亦无可能对华族抗议诉求摆低姿态,使得华人抗议政治一再向前推进。族群间的张力在选前达到顶峰。

第二,马华公会内部矛盾。由李三春引退引发各派系对党内领导权的争夺遭致华人社会强烈的反感。1986年1月21日,马华党争刚刚平息两个月,被誉为"华社救星"的新任总会长陈群川就因卷入新加坡新泛电失信案被新加坡商业活动调查局逮捕。他共面对15项控罪,罪名是唆使及串谋新泛电的一名董事,非法以新泛电的资金,注入他所控制的大洋和琪琳两家公司,触犯新加坡政府1985年公司法的修正条例。陈群川的被捕,在新马经济界引起巨大风波。两国股市停盘三天,开盘后大马股价普遍挫跌达20%—30%。受其影响,马华公会的投资触角马化控股及其下属的马化合作社发生疯狂挤兑。而在经济不景气的连累下,1985年马化业务亏损达2.5亿令吉,除去陈群川个人承担的2,000多万令吉的债务,马化债务额达1.92亿令吉,[2]令马化合作社

---

[1] Gordon P. Means, *Malaysian Politics: The Second Generation* (Singapore: Oxford University Press, 1991), pp. 172-173.
[2] Diane K. Mauzy, "Malaysia in 1986: The Ups and Downs of Stock Market Politics," *Asian Survey*, vol. 27, no. 2 (1987):231-241.

23万多名储户(绝大多数是华人)亏损连连。[1]闹到如此田地的马华公会,实在颜面无存,岂有不被华人社会抛弃之理。

  第三,行动党强势回弹。基于议会反对党的政治身份,行动党未能占有国家机关等政治资源,无力过度强化自身组织并操练竞选机关。所以行动党的选举策略是依赖"反风",以对手弱点占据选举优势,突出"敢怒敢言""监督政府""揭发贪污"等政治形象博取选民支持。1982年大选,行动党最有利的政治攻势(独大问题、3M制)遭遇董教总参政,呼吁华人"三结合"后顿时失效,只得铩羽而归。大选落幕后,2M政府强硬的单元化族群施政打消了华人对新政府的期望,令华人社会弥漫着抗议政府的政治论述。反风一起,行动党借势迅速回弹。1982年10月16日,甲巴央区举行州议会补选。林吉祥以最高元首"施政御词"中单元化倾向为对象,推出《甲巴央宣言》,展开舆论攻势。他呼吁华人选民群起反对国阵族群政策,谴责马华与巫统乃一丘之貉,并未信守马来西亚多元主义的认同。[2]《甲巴央宣言》一经发布,便引起巨大反响。开票结果,行动党候选人刘德琦以9,764张多数票凯旋胜出。随后,行动党乘胜追击,在另外连续两场对垒马华公会的补选中再度告捷。1983年6月,劳勿州议会补选,奉命把关的马华候选人蔡汉钦落选。这是华人选民占71%的新村选区,也是马华传统堡垒区。此战,马华轻率用军,派劳勿中华商会主席蔡汉钦迎战行动党文冬支部主席兼彭亨州秘书聂德志。结果被看好的蔡汉钦却以1,846票不敌聂氏,被形容为10年来马华在劳勿市区得票最少、败得最凄惨的一战,令马华上下震惊不已。同年11月,另一场举国瞩目的补选在芙蓉国会选区上演。上届大选李三春在此拿下曾敏兴取得马华政治大突破,而此时行动党亦摩拳擦掌准备收复失地。时隔一年半,马华对再次攻克芙蓉并无胜算把握。布阵上,马华派女将郑丽敏医生对阵行动党曾敏兴。一是觊觎该区近49%的女性选票;二是甘用女将当炮灰,让行动党赢得不光彩。行动党深谙此道,于是将议题集中在政策层面。为给行动党造势,林吉祥从10月30日至投

---

[1] 在马化合作社1984年的年度报告中,共有230,591名社员。参见《拥有社员约25万,马化合作社前途蒙阴影》,《星洲日报》1986年8月10日。
[2] Lim Kit Siang, *Malayisa: Crisis of Identity* (Petaling Jaya: Democratic Action Party, 1986), p. 234.

票日前夕,连续18天发表18篇主题为"18个月回顾"的专题文章,控诉李三春自1982年4月取得政治突破以来到芙蓉补选为止的18个月中,华社权益遭到的侵蚀。林氏指出,这18个月比独立25年来(华人)所失去的还要快速和严重。[1]不出所料,曾敏兴重作冯妇,以6,393多数票轻取郑丽敏,后者仅得23,897票,比上届大选少了5,754票。连续3场补选,行动党借势回弹,终于在1986年大选重新取得"道"的制高点。在华人执政党与反对党力量此消彼长的关系中,马华公会遭受重创,徘徊于历史低位。

三、1990年大选

尽管20世纪80年代初期和中期马来西亚连续两次遭遇大规模的经济衰退,GDP一度出现建国以来首次负增长,但在马来选民的全力支持下,国阵执政地位安如磐石,巫统一党独大的局面丝毫没有改变。进入20世纪80年代后期,大马政局发生重大变化。马来社会中,巫统隐蔽多年的派系矛盾导致该党党史上一场最严重的内讧,从巫统分离出的46精神党成为与母体争夺马来选票的劲敌;华人社会中,由十五华团主办的全国华团文化大会及其衍生的全国民权委员会开始制度化地推动国家民权、民主运动,两线制政治理念迅速蔓延。民权起义的氛围下,不但华教与华基反对党结盟,就连国内政治反对势力也首度结盟,以"挽救马来西亚"的联合竞选宣言全面对抗国阵政府。所以,1990年大选,各种政治势力重新组合形成的两线政治,对国阵及巫统形成前所未有的压力。马华公会虽努力刷新形象,精心备战,但由于无法与华人社会齐心协力而再次折戟沉沙。

(一) 选前自救

1986年大选落幕不久,马华总会长陈群川由于商业失信案罪名成立被判入狱两年,罚款新币50万元。身陷囹圄的陈群川辞去总会长职位,由林良实接替。当时正值马华公会内忧外患之际。24家华资存款合作社财务丑闻殃及

---

[1] 林吉祥:《18个月的回顾》,马来西亚民主行动党总部,1983,第67页。

58万储户,党内财务危机令马华总部大厦恐被银行收盘;议会选举失利让马华面临被华人社会抛弃的命运,全党士气低落。林良实上台后,决心积极自救。对内,主动与财政部部长洽谈,为解决合作社问题拟订解决方案,由中央委员会授权马华4位部长,使24家存款合作社的全部存款人获得"一元对一元"退款;[1]开展"马华行"等筹款运动与资产重组计划,解决党内财务问题,成功保住马华大厦。[2]对外,连续三次恫言退出国阵[3];与华教人士及民政、行动两党联手抗议政府华小行政高职安排;积极参与国家经济咨询理事会,努力塑造敢怒敢言、有所作为的马华新形象。马华选前自救希望借两线政治对巫统带来的压力而从温和性的交易演变成为抗衡性的谈判,特别是林良实度假抗议期间,恰好也是新巫统在新山国会补选以12,613巨大票负于46精神党之后。补选失利意味着新巫统可能失去马来人支持,而此时马华摆出强硬姿态希望巫统让马华有所得,同时也向巫统B队传递信号,马华可择木而栖。[4]但随后国阵文冬补选获胜使马华打消此意。

在1986年大选后的一系列补选中,马华公会积极应战,决心洗清党内颓废形象。尤其是务边补选,马华更是将其看成决定马华代表性的生死之战。为此,特别举荐马来亚大学社会学副教授陈祖排为候选人对阵行动党的阿末·诺,从而引发朝野力量对"知识分子升官图"[5]的辩论。马华在选战中大打同情牌,称"行动党再多一席也改变不了朝野的均势,然马华再受到削弱,势必影响到它在内阁里的谈判能力"[6]。国大党主席三美威鲁为马华站台,卫生部部长陈声新也给当地一家华小及校友会拨款,大马华人文化协会助选团、国大教授助选团、理大讲师助选团等也纷纷为陈祖排助选造势。反观行动党,

---

[1]《马华第三十四届常年代表大会1987年党务报告》,1987,第3页。

[2]《马华公会1989年党务报告》,1989,第3页。

[3] 第一次源于1986年华人合作社亏空事件,当时中央银行补救迟缓,有让华人自生自灭迹象;第二次是在教育部派不谙华文的华人到华小担任行政高职遭到华社反对,马华做退出国阵状;第三次是在巫统有意将马华排除在研拟国家发展计划之外,令林良实度假抗议。

[4] 祝家华:《解构政治神话:大马两线政治的评析(1985—1992)》,华社资料研究中心,1994,第270页。

[5] 柯嘉逊:《务边补选:知识分子升官图》,载华社资料研究中心编《知识分子参政——务边补选论争文集》,华社资料研究中心,1987,第15—16页。

[6]《务边补选的政治意义》,《南洋商报》1987年4月5日。

在推荐候选人问题上,总部与务边支会产生冲突。基层党员甚至举行示威抗议,践踏林吉祥照片,许多霹雳州领袖和务边区党员也都蓄意怠工。[1] 两党相较,陈祖排以4,523张多数票击败阿末·诺。但若以华人选民的投票倾向看,马华获得华人选民的支持率有所降低。上届大选,陈群川在此地的华人选票数为3,618票,支持率为34.177%;而此次陈祖排仅获2,299张华人选票,支持率为25.51%,少了1,319名华人支持,华人支持率降低了约8.7个百分点。[2] 这说明华人社会并未恢复对马华公会的信心。

为应战1990年大选,马华公会也做出精心安排。李金狮任主席的全国大选指导委员会采纳"领养选区计划"为本届大选选举策略,即由马华部长、副部长、政务次长及中央领袖"领养"该党在上届大选中落选的国会选区。具体分配见表5-6。

表5-6 马华公会"领养选区计划"人员分配情况

选区编号	州属	选区	领养人
P99	吉隆坡联邦直辖区	武吉免登	郭伟杰
P40	槟城	蒲甘	
P101	吉隆坡联邦直辖区	士布爹	李金狮
P108	森美兰	亚沙	
P47	槟城	淡巴鲁	林良实
P65	霹雳	金宝	
P42	槟城	大山脚	黄俊杰
P113	马六甲	马六甲市区	
P59	霹雳	怡保	陆垠佑
P107	森美兰	芙蓉	云时进
P58	霹雳	彬如港	黄秋贵
P102	吉隆坡联邦直辖区	新街场	邓育桓
P91	雪兰莪	蒲种	蔡锐明
P99	雪兰莪	八打灵再也	陈祖排
P60	霹雳	巴都牙也	林亚礼

资料来源:《马华15失陷区"养父"名单公布》,《中国报》1989年6月10日。

(二) 与行动党直接对垒

1990年10月4日,总理马哈蒂尔宣布国会将在翌日解散,提名日是10月

---

[1] 丘光耀:《超越务实与教条:马来西亚民主行动党研究》,大将出版社,2007,第418页。
[2] 《分析务边补选成绩》,《南洋商报(言论版)》,1987年5月23日。

11日,投票日为21至22日。在议会解散前夕,即8月18日,董教总决定派员参加行动党,以"壮大反对党,促成两线制",践行民主政治理想,给马华和民政党带来极大压力。而投票日的前8天,行动党和46精神党以及泛马印度人前进阵线、马来西亚统一党、人民党组成"人民阵线"(以下或称"人阵",Gagasan Rakyat),与之前由46精神党、伊斯兰党、伊斯兰阵线、哈民党组成的"伊斯兰教徒团结阵线"(Angkatan Perpaduan Ummah)形成反对党联合阵线,在东姑拉沙里的领导下与国阵分庭抗礼。

国阵的竞选宣言是《迈向和平稳定及繁荣的马来西亚》,以国阵连续执政33年达成的国家团结、民主进步、经济繁荣、民生改善、乡村发展、宗教信仰自由,呼吁投票国阵以确保继续享有和平、稳定和繁荣,并警告选民勿要冒险求变。[1] 反对党阵线名为《挽救马来西亚》的竞选宣言则矢言改革,对涉及廉政建设、废除恶法、消除贫困等的12个领域许下改革承诺。[2] 对选民而言,无疑是维持现状的保守情节与实现突破的改革意识的抉择。

1990年10月11日提名结果公布后,更是给选民非此即彼的选择。反对党之间达成默契,绝大多数选区出现国阵与反阵候选人直接对垒的局面,这是前所未有的现象。较之历届大选出现的多人对垒的情况,它可有效避免以前大选中因反对党之间内耗而分散选票的情况,提高反对党成员胜选率。[3] 纵观反对党阵营布阵,拉沙里的选举策略是回民阵线在东海岸各州伏击巫统,主要战场是马来甘榜选区;人阵则在西海岸的马来选区及混合选区由46精神党上阵对垒巫统,西海岸城镇区交由行动党包抄马华、民政党和国大党。[4] 马华与行动党再次短兵相接。行动党的排阵方式的确惊险,林吉祥、卡巴星、魏福星、陈庆佳、张德发、林福成6位重量级人物全部被安排至敌营堡垒区,林吉祥本人不仅在丹绒国会提名,更是到巴当哥打州选区直接挑战槟城首席部长林苍佑。(见表5-7)

---

[1] Kim Hoong Khong, *Malaysia's General Election 1990: Continuity, Change, and Ethnic Politics* (Singapore: Institute of Southeast Asian Studies, 1991), pp. 5-6.
[2] 《反阵联合宣言,实施公平经济政策,提供更好教育》,《南洋商报》1990年10月14日。
[3] Aziz Zariza Ahmad, *Mahathir: Triumph After Trials* (Kuala Lumpur: S. Abdul Majeed, Pub. Division, 1990), p. 379.
[4] 丘光耀:《超越务实与教条:马来西亚民主行动党研究》,大将出版社,2007,第418页。

表 5-7　1990 年大选提名后国阵与反阵的对垒情况

国会选区	席位/席	州选区	席位/席
直接对垒	138	直接对垒	298
三角战	34	三角战	51
四角战	2	四角战	2
五角战	3		
六角战	1		
"不劳而获"	2		
总计	180	总计	351

资料来源：Aziz Zariza Ahmad, *Mahathir*: *Triumph After Trials* (Kuala Lumpur: S. Abdul Majeed, Pub. Division, 1990), p.380。

对反对党阵线两线制概念，马华公会的论点是概念原则没有错，但不适合马来西亚多元结构的政治现实，贸然实施会让伊斯兰党间接受益，国家向伊斯兰神权主义政权靠近。[1]反对阵线竞选宣言，林良实更是将其斥责为完全不实际的承诺。[2]在与行动党的选战中，马华将攻击焦点集中于行动党国会、州议员服务记录不佳，居民损失执政党议员拨款，指出全国三分之一新村内未臻理想的华小校舍全部集中在行动党选区。反对党议员的管理，也使选区内居民遭受巨额损失，1969—1986年行动党有71名国会议员，以国会议员每年至少20万令吉拨款计算，21年来行动党国会选区居民至少损失2.98亿令吉；州议席上，共有128名州议员，按平均每名州议员每年获得拨款5万令吉计算，累计令辖区居民损失1.34亿令吉拨款。[3]林良实甚至向选民许下诺言，大选后将筹款500万令吉，加上政府500万令吉拨款，总共投入1,000万令吉完成柔佛拉曼学院分校的建校计划；[4]李金狮也承诺配合华社发展独中，包括争取大学先修班加设华文科，协助育华中学及育华小学开办分校。[5]

1990年10月15日，正当各方激战正酣时，以卡达山族为基础的沙巴团结

---

[1]《金狮：概念可接受，两线制是否符合国情，华社应做周详探讨》，《中国报》1990年9月24日；《翁诗杰指吉祥两线努力，间接使伊斯兰党受益，迈向建立伊斯兰神权主义政权》，《光华日报》1990年10月26日。

[2]《林良实指反阵宣言，仍完全不实际承诺》，《新明日报》1990年10月14日。

[3]《条件胜对手先声夺人，李光辉打万茂求突破》，《通报》1990年10月16日。

[4]《林良实称马华大选后将向华社筹五百万，完成柔拉曼分校计划》，《星洲日报》1990年10月20日。

[5]《李金狮许下诺言：配合华社发展独中》，《新明日报》1990年10月21日。

党突然宣布离开国阵,参加人阵。此举被马哈蒂尔形容为"背后捅一刀",随即改变选举策略。鉴于卡达山族多是基督徒,巫统故技重演,诉诸马来人的宗教和种族情绪,称46精神党与其他族群政党勾结,若其执政必会削弱马来族群地位。10月19日和20日,《马来前锋报》和《南洋商报》出现全版恐吓性政治广告,描绘马来武士与葡萄牙舰队作战图。前者标题为《支持(造反)带来沦亡》,后者标题为《历史的回顾》,分别向马来选民和华人选民传达不同的政治含义。对马来族群,46精神党被影射为马来叛徒;对华人社会,华人被形容为葡萄牙舰队,警告华人,如若侵犯马来人,他们会拼死反抗。林吉祥称这是马来西亚传媒史上最具种族性和煽动主义的广告。[1]而就当东姑拉沙里和林吉祥东渡沙巴与沙巴团结党主席拜灵(Pairin)"会师"时,拉沙里头戴类似十字架符号的卡达山族传统欢迎帽,令巫统抓住了反击要害。翌日,政府控制的各类媒体以头版头条刊登此画面,声称拉沙里已经将穆斯林利益出卖给基督教徒。[2]后来事实证明,巫统绝地反击造成46精神党流失大量马来人选票,是其选败的关键。

(三) 选举结果

1990年10月21日的开票结果令所有期待两线政治的选民大失所望。国阵成功保住中央政府执政权,但马哈蒂尔遭遇自上任以来最大的选举挫败。虽继续维系国会议席三分之二多数地位,但在180个国会议席中仅获127席,比上届大选少21席。而且得票率仅为51.9%,比上届55.82%的得票率继续下滑3.92个百分点。有分析指出,在790多万选民中,只要约20万选民弃投国阵,国阵就将失去政权。[3]所以,本届大选国阵是以微弱多数取胜。州议席方面,国阵获得253席。国阵候选人在吉兰丹全军覆没,州政权拱手让给伊斯兰教徒团结阵线;沙巴州政权则落入沙巴团结党手中。这样的结果令巫统喜忧参半。喜的是

---

[1] Lim Kit Siang, *The Dirtiest General Election in the History of Malaysia* (Petaling Jaya: Orien Group, 1991), pp. 9-10.

[2] Kim Hoong Khong, *Malaysia's General Election 1990: Continuity, Change, and Ethnic Politics* (Singapore: Institute of Southeast Asian Studies, 1991), pp. 6-7.

[3] 祝家华:《解构政治神话:大马两线政治的评析(1985—1992)》,华社资料研究中心,1994,第291页。

成功解除 46 精神党的威胁,后者竞逐 61 个国会议席仅赢得 8 席,参选 152 个州议席只取得 19 席,除领袖拉沙里胜选外,该党其他重要领袖全部失利。忧的是伊斯兰党开始走出低谷,获得 7 个国会、33 个州议席的好成绩,分散了大量马来选票,令巫统马来族群支持有所松动。另外,华人选票仍然继续保持政治反对的态势,在槟城,国阵仅获得 19 个州议席,险些失去州政权。

华基各政党中,马华预料的钟摆效应并未实现,马华公会参选 32 个国会议席,中选 18 席,仅比上届增加 1 席,但却比上届 12.42% 的得票率降低了 1.12 个百分点。州议会方面,该党角逐 69 个州议席,获得 33 席,在槟城仍是毫无收获。行动党则延续上届大选神话,竞选 54 个国会议席,中选 20 席,得票率为 16.5%,虽比上届少 4 席,得票率也下降 3.8 个百分点,但皆是由于将议席让给 46 精神党和沙巴团结党所致。州议席上,行动党提名 78 席,结果赢得 44 席,创下历史新高。在槟城,林吉祥发动的"丹绒第二役"并未成功,林吉祥个人虽以 706 张多数票击败林苍佑,但全党只拿下 14 个州议席。尽管是州议席数量最多的政党,但因国阵各政党议席相加超过行动党而无缘槟城政权,因此被称为"没有欢愉的胜利"。从华裔选民投票倾向看,马华仅获 10%—20% 的华裔选票,而行动党则获得超过 70% 的华人支持。[1] 从马来西亚前 8 届大选成绩来看,马华公会在华人社会中的声望降至谷底。(见表 5-8、表 5-9)

表 5-8 1990 年大选各主要政党国会选举成绩

政党	得票数/票	得票率/%	国会议席/席
国阵	2,983,022	51.9	127
巫统	1,699,414	29.9	71
马华公会	704,358	11.3	18
民政党	178,305	3.2	5
国大党	114,756	2.0	6
反对党阵线	2,631,313	45.4	53
行动党	960,172	16.5	20
46 精神党	835,215	14.4	8
伊斯兰党	374,476	6.6	7
团结党	128,261	2.2	14

资料来源:Aziz Zariza Ahmad, *Mahathir*: *Triumph After Trials* (Kuala Lumpur: S. Abdul Majeed, Pub. Division, 1990), pp.383-385;《新明日报》1990 年 10 月 23 日。

---

[1] 祝家华:《解构政治神话:大马两线政治的评析(1985—1992)》,华社资料研究中心,1994,第 291 页。

表 5-9　1990 年大选马来半岛各主要政党州议会选举成绩

州属	席次/席	国阵/席	行动党/席	46精神党/席	伊斯兰党/席	团结党/席	反对党阵线/席
玻璃市	14	14					0
吉打	28	26	1		1		2
吉兰丹	39			14	24	1	39
丁加奴	32	22		2	8		10
槟城	33	19	14	2			14
霹雳	46	33	13				14
森美兰	28	24	4				4
马六甲	20	17	3				3
柔佛	36	32	3				3
彭亨	33	31	1	1			2

资料来源：Aziz Zariza Ahmad, *Mahathir*: *Triumph After Trials* (Kuala Lumpur: S. Abdul Majeed, Pub. Division, 1990), p.383。

第二节　平稳发展：1995—2004 年大选分析

1990 年大选,在反对党阵线凌厉攻势下,国阵以微差多数保住国会议席三分之二多数地位,凸显两线政治虽使种族权威民主政体的稳态结构产生剧烈震荡,但在国阵强大的自我修复机制的补救中,总算有惊无险。然而,巫统面临政党分裂,伊斯兰党崛起,马来人政治版图已经不再完整的困境,它需要争取华人支持。因而,从 20 世纪 90 年代开始,马哈蒂尔政府开始重新思考对华人政治敌视性和排斥性的策略运用,华人政治面貌随即发生重大变化。步入 1991 年的马来西亚政治明显出现"范型转移",马华公会因此走出低谷,迎来长达 10 年的平稳发展时期。

一、1995 年大选

正如选前观察家预料的那样,1995 年 4 月 24—25 日的马来西亚第 9 届大选,国阵以狂胜的姿态赢得政权。而早在一年前,总理马哈蒂尔就向国阵各成员党发出训令做好大选准备。[1] 依据大马宪法,每届议会的运作期限为5年,但自1974年以来,每届大选时间间隔均维持在4年左右。所以,当1995年4月5日宣布解散议会时,本届政府成为历史上执政时间最长的政府,足见对大选的重视程度。而选举成绩也未令政府失望,获得马哈蒂尔领导国阵四入选战以来最辉煌的胜利。国阵能够顺利扭转乾坤,与国家政策调整、反对党力量松散有直接关系。

（一）两线政治陷入低潮

1990年大选反对党结盟曾给国阵带来巨大威胁。大选过后,反对党阵线未能延续大选期间同仇敌忾之谊,在国阵政策与内部纷争的消解下,反对力量之间渐行渐远,两线政治陷入低潮。

外部环境上,进入20世纪90年代初期,国家经济明显从1985—1986年的衰退遗绪中摆脱出来。从1988年开始,经济增长连续7年超过8%;1991—1994年境外直接投资平均每年高达31.9亿马币;官方失业率一路下滑,从1986年的8.6%降到1992年的4%。经济高速增长带来的国民收入、生活水平、消费水平提升缓解了族群间因资源分配引发的争执,为政府提供更大空间转换后"5·13"结构留下的政治策略。

国家政策上,1986年底,为应对经济衰退,政府决定冒险"暂停新经济政策",但一直到选前,国家未来经济政策走向仍未明朗。而大选中华人对国阵表达的抗议情绪以及华裔选民的关键地位,令政府决定放下身段,对华人社会施以怀柔策略。随之而来的还有国家政策的一系列范型转移。这些无疑改变了华人选民的"政党心向"。政党心向意指一个社会群体的大多数成员支持某个政党的现象。在马来西亚,马来人传统上对巫统具有政党心向。特别是1969年以后的新经济政策成功帮助巫统巩固了基本盘,但是却造成华人在随后的20年中心向行动党,形成"马来人在朝,华人在野"的格局。而2020宏愿,马来人与华人不分彼此的马来亚族群形象,成功瓦解了华人选民对行动党

---

[1] James Chin, "The 1995 Malaysian General Election: Mahathir's Last Triumph?" *Asian Survey*, vol. 36, no. 4 (1996):393-409.

的向心力。同时,经济形势的好转也消弭了华人社会对政府传统的抵触情绪,釜底抽薪般地令反对党"代替政府"的政策目标失去市场。

同时,反对党这次参加大选,除了面对国阵强大的外患,也遭遇反对党之间与内部不和的内忧。[1] 行动党、46精神党与伊斯兰党政治理念的差异更直接导致反对党阵线的破裂。行动党与伊斯兰党本来分属两个意识形态的极端,"马来西亚人的马来西亚"是民族平等的世俗国,"伊斯兰教国"是以可兰经治国的神权国家,两党关于立国原则有无法妥协的矛盾。虽有46精神党牵线,然而一旦外患消失,内讧立即浮现。1992年4月28日,在上届大选前仓促成立的人民阵线注册获得批准,东姑拉沙里任主席,成员包括46精神党、行动党、人民党在内的7个成员党。但基于46精神党1990年大选后呈现分崩离析的状态,林吉祥决定对人阵给予冷处理。同时,伊斯兰党阵线执政的吉兰丹政府决意向所有丹州居民推行伊斯兰教法(Hukum Hudud),导致行动党与伊斯兰党之间再无合作的可能。另外,由于东姑拉沙里未能阻拦伊斯兰党极端行为,并在行动党与伊斯兰党决裂后,完全倒向马来族群。1994年,46精神党更是改名为"马来人46精神党"(Party Melayu Semangat 46),决意走比巫统更狭隘的马来族群主义路线争取马来保守选民的支持。行动党与46精神党的关系随即陷入僵局,前者于1995年1月24日退出人民阵线。两线政治随即陷入低潮,让国阵政府如释重负。

(二) 大选过程

本届大选,各种利好消息下,国阵志在必得,成员党之间表现空前团结。1995年4月12日,国阵公布竞选宣言,主题为"宏愿、公正、效率",强调马来西亚在平安和睦的环境中取得的辉煌经济成就、广泛的经济自由。竞选方略上,国阵延续以往组织良好的传统,组织"十户人头"的巫统工作人员,每人分别负责监管10户人家,以扭转反对阵营支持者的倾向。[2] 在国阵提名的192名

---

[1] 黄进发:《路漫漫其修远兮——反对党转型的契机》,载黄进发:《草昧十年》,燧人氏事业,2002,第22页。
[2] Edmund Terence Gomez:《1995年马来西亚大选报告与评论》,王国璋译,种籽出版社,1996,第57页。

候选人名单中,巫统占 103 席,马华公会占 35 席,比上届多 3 席,仍集中在霹雳、森美兰、柔佛等西海岸城镇。州选举方面,马华竞选 75 个州选区,比上届多 6 席。

相对于国阵井然有序的竞选活动,反对党的竞选方略显得松散许多。巫基与华基反对党的竞选宣言并无合拍之处:伊斯兰党"与伊斯兰同迈进"宣言,勾勒以伊斯兰教为基础的精神升华远景;46 精神党"为全民谋福利"宣言也提出类似主张;行动党追求大开放,"挽救马来西亚"的宣言完全是世俗化的政策主张。提名阵容上,反对党之间达致有限合作。所有 181 个各方竞逐的国会议席中,有 136 席出现双方直接对垒局面,37 席出现三角站,6 席为四角战区,另外还有 2 席五角混战。[1] 行动党提名国会 50 席,州议会 103 席,重点仍在槟城。在选前的造势中,林吉祥号称要发动"丹绒第三役",攻陷槟城政权。因而,行动党在槟城的 33 个州议席中提名多达 26 名候选人。战略布局仍沿用"王者之战"模式,林吉祥除继续在丹绒国会选区提名外,还到丹绒武雅州议会区对垒槟城首席部长许子根。

马华公会与行动党狭路相逢的选区有 25 个,其中有 15 个上演两党直接对垒的生死战,包括峇眼、大山脚、怡保东区、怡保西区、华都牙也、务边、金宝、红土坎、文冬、蕉赖(前身为新街场区)、亚沙、马六甲市区、拉美士、居銮和士乃。[2] 除马青团长陈广才在士拉央对阵独立人士惹诺阿威利外,马华中央领袖全部受到行动党的挑战。总会长林良实在拉美士应战行动党阿末顿;副总会长林亚礼在文冬受到杨志明挑战;副总会长蔡锐明峇吉里遇到陈国光;副总会长黄思华出战亚沙,对手是曾敏兴;副总会长叶炳汉沙登应战李万千;妇女组主席邓育桓回到劳勿,对手是聂德志;总秘书陈祖排出战务边,遭遇林明良。[3] 在布阵上,马华的策略是"推陈出新",所竞选的 35 个国会选区有 11 名新人上阵,75 个州选区中有 40 名新人。尤其是槟城州选区方面,除该党槟城联委会主席石清霖继续受命守土外,另外 8 个州选区的候选人则以新兵上

---

[1] Edmund Terence Gomez:《1995 年马来西亚大选报告与评论》,王国璋译,种籽出版社,1996,第 42 页。
[2] 《力争比上届大选更好成绩,马华行动党殊死战》,《星洲日报》1995 年 4 月 19 日。
[3] 《马华全部巨头受反对党挑战,多在原区守土,慈宗云进除名》,《光明日报》1995 年 4 月 16 日。

阵,以便在槟城寻求零的突破。[1]

如之前论述,长久以来行动党竞选策略依赖反风,抛出族群敏感课题向马华、民政党施压,向选民展示国阵内华基政党的无能与懦弱。此次大选,情形完全相反。马华、民政党处于攻势,行动党居守势。马华在1991年就开始对行动党全面宣战,指责吉兰丹的华人在伊斯兰党政府推行的70项伊斯兰化措施下,陷入水深火热之中。这些恶果皆因行动党在1990年大选中呼吁华人支持两线政治而起,所以林吉祥要负全部责任。而1992年4月丹州政府意图实施伊斯兰教法,马华更是夸大其词,以"断肢法"恐吓华人,指责行动党勾结伊斯兰党,将伊斯兰教国等同于两线制。在竞选活动中,马华以"华教牌"和"发展牌"进行政治宣传,并辅以"恐吓"战略。提名日之后,马华大肆刊登竞选广告,总理马哈蒂尔和副总理安华成为马华的"活招牌",标榜国家领袖挥毫书写华文,认同华语价值,而安华的名言"我们都是一家人""儒学和伊斯兰教一家亲"也都被马华作为说服华裔选民的例子。华人重教,马华宣扬推动的拉曼学院发展、为独中筹款以及浮罗交怡计划都是马华打入民间的活动,能有效改变华裔选民对马华的印象。经济是华人社会的命脉,国阵过去8年来的经济发展成就,以及趋向开放的施政方针,也赋予马华绝佳的翻身机会。甚至是马中双边关系,也被用来做拉票课题,例如一些竞选标语"请支持国阵,加强马中两国关系",其中含义令人深思。[2] 在恐吓战略中,除继续以反对党上台意味着伊斯兰教法施行,民主、自由的终结外,还实施经济威胁。安华警告选民,一旦槟城落入行动党手中,联邦政府绝不会再向槟城提供支持,因为国阵不屑与一个煽动种族间关系的政党合作。这对重商的华人社会来说是不小的震撼。

在国阵政府的怀柔政策下,本届大选行动党最重要的问题就是议题缺乏。华人选民已经不再认同行动党关于政府对非土著歧视的老调重弹。1994年大马经济连续7年超过8%的增长速度完全征服了华人社会,特别是华人中产阶级。[3] 1995年回历与农历重叠,华巫两族新年十分接近,无疑为4月的大选

---

[1]《八州选区新兵上阵,马华要在槟寻求突破》,《星洲日报》1995年4月9日。
[2]《经教兼顾矢雪耻,马华教育牌赢民心》,《中国报》1995年4月19日。
[3] James Chin, "The 1995 Malaysian General Election: Mahathir's Last Triumph?," *Asian Survey*, vol.36, no.4 (1996):393-409.

增添了融合气氛。反风迟迟不起,行动党可发挥的余地着实有限。针对槟城,它打出"有实权的首长"和"吉祥需要您"为"丹绒三役"造势。前者延续惯用的族群意涵,后者则是博取同情的哀兵战术,均无多大新意。特别是槟城这样颇具规模的中产阶级人口聚集的地区,其印制的"试五年""买一送一,火箭上台,锦华滚蛋"充斥着滑稽打油诗的宣传海报,根本没有向选民提供足够支持的理由。虽然行动党声嘶力竭地呼吁槟城人民托付未来5年的执政机会,然而却不能为选民提供另一套可行性的替代方案。[1] 许多竞选场合,行动党表现出来的风格就是戏剧性的演出效果强,却极少能够真正打动选民的心。在受政府钳制的媒体中,行动党还被人为制造出许多虚假负面新闻,抹黑了林吉祥的形象,令林吉祥当众焚烧《星报》抗议媒体不公。[2] 但是,却进一步混淆了选民视听。

华人社会的态度也令行动党陷入被动。选战尚未开打,董教总就率先宣布其不介入选举的超党派立场。自1969年大选以来,董教总已经成为大马政治运作里的关键性因素而被各政党争相拉拢,行动党正是董教总青睐下最大的受益者。此时董教总改变立场,某种程度上显示了对马华"华教牌"的认可。经济的高速增长与政府一系列经济自由化政策也令华人商界趋之若鹜。就在投票前数日,马来西亚中华总商会及其17个下属商会,公开宣布对国阵的支持。[3] 新成立的堂联也持相同立场。20世纪90年代以后,马哈蒂尔构建的"文化霸权"同样化解了华人文化界的抵触情绪,数十名华裔文艺界人士发表声明,呼吁华人支持国阵,华文报章的专栏作家也排队上电视为国阵宣传。在国阵的一片利好声中,连同行动党在内的反对党阵营果然兵败如山。

(三) 马华公会强势回弹

1995年4月25日选举结果揭晓,如表5-10所示,国阵继续蝉联执政党地

---

[1] Edmund Terence Gomez:《1995年马来西亚大选报告与评论》,王国璋译,种籽出版社,1996,第81页。

[2] 庄迪澎:《大选烽火殃及传媒——从第九届大选看传媒公信力之折损》,《资料与研究》1995年第16期,第8—15页。

[3] Edmund Terence Gomez:《1995年马来西亚大选报告与评论》,王国璋译,种籽出版社,1996,第81页。

位,并成功扭转上届大选不利局面。192个国会议席中,获得162席,不但继续保持议会三分之二多数地位,更在国会中占据六分之五强。得票率也攀升至65.05%,比上届大选51.9%的支持率增长13.15个百分点,这也是国阵继1974年大选创下60.7%的支持率以来的新高。州议会上,国阵在西马394个州议席内获得338席,除吉兰丹外,掌控了所有的州议会。在柔佛和玻璃市,国阵更是横扫千军,囊括所有州议席。在上届大选国阵溃不成军的吉兰丹,虽未能收获州政权,但亦有所斩获,得2个国会、7个州议席。(见表5-11)

表5-10 1995年大选各主要政党国会选举结果

政党	竞选席位/席	赢取议席/席
巫统	102	89
马华公会	35	30
民政党	10	7
印度人国大党	7	7
国阵其他成员党	38	29
国阵	192	162
伊斯兰党	46	7
46精神党	66	6
伊斯兰教徒团结阵线	112	13
行动党	50	9
其他反对力量	76	8

资料来源:In-Won Hwang, *Personalized Politics: The Malaysian State under Mahathir* (Singapore: Institute of Southeast Asian Studies, 2003), p.260。

表5-11 1995年大选马来半岛主要政党各州议会选举结果

州属	席次/席	国阵/席	行动党/席	46精神党/席	伊斯兰党/席
玻璃市	15	15	0	0	0
吉打	36	34	0	0	2
吉兰丹	43	7		12	24
丁加奴	32	25	0	0	7
槟城	33	32	1	0	0
霹雳	52	51	1	0	0
雪兰莪	48	45	3	0	0
马六甲	25	22	3	0	0
柔佛	40	40	0	0	0
彭亨	38	37	1	0	0
森美兰	32	30	2	0	0
共计	394	338	11	12	33

资料来源:James Chin, "The 1995 Malaysian General Election: Mahathir's Last Triumph?" *Asian Survey*, vol.36, no.4 (1996):393-409。

本届大选,马来西亚的华人选民,不论是来自城市还是新村,都明显改变了过去数十年来以反抗与宣泄情绪为依归的投票模式,把投给反对党的"施压票"改为投给执政党的"协商票",导致以巫统为首的国阵政府赢得了自独立以来,执政党得票率最高的一次选举。[1] 华人选民情移国阵的倾向在马华的选举表现中窥探端倪。马华在国会议席上拿下35席中的30席,州议席方面赢得77席中的71席,几乎比上届大选18个国会、33个州议席的成绩翻了一番。马华不但首次在众多华人多数选区赢得议席,甚至在华人比例高达86%的霹雳怡保东区,马华候选人郑光祖以24,129票对23,837票战胜行动党郭金福,实现重大突破。即便在上届大选被扫地出门的槟城与吉隆坡,马华也突出重围。在吉隆坡由陈财和拿下敦拉萨镇,在槟城更是囊括了所有参与的9个州议席,并仅输掉1个国会议席。在东海岸吉兰丹和丁加奴这两个马来州首府地区,分别拥有华裔选民39%和38.3%的哥打峇鲁和瓜丁加奴国阵选区,马华候选人也成功击退46精神党和伊斯兰党候选人。马华公会的胜利所带来的必然是行动党的挫败。在马华与行动党直接对垒的15个国会选区中,除槟城峇眼、吉隆坡自治区蕉赖、马六甲州马六甲市区三个选区外,其余全由马华收入囊中。行动党发动的"丹绒第三役"兵败如山。该党在槟城提名的26名州议会候选人中,只有章瑛在峇都兰樟区以62张多数票险胜,成为槟城行动党唯一的州议员;在槟城国会选区,行动党从原来的6席跌至3席,仅卡巴星、P.巴都、林吉祥获胜,且前二人的多数票仅为283票与118票。在全国,行动党更是溃不成军,它参与竞选的50个国会、103个州选区,仅赢得9个国会、11个州选区,许多强人纷纷落马,霹雳与雪兰莪的原有国会选区全部失守。[2] 行动党获得的总票数为678,473张,比马华公会少了257,270张,得票率亦从16.5%锐减至11.94%。

总体而言,1995年大选国阵取得的压倒性胜利得益于繁荣的经济成果提高了各社会阶层、各族群的生活水平,压缩了反对势力的生存空间。[3] 但是

---

[1] 丘光耀:《第三条道路:马来西亚华人政治选择批判》,地球村网络有限公司,1997,第15—16页。
[2] 丘光耀:《超越务实与教条:马来西亚民主行动党研究》,大将出版社,2007,第453页。
[3] Mohamed Jawhar bin Hassan, "Malaysia in 1995: High Growth, Big Deficit, Stable Politics," *Asian Survey*, vol. 36, no. 2 (1996):123-129.

马华公会取得的辉煌战绩并非意味着该党在国阵内部与巫统协商资本的提升。理论上讲,政党的资本源于选民的支持,马华公会与巫统协商的资本来自选举中华人选民的授权。而现实情况是,本届大选华人选民支持马华不是由于他们满意于马华而选择托付,而是满意于巫统的华人政策。马华的政治力量反而与总理马哈蒂尔在华人社会中的威望成正比。因而,在经济繁荣溶解华人社会敌对情绪的20世纪90年代,一切族群议题都烟消云散。马华公会除受庇佑于巫统外无可作为。其领导人似乎也很满足这种现状,选择自我放逐。如时任总会长林良实所言:"我总是告诫党内的领导人,如果你是少数民族,你必须学习去做一个优秀的少数民族,否则就是自讨苦吃。"[1]

二、1999 年大选

经济高速增长与1995年大选国阵优异表现的相互辉映下,1995年以后的马来西亚政坛仿佛进入了"历史的终结",国阵已经全面击退反对党,将永远执政下去。除伊斯兰党外,主要反对政党如46精神党与行动党的前途一片黯淡。前者在1996年10月宣布解散,领袖解甲归田,回归巫统;后者在败选后卷起激烈的内部斗争,有人拂袖而去,[2]有人因去世或健康原因离职,[3]加之捉襟见肘的财务状况,行动党陷入茫然无助的恐慌中。人民阵线、伊斯兰党阵线、两线政治都成为历史的名词。正当反对阵营手足无措之际,形势却在1997年与1998年急转直下,发展令人目不暇接。

---

[1] In-Won Hwang, *Personalized Politics: The Malaysian State under Mahathir* (Singapore: Institute of Southeast Asian Studies, 2003), pp. 263-264.

[2] 败选后,林吉祥与党内华教人士柯嘉逊、李万千等人的矛盾公开化,最终导致分道扬镳。参见柯嘉逊:《在民主行动党的日子:1990—1995》,陈家纶译,东方企业有限公司,1996,第52—53页。

[3] 行动党副总秘书长P.巴都国会议员逝世,宣传秘书黄朱强国会议员资格被法庭否决,副秘书长和组织秘书沈观仰和郭金福因健康和派系纠葛而辞去党职,转而从商。1998年初,行动党内部"倒林行动"公开控诉在林吉祥的独裁作风下,有32名优秀领袖被迫离开行动党,但未获行动党代表大会支持。参见James Chin, "A New Balance: The Chinese Vote in the 1999 Malaysian General Election," *South East Asia Research*, vol. 8, no. 3 (2000):281-299.

（一）两线政治重新抬头

1997年7月，一场突如其来的亚洲金融风暴席卷亚洲，殃及马来西亚。大马经济在经历了10年接近两位数的增长速度后，戛然而止。马币令吉骤然贬值40%，吉隆坡股市综合指数下降73%。[1] 为应对金融风暴，时任财政部部长安华与总理马哈蒂尔发生严重分歧。前者主张与接受国际货币基金组织经济救济方案，以货币浮动、高利率、市场自由化配套措施由自由市场支配非干预型国家；后者认为要利用国内的自力更生和资源来干预政府策略性经济领域与综合企业。1998年9月1日，政府决定孤注一掷，实行汇率管制阻断资本外逃，扩大公共开支，协助银行清查不良信贷。一年后，马哈蒂尔方案初见成效，1999年11月大马国股市开始大幅上涨，外资逐渐回流，经济复兴形势明朗。

如20世纪80年代后期，经济危机再次触发政治斗争，这次安华成为马来西亚政治经济错失的替罪羊。1998年9月初，安华被解除副总理兼财政部部长及党内一切职务。安华绝地反击，发表《峇东埔宣言》，组织马来人举行大规模街头示威，讨伐马哈蒂尔。就在独立广场集会当晚，安华被警方逮捕，被指10项控诉（5条渎职罪，5条鸡奸罪）面临法庭审判。马哈蒂尔的意图非常明确，从伊斯兰教道德上丑化安华，断绝其所有社会基础，使他即使在政治外围也无法形成对政府的有效挑战。[2] 但政府说辞无法令民众信服，安华点燃的"烈火莫熄"（Reformasi，"改革"之意）政改运动愈演愈烈。与之前行动党在华人社会展开的"声援林冠英"大集会、"还我公正，释放冠英"运动遥相呼应。[3] 因林冠英牺牲自己协助与他不同族群、信仰的马来少女令许多马来人对他心

---

[1] Johan Saravanamuttu, "The Eve of the 1999 General Election: From the NEP to Reformasi," in *New Politics in Malaysia*, eds. Francis Loh Kok Wah and Johan Saravanamuttu (Singapore: Institute of Southeast Asian Studies, 2003), pp. 6-7.

[2] William Case, "The Anwar Trial and Its Wider Implications," in *Malaysian Economics and Politics in the New Century*, eds. Colin Barlow and Francis Loh Kok Wah (Cheltenham: Edward Elgar, 2003), pp. 119-131.

[3] 事因一名未成年马来少女遭强暴的案件而起。谣传当时的巫统青年团主席兼马六甲首席部长拉欣•淡比涉及此案。林冠英为这名少女担任律师而被政府以煽动法令为由逮捕。1998年8月25日，林冠英被判刑期18个月。

生敬意，从而降低了对行动党"华人沙文主义"的传统敌意。所以，在反对马哈蒂尔政权的共同目标下，马来人与华人开始突破种族、文化藩篱，尝试建立多元族群联盟。

1998年底，安华夫人旺·阿兹莎发起"社会公正运动"，第二年再成立多元族群主义的国民公正党（Parti Keadilan Nasional，简称公正党）。该党打着政改的旗号，主要冲着国阵巫统而来，这股反对力量从巫统的内部抗争而至走上街头，继而结社立党。[1] 同一时间，伊斯兰党协调成立的"人民公正运动理事会"（GERAK）开始拉拢各反对党和非政府组织，希望借"烈火莫熄"引发的马来人反叛，通过议会选举，改变朝野政党的政治版图。GERAK得到公正党、行动党、人民党与各类社会运动中政治异议分子的响应。1998年8月，GERAK已经在3项紧要课题上达成协议：共同竞选宣言、"一对一"的竞选策略、制度化的程序解决未来可能的分歧。[2] 反对党这次空前紧密的合作与集体领导促使GERAK被称为"替代阵线"（Barisan Alternatif，以下或称"替阵"）。林吉祥自知加盟替阵是步险棋，但他称"如果我们相信这一届大选，是否决国阵三分之二议席的黄金机遇，那么为了恢复民主，以及国家和人民的未来，冒这个风险也是值得的"[3]。

马来社会吹起的反风让华人社会也看到了"机会"。1999年8月16日，董教总与马来西亚九大华团公布《马来西亚华人社团大选诉求》，向政府提出"17点大选要求"，包括要求不分族群实施扶弱政策、取消土著与非土著之分等，得到全马两千多个华团联署支持。迫于选举利益，马华公会宣布原则上接纳"诉求"（Demands）。但鉴于政府"要的是人民无条件支持"的强硬立场，马华与民政党、人联党组成内阁代表团与华团代表会商，将华人社会选前向政府施压的"诉求"，以词语翻译的方式降格为不带具体条件的一般性"请求"（Appeals），并以缓兵之计将"诉求"带入第二国家经济咨询理事会讨论，获得国阵牌面上

---

[1] 翁诗杰：《国民公正党的考验》，载翁诗杰：《打造新政治文化》，大将事业社，1999，第180页。
[2] 邱武德：《超越马哈迪：大马政治及其不平之鸣》，王国璋、孙和声、黄进发等合译，燧人氏事业，2004，第125页。
[3] 丘光耀：《超越务实与教条：马来西亚民主行动党研究》，大将出版社，2007，第471页。

的认同。[1] 这样解除华人社会压力,使华团"诉求"沦为选前无足轻重的课题。

(二)"恐吓"战术的胜利

1999年11月10日,当国会正在审查财政预算时,总理马哈蒂尔出人意料地解散国会,宣布11月20日提名,11月29日投票。总理此举纯属排除年轻选民政治参与之对策。安华被革职后,大约68万人在1999年4月前登记为新选民,这多是"烈火莫熄"运动后政局发展的结果,他们欲集合选票教训当权者。按照选举法规定,新选民必须经过半年审查期后才能成为合格选民,故而从2000年1月起,他们才能行使选举权。因此抢在新选民选举权生效前举行大选,是国阵重要的选举策略。

国会解散之前,替阵就已公布竞选宣言——《朝向公正的马来西亚》,称马来西亚人民面临的最大挑战是建立公正和民主的国家,指责政府扰乱司法,镇压和平示威者,提出社会和政治改革项目以恢复公民权利和自由,去除"以马来人为主"的政治特性,肯定宪法框架内伊斯兰教徒与非伊斯兰教徒之间对话的必要性。[2] 相对于1986年大选反对党阵营提出的"实现政权更迭"计划,是次大选替阵的目标显得保守与务实,欲否决国阵议会三分之二多数,保住吉兰丹控制权。4个政党通过协商所分到的参选国会议席数是:伊斯兰党63席,公正党60席,行动党46席,人民党4席。具体布阵如下:伊斯兰党主要竞选西马马来人口比例较高的马来区,公正党主要竞选马来人口比例较低的马来区,行动党竞选所有华人区和大部分混合选区。混合议席分配暴露替阵内部矛盾:公正党遭受排挤,它既不具有浓厚的伊斯兰色彩,又没有行动党种族主义倾向,最好安排在混合选区,但行动党竞选17个混合选区,仅给公正党留下

---

[1] Ng Tien Eng, "The Contest for Chinese Votes: Politics of Negotiation or Politics of Pressure?" in *New Politics in Malaysia*, eds. Francis Loh Kok Wah and Johan Saravanamuttu (Singapore: Institute of Southeast Asian Studies, 2003), p. 99.

[2] Lim Kit Siang, "The Challenges of Opposition Politics in Malaysia—Checking Growing Authoritarianism and Ethnic Re-polarization," in *Malaysian Economics and Politics in the New Century*, eds. Colin Barlow and Francis Loh Kok Wah (Cheltenham: Edward Elgar, 2003), pp. 160-163.

7个。

国阵在竞选期间在各家报章刊登的广告这样描写——"别赌掉我们的前途",以执政42年的经验指投票支持反对党是步向无知的前景和向一个无经验者下赌注,把安华描述成缺乏道德、不能信赖的反面人物,指责反对党鼓吹暴力。以"伊斯兰教国""断肢法"恐吓华人和印度人,希望依靠两大少数民族的支持来抵消穆斯林马来人的反叛。[1]在国会议席参选分配上,巫统104席,马华公会35席,民政党10席,国大党7席。由巫统主攻马来人选区,与伊斯兰党和公正党一争长短。马华公会与民政党在华人选区攻击行动党,在一些混合选区首次与公正党开战。马华公会获得6个马来人选区、19个华人选区和10个混合选区,民政党获得5个华人选区、5个混合选区。

本届大选竞选活动持续9天,选战从11月10日拉开。与往届大选不同,马华的劲敌除行动党外,多了一个公正党,因而竞选部署除了要强化自己,更要削弱敌人。削弱敌人方面,马华依然沿用上届大选的利器——"恐吓"。鉴于行动党已经公开与伊斯兰党结盟,马华的"恐吓"战术更加凌厉,宣称选行动党等于选伊斯兰党,进而等于选伊斯兰教国。虽然伊斯兰党在替阵议席分配中仅获得三分之一议席,无力修改宪法建立伊斯兰教国,但在行动党无力左右伊斯兰党政策的情况下,一旦替阵掌权,伊斯兰党完全可以不需要修改宪法而宣布伊斯兰教化政策,颁布伊斯兰教法条例,干预华社各领域的日常生活和自由。更何况伊斯兰党领袖哈迪·阿旺早已宣布,伊斯兰教法的施行,不需要取得非伊斯兰教徒的同意。到时候在伊斯兰教的政策下,华人宗教信仰自由将受到极大限制,饮食习惯将被迫改变,甚至可能没有吃猪肉的自由。若以伊斯兰教教义作为道德衡量标准,华社尊严将丧失殆尽。此外,女权受到侮辱,女人不能在晚上工作、不能担任主管人,漂亮女性不应外出工作等歧视性别的条款会争相出台。华人生意也将受到影响,不准有娱乐中心、酒店,甚至不准女性理发师为男性理发。更可怕的是,伊斯兰党会实施"断肢法",偷东西的人将

---

[1] 策略资讯研究中心政治分析组编《巫统的困境:第十届大选分析》,策略资讯研究中心,2000,第6—7页。

被斩断手脚。所以,华人选民切莫投错票断送华裔子孙前途。[1] 通过这些简单但煽情的宣传,马华向选民展示了替阵上台后的可怕景象,行动党反而无力用理性的数据加以驳斥。恰在选前,伊斯兰党署理主席哈迪·阿旺向国会提呈要求国家立法规定"穆斯林叛教死罪"的私人动议更是增加了马华恐吓的可信度。除用族群议题恐吓选民外,马华还用邻国印尼政治骚乱引发华人屠杀血案来教育华人选民学会惜福,在《要稳定还是要骚乱》的宣传文告中,警告华人选民勿要意气用事、发泄情绪,若政局强行改变势必会引发骚乱,到时候华人会引祸上身。[2] 对待公正党的态度,马华称其犹如当年的 46 精神党,所谓多元民主、自由公正只是沽名钓誉的政治招牌而已,在分久必合的情况下,它必然会重返巫统怀抱。[3] "强化自己"战略部署上,马华缺乏新意,依然重弹"有人在朝好办事"的老调,呼吁华人投票给国阵确保马华在政府内有足够的力量确保华族权益不受侵蚀。但政府发放的政治糖果却成功修补了 1995 年教育法令等不利课题。1999 年 9 月,教育部副部长冯镇安宣布在华人聚集的雪隆两地,政府批准 5 所华小增建分校,兴建 2 所国中。[4] 1999 年 11 月 13 日,各方激战正酣时,教育部宣布将向华文、淡文学校额外拨款 1,600 万令吉,其中意义不言自明。

反观行动党,仍然延续上届大选时的被动处境,未能突破执政党包围,表现在 3 个方面:第一,主流媒体被官方垄断,行动党无法传递有效信息。大选开战时值年末,各大媒体都因出版准证更新问题自我调节。相关数据显示,从 1999 年 11 月 12 日到 29 日投票,在 3 家主要英文报纸(《星报》《太阳报》《新海峡时报》)刊登的大选新闻中,有 50% 是利于国阵的,而替阵的正面消息分别仅占 14.6%、3.5%、1.6%。[5] 这意味着当各大平面媒体与电子媒体充斥着国

---

[1] 马华宣传局:《伊斯兰教统治无需三分之二议席》,《南洋商报》1999 年 11 月 22 日;张老头:《替阵是回教(伊斯兰教—作者注)党建立伊斯兰教国的工具》,《马华快讯》(大选特辑)1999 年 11 月 22 日。

[2] 马华宣传局:《要稳定还是要骚乱》,《南洋商报》1999 年 11 月 25 日。

[3] 《黄家定:犹如 46 精神党,公正党迟早回归巫统》,《马华快讯》1999 年 9 月 28 日。

[4] 《教育部接纳增建五间华小,另两间国中也批准兴建》,《马华快讯》1999 年 9 月 28 日。

[5] Mustafa K. Anuar, "The Role of Malaysia's Mainstream Press in the 1999 General Election," in *New Politics in Malaysia*, eds. Francis Loh Kok Wah and Johan Saravanamuttu (Singapore: Institute of Southeast Asian Studies, 2003), pp. 53-65.

阵领导人正面形象时,替阵却登告无门,或者受到种种刁难。无奈之下,反对党只能求助网络等非主流媒体。共有6个网站为行动党报道竞选活动,但因网络受众面偏窄,无法左右选民倾向。第二,选择议题未能产生广泛效应。林冠英事件、拉曼学院升格大学、立百灾疫是行动党竞选造势的三大课题。林冠英遭受不公平的司法待遇确实引起华人同情。与此事异曲同工的安华事件激发的"烈火莫熄"情绪却没有充分感染华人选民,它虽然重新挑起了有关民主与公民社会的争论,却无法倾注类似马来人文化反叛的情绪。拉曼学院升格大学议题,被马华成功地以"拉曼学院若升格为大学,那么就必须遵守55∶45的土著与非土著学生比例",反有害于华人社会遮掩过去。立百病毒灾疫造成100余人死亡,损失11.8亿令吉,森美兰州养猪业全面歇业,令5%的全国雇佣人口失业的浩劫与政府延误治疗、处理疏忽及马华公会善后不利有直接关系。[1] 本是行动党颇具攻击力的议题,却由于媒体刻意回避,而无法引起社会共鸣。第三,具体战术屡屡失误。本届大选,行动党槟城提名7个国会、17个州选区。为避免华人对改朝换代的恐惧,行动党放弃以往声势浩大的执政鸿图,以守为攻,先稳住华人选票,借马来选票因反巫统而力挺行动党。林吉祥本人也避开"王者之战",转战升旗山国会选区与植物园州选区,对垒民政党总秘书谢宽泰与槟岛市政主席丁福南。事后证明林吉祥的布局是错误的。由于民政党议员在槟城政绩颇得民心,选民反而厌恶林氏的挑战行为,令其铩羽而归。另一位重量级人物卡巴星,由于其子佳日星(Jagdeep Singh)也是行动党武吉牛汝莪(Bukit Gelugor)选区候选人,被对手批评搞裙带关系的王朝政治而败下阵来。[2]

（三）华人选票全面回流？

第10届大选结果在1999年11月30日凌晨揭晓。单从席位上看,国阵执政地位稳固。尽管当时政治示威运动,再加上对安华支持的运动较为猛烈,但马哈蒂尔的政权似乎并未受到真正的威胁。[3] 在193个国会议席中取得

---

[1] 策略资讯研究中心编《立百大浩劫:为何赔上这么多命?》,文运企业,2000,第14页。
[2] James Chin, "A New Balance: The Chinese Vote in the 1999 Malaysian General Election," *South East Asia Research*, vol. 8, no. 3 (2000):281-299.
[3] 赵银亮:《聚焦东南亚:制度变迁与对外政策》,江西人民出版社,2008,第131页。

148席，394个州议席中赢得281席，得到国会三分之二多数席位。替阵赢得42席，其中伊斯兰党27席，行动党11席，公正党4席。只是，连串的现象却让国阵的胜利变成"苦涩的胜利"。较于上届大选，国阵的国会议席减少14席，州议席减少57席，得票率更是从65.05%降至56.5%，是1974年大选以来的第二低，仅比1990年表现略强。不但没有夺回吉兰丹，更进一步失去富产石油的丁加奴州政权。国阵成员党中，巫统是最大的失败者。国会议席上，该党从上届的89席降至本届的72席，少17席；州议席上，从230席降到176席，少54席。巫统历史上首次出现，需要依赖国阵其他成员党才能执政。在巫统与伊斯兰党的对决中，前者取得31席，后者赢得27席，相差仅4席；得票率则相当接近，巫统为50.7%，只多3.5%。这显示伊斯兰党已经分流了接近一半的马来选票。但巫统却在马来选民占91%以上的"心脏"地带，全部被击败。在58个马来人占三分之二多数的国会选区内，巫统支持率也全面下跌，降幅从6%到38%不等。[1]巫统众多高官随之纷纷落马，包括4个内阁部长、2个副部长和1个州务大臣。在替代阵线的阵营中，行动党仍然延续上届败选的颓废之势。在它竞选的46个国会议席中，赢得10席，仅比上届多1席。州议席方面，参选88席，仅获11席，除马六甲独获4席外，其他只取得零星胜利。在马华与行动党对垒的24席中，马华的胜选席位虽是后者的3倍，但两党得票率基本持平，分别为50.5%与47.7%。在马华与公正党的竞选中，马华虽囊括所有8个议席，公正党并未对其形成实质挑战，但后者却取得37.4%的支持率。巫统与行动党的失意，制造了马来人反国阵，华人亲国阵的印象。如马华领导人所言，从1995年大选马华公会强势回弹，到1999年大选华人选票已经全面回流，马华已经得到99%华人的支持。（见表5-12、表5-13）

事实并非如此。本届大选，马华表现确实不错。竞选35个国会议席，得28席，得票率为14.1%。在吉打、彭亨、雪兰莪、森美兰4州大获全胜，但在槟城、吉隆坡，马华仍遭遇行动党有力挑战，在两地分别提名3个和4个候选人，都只有1人中选。州议席方面，参选78席，中选68席。在玻璃市、吉打、槟

---

[1] Maznah Mohamad, "The Contest for Malay Votes in 1999: UMNO's Most Historic Challenge?" in *Malaysian Economics and Politics in the New Century*, eds. Colin Barlow and Francis Loh Kok Wah (Cheltenham: Edward Elgar, 2003), pp. 160-163.

城、彭亨、森美兰、柔佛 6 州将所有参选州议席尽数收归囊中,在雪兰莪仅失 1 席,唯霹雳与马六甲折损最多,各败选 3 席。在吉兰丹与丁加奴,亦未能延续上届传奇,两个马来州议席尽数全失。国会、州议席数量上,马华的确处于历史高位,但并不意味着其获得华人社会完全信任。

表 5-12　1999 年大选各主要政党国会竞选成绩

政党	竞选席位/席	赢取议席/席	所得选票/票	得票率/%
巫统	104	72	1,986,006	29.8
马华公会	35	28	936,239	14.1
民政党	10	7	211,854	3.2
印度人国大党	7	7	171,998	2.6
国阵其他成员党	37	34	456,915	6.9
国阵	193	148	3,763,012	56.5
伊斯兰党	63	27	997,816	15.0
公正党	60	5	766,614	11.5
行动党	46	10	848,040	12.7
人民党	4	0	68,990	1.0
替阵	173	42	2,681,460	40.3
其他反对党	63	3	214,940	3.2

资料来源:策略资讯研究中心政治分析组编《巫统的困境:第十届大选分析》,策略资讯研究中心,2000,第 53 页。

表 5-13　1999 年大选马来半岛国阵、替阵州议会选举成绩

州属	议席总数/席	国阵、替阵得席数量			
		国阵		替阵	
		数量/席	比例/%	数量/席	比例/%
柔佛	40	40	100	0	0
吉打	36	24	66.7	12	33.3
吉兰丹	43	2	4.7	41	95.3
马六甲	25	21	84.0	4	16.0
森美兰	32	32	100	0	0
彭亨	38	30	78.9	8	21.1
槟城	33	30	90.9	3	9.1
霹雳	52	44	84.6	8	15.4
玻璃市	15	12	80.0	3	20.0
雪兰莪	48	42	87.5	6	12.5
丁加奴	32	4	12.5	28	87.5
总计	394	281	71.3	113	28.7

资料来源:策略资讯研究中心政治分析组编《巫统的困境:第十届大选分析》,策略资讯研究中心,2000,第 57 页。

从总体表现来看:与上届大选相较,1999 年大选马华国会、州议席数量均

有所减少。在其参选的35个国会选区中,10个选区的支持率有所上升,而有24个选区的支持率下降,最大升幅仅为6.8%,而最大降幅则高达25.7%。[1] 若将马华竞选的35个国会议席分为4组[第一组,4席华裔选民占80%以上;第二组,15席华裔选民比例介于50%—80%;第三组,10席混合选区(5席华人多于马来人,5席马来人多于华人);第四组,6席马来选民过半的选区],那么,就可通过马华在各组的表现,概括马华得票率与华裔选民族群比例之间的关系。如表5-14所示,在第一组4个选区中,马华仅获1席,平均得票率为45.3%;而行动党胜选3席,平均得票率为52.9%。第二组15个选区中(见表5-15),马华赢11席,平均得票率为53.8%,比上组上升8.5个百分点;行动党胜4席,平均得票率为43.7%,下降9.2个百分点。第三组10个混合选区,在5个华人多过马来人的选区内,马华得票率为59%,另外5个马来人多过华人的选区内,马华得票率继续上升至63.4%。[2] 所以,可以看到,马华得票趋势与华裔选民族群比例呈反比例关系,华人选民比例越高,马华得票率会越低。当华人比例在85.5%时,马华得票率仅有45.3%。如果假想华人比例为100%,马华得票率必然低过45%,而完全不敌行动党。所以,1999年大选,不是马华宣传的那样——"华人选票已经全面回流,马华已经得到99%华人的支持",而是马华所获华人支持在45%以下。这个成绩与1982年大选马华获得华人51.7%的支持率相比,至少下降7个百分点。故而,可以得出结论:虽然20世纪90年代马华公会步入了稳定发展阶段,1995、1999年两届大选所获国会、州议席数量创下历史新高,但它在华人社会的影响力却逐渐降低,马华公会仍然必须依靠马来人选票才能生存。这点也可以在国阵混合选区内的优异表现得到佐证。

---

[1] 策略资讯研究中心政治分析组编《巫统的困境:第十届大选分析》,策略资讯研究中心,2000,第6—7页。
[2] 策略资讯研究中心政治分析组编《巫统的困境:第十届大选分析》,策略资讯研究中心,2000,第19页。

表 5-14　1999 年大选马华公会与行动党在 4 个华裔选民最多的选区的得票情况

选区	选民人数/人	华裔选民比例/%	总票数/票	马华得票数/票	行动党得票数/票	马华得票率/%	行动党得票率/%
华都牙也	57,406	82.5	38,774	17,796	19,867	45.9	51.2
蕉赖	65,784	83.9	46,383	18,587	27,579	40.1	59.5
怡保东区	74,896	85.0	49,654	25,273	23,146	50.9	46.7
士布爹	72,014	89.8	52,954	23,457	28,657	44.3	54.1
总计	270,100	85.5	187,765	85,113	99,249	45.3	52.9

资料来源：策略资讯研究中心政治分析组编《巫统的困境：第十届大选分析》，策略资讯研究中心，2000，第 19 页；Ng Tien Eng, "The Contest for Chinese Votes: Politics of Negotiation or Politics of Pressure?" in *New Politics in Malaysia*, eds. Francis Loh Kok Wah and Johan Saravanamuttu (Singapore: Institute of Southeast Asian Studies, 2003), p. 89.

表 5-15　1999 年大选马华公会与行动党在 15 个华裔选民比例在 50%－80%选区的得票情况

选区	总票数/票	马华得票数/票	行动党得票数/票	马华得票率/%	行动党得票率/%
峇眼	53,840	24,999	27,757	46.4	51.6
大山脚	51,918	23,937	26,847	46.1	51.7
峇央峇鲁	63,187	35,762	26,281	56.6	41.6
怡保西区	47,863	25,155	21,477	52.6	44.9
金宝	39,681	23,030	15,567	58.0	39.2
八打灵再也北区	49,948	25,603	23,122	51.3	46.3
八打灵再也南区	46,546	24,581	20,736	52.8	44.6
沙登	72,028	37,210	33,111	51.7	46.0
巴生	56,255	30,201	24,528	53.7	43.6
武吉免登	38,027	17,981	19,115	47.2	50.2
亚沙	57,988	28,725	27,437	49.6	47.3
马六甲市区	58,832	23,944	33,611	40.7	57.1
峇吉里	39,367	25,676	12,316	65.2	31.2
士乃	48,522	32,237	14,704	66.4	30.3
振林山	55,986	40,570	14,615	72.5	26.1
总计	779,988	419,611	341,224	53.8	43.7

资料来源：Ng Tien Eng, "The Contest for Chinese Votes: Politics of Negotiation or Politics of Pressure?" in *New Politics in Malaysia*, eds. Francis Loh Kok Wah and Johan Saravanamuttu (Singapore: Institute of Southeast Asian Studies, 2003), p. 88.

在西马 22 个混合国会选区中，华巫选民比例分别为 42.2％和 43.1％，国阵所获 60.4％的支持率远高于替阵 39.6％的支持率。[1] 在马来人倾向不投

---

[1] 策略资讯研究中心政治分析组编《巫统的困境：第十届大选分析》，策略资讯研究中心，2000，第 19 页。

巫统,华人倾向不投马华的情况下,国阵获得的高支持率只能解释为:当混合选区的马来人必须在马华或者行动党之间选择时,他们多投给马华;当这些区的华人必须在巫统与伊斯兰党之间抉择时,大多数会投给巫统。可见,在华人社会中,马华采取恐吓的方式指责行动党勾结伊斯兰党、"妖魔"伊斯兰教国是极为成功的竞选策略,甚至成为马华胜选的关键。

1999年大选被称为"巫统的梦魇",鉴于巫统重大损失,有学者甚至指出"巫统霸权式稳定终结"[1]的时代已经到来。巫统命运如何需要在下届大选论证,但有一点十分明朗,在巫统难以征服马来选票的情况下,华人和印度人选民已经成为能左右大选的"关键少数"。未来巫统会以更加谨慎的态度对待少数族群。马华公会在华人社会中的影响力依然不及行动党,需要依靠马来选票和不公平的选举制度和选区划分才能在议会竞争中有所突破。所以,马华公会在1995、1999年两届大选的风光只是缘于它对巫统依附性的增强。未来这种状况是否会继续恶化下去,还需视2004年大选结果而定。

三、2004年大选

第11届大选备受各方瞩目,概因大马处于权力交替的关口,前总理马哈蒂尔影响力方兴未艾,执政不足百日的新总理阿都拉·巴达维能否顺利过关,攸关巫统权力核心转移与国家政权的平稳过渡。经过国阵4年的攻城略地,马来选票急速回流,为国阵取得国会九成议席。马华公会也水涨船高,创下31个国会、76个州议席的历史纪录。观其在各类选区的表现,华人优势选区得票率继续走低,混合选区内依靠马来选票痕迹愈加清晰。但由于行动党未能走出低谷,公正党缺乏华人稳定支持,因此马华公会基本还能延续1995年大选后的格局,安全通过大选考验。

(一)后马哈蒂尔时代与各党政策调适

2002年6月22日,马哈蒂尔在巫统大会发表演说时突然宣布辞职。3天

---

[1] 邱武德:《超越马哈迪:大马政治及其不平之鸣》,王国璋、孙和声、黄进发等合译,燧人氏事业,2004,第131页。

后,巫统对外公布:总理将在2003年10月31日退休。在经过16个月过渡期后,2003年10月31日,阿都拉·巴达维正式继任第五任总理,马来西亚进入"后马哈蒂尔时代"。而在此前后,朝野各政党进行的政策调适,出现国阵修复、替阵分裂局面,对来届大选产生关键性影响。

国阵方面,经历1990年和1999年两次两线政治震荡后,得益于有利的国内外局势与政策的成功调整、修复整合,似乎又回到先前稳定的状态。首先,采取强硬手段镇压替阵,掌握政治主动权。2000—2001年,当局者先后以非法集会、煽动、拥有或泄露"官方机密"等罪名提控多名替阵领袖,包括行动党卡巴星、公正党蔡添强等5名骨干领袖。将原本每周出版两次的伊斯兰党党报《哈卡拉》限制为每月出版两次,以煽动罪名指控其编辑朱基菲利·苏隆(Zulkifli Sulong)和印刷商谢林泰,令替阵各党政治动员能力骤然下降。联邦政府更是中止国家石油公司付与丁加奴州政府直接款项,切断伊斯兰党州政府的发展基金。[1] 其次,与伊斯兰党竞争伊斯兰教化。"9·11"事件后,马哈蒂尔率先宣布"马来西亚实际上已经是一个伊斯兰教国",获得遏制伊斯兰党的战略制高点。再次,恩威并施,争取华人中间选民。2000年8月,诉求工委会重提"诉求"遭巫青团对抗,在后者恫言"焚烧雪华堂"的威胁下,族群关系陷入僵局。总理马哈蒂尔表示在捍卫马来人特权问题上,政府寸步不让。在华社协商派斡旋下,诉求工委会同意搁置7项敏感议题平息风波。但同时国阵也向华社怀柔,以华教收买华社,批准成立拉曼大学,不关闭微型华小,批准18间华小搬迁,向华小、独中拨款都是拉拢的手段。最后,新总理"阿都拉·巴达维效应"。阿都拉没有与华社结怨的"前科","好好先生"的清廉形象颇得华社好感。其个人宗教背景也能成功解除伊斯兰党的宗教武装。他上台后采取一系列亲民措施,包括:发展农业经济,促进贫困者特别是乡村马来人利益;扶持

---

[1] John Funston, "The Malay Electorate in 2004, Reversing the 1999 Result?" in *Malaysia: Recent Trends and Challenges*, eds. Saw Swee-Hock and K. Kesavapany (Singapore: Institute of Southeast Asian Studies, 2006), p.139.

中小企业发展；叫停大型公共项目，整肃贪污；等等。[1]这令上届大选钟情公正党和伊斯兰党的城市中产阶级与乡村马来人对新政府充满期待。而1999—2004年举行的9次补选，国阵2负7胜的战绩早已先声夺人。

替阵方面，伊斯兰党误读1999年反马哈蒂尔和反巫统的大选成绩，以为这代表着选民强力支持其伊斯兰教国议程。"9·11"事件与伊斯兰党前主席法兹诺逝世后，伊斯兰党极端原教旨主义气焰日盛。2002年7月，新继任伊斯兰党主席哈迪·阿旺（Hadi Awang）擅自在丁州议会通过《伊斯兰教刑事法》；2003年11月，为回应马哈蒂尔伊斯兰教国论述，伊斯兰党发布"伊斯兰教国大蓝图"，以"伊斯兰教法至上"否定大马"宪法至上"的立国原则。[2]虽然蓝图强调尊重非伊斯兰教徒不受伊斯兰教法律制裁的权利，但还是引起华裔选民普遍担忧，流失大量中间选民。公正党在经历大逮捕后力量消解，2003年8月，迫于生存压力与人民党合并为人民公正党，却并未改变在替阵中被边缘化的命运。行动党在"9·11"事件伊斯兰党激进势力抬头后，断然离开替阵。它以捍卫"世俗民主"的政治路线，向伊斯兰教国、巫统双面开刀，发动"不要'9·29'"运动。替阵的瓦解，使两个主要的政治反对力量只能孤立地从两个侧翼出发，各自与国阵展开竞争。相对于上届大选替阵的"单边反对"，"两边的反对"对国阵威胁力顿时清减不少。

（二）模糊的竞选议题

2004年3月3日，总理阿都拉宣布解散议会，3月13日为提名日，3月21日为投票日。竞选期只有8天，是大马政治史上最短的一次。"闪电式"的政治动员，选民不及反应，也让在野势力陷入被动。提名日当天，国阵"不劳而获"14个国会、7个州议席。3月14日，国阵推出《迈向卓越、辉煌及昌盛的马

---

[1] Edmund Terence Gomez, "The 2004 Malaysian General Elections: Economic Development, Electoral Trends, and the Decline of the Opposition," in *Malaysia: Recent Trends and Challenges*, eds. Saw Swee-Hock and K. Kesavapany (Singapore: Institute of Southeast Asian Studies, 2006), p. 78.

[2] Andreas Ufen, "The Transformation of Political Party Opposition in Malaysia and Its implications for the Electoral Authoritarian Regime," *Democratization*, vol. 16, no. 3 (2009): 604-627.

来西亚》竞选宣言,标榜"以民为尊",以"平衡发展""教育""宗教"等七大领域发展作为宣言主轴,强化"文明伊斯兰"与"整肃贪腐"两大议题。[1] 重点部署丁加奴、吉兰丹、玻璃市和吉打4州,意在重获丁加奴州,在吉兰丹州取得突破,继续平息安华效应。伊斯兰党与人民公正党组成替阵的竞选宣言以"与新马来西亚共存"为主题,矢言要为人民塑造公正、和平及繁荣的新马来西亚。[2] 面对生死战的行动党则是哀兵上阵,打出《与您同行,共创未来》竞选宣言,承诺要扮演忠诚反对党的角色,期望借巴达维掀起的新风而成为监督政府实现竞选诺言的制衡力量。经过整年谈判,反对党达致有限默契,在85%以上的国会、州议席实现在野势力与国阵一一对决,但还是在12个国会、39个州选区上演三角战。此次,马华公会参选40个国会、90个州议席,其劲敌依然是行动党。在39个"一对一"直接与反对党竞争的国会议席中,有25个是与行动党对垒,11个与人民公正党较量,3个与伊斯兰党竞逐。[3]

在华人选区的竞逐中,华人政治缺乏理性的辩论空间,议题失焦、论述粗糙是本届大选华基执政、在野势力面临的共同问题。马华公会领导层黄陈组合自2003年上台后从未提出明确具体的新愿景,没有开创正面议题的魄力,满足于历届选举中惯用的炫耀华教成绩和国会、州议员良好的服务记录,以及对反对势力的负面论述。部分人士还意图渗透华团,干预媒体,但却遭致反感。行动党则出现领袖老化、人才断层、政治斗争模式陈旧、基层组织孱弱、选民服务不到位等问题。选战中,更缺乏力撼国阵的有利课题。所以,在围绕相关议题辩论时,双方缺乏直接的针锋相对,一直处于打擦边球的状态。

华教课题上,马华公会以铺天盖地的宣传向华社表功绩。总会长黄家定声称:政府于1999—2000年批准24所华小及2所国中(中华与尊孔独中)搬迁、增建7所华小及2所国中;7所获批准增建的华小中,有6所华小(康乐二校、蒂沙二校、安邦二校、柔佛再也华小、培才二校及敦陈祯禄华小)是由政府100%出资兴建;甲洞分校虽未动工,但已经获得政府拨地。教育部副部长特别助理叶国芳向媒体公布2004年度第三次拨款,共有11所半津贴华小获得

---

[1] 《诚意实践迈向辉煌大马,国阵宣言力争民心》,《东方日报》2004年3月15日。
[2] 《替阵竞选宣言10点保证,与新马来西亚共存》,《南洋商报》2004年3月16日。
[3] 《25国席,61州席,马华行动党对决》,《中国报》2004年3月15日。

53.5万元的拨款。[1]在教育部部长宣布批准18所华小搬迁后,马华也趁机邀功,"这是因为马华和民政联合提呈的备忘录,被政府接受",但却只字不提国阵政府坚守国家教育立场,对董教总要求"制度化地增建华校"[2]充耳不闻。面对马华公会动用国家资源收买选民,行动党无力回击,除许下空头承诺外,只有对准马华华教问题上的软肋,要求政府根据人口增长而制度化地增建华小及淡小,为各源流学校提供足够的发展拨款。2004年3月10日,为表现捍卫华族母语教育决心,行动党还向教育部部长慕沙莫哈末提呈《民主行动党对母语教育的总要求》备忘录,提出包括社区学校和允许微型小学搬迁至人口密集区域在内的12项教育诉求。[3]这实属行动党借华教议题的造势宣传。对马华"华小增建及搬迁"的成绩单,行动党搬出增建7所华小无法与华族人口增加数量匹配,国家对华小教育拨款无法与华族人口总数平衡等理由,揭发政府显失公平的教育政策,及国阵在华文教育问题上的假面具。但是在马华公会大肆宣传的广告效应下,行动党辩驳实在苍白,前者无疑占据上风。

　　对"伊斯兰"的相关阐释本是巫统与伊斯兰党争夺马来选票的焦点,在"文明伊斯兰"与保守、狭隘的原教旨都有一定市场份额的情况下,华人选票成为关键,华基政党也必然卷入伊斯兰教议题的纠纷中。马华公会一贯的策略是"抹绿火箭",利用华人对伊斯兰党激进、极端形象的恐惧,指责伊斯兰党与行动党相互勾结,破坏后者的公信力。然而此举在是届大选中明显"失灵",缘于"9·11"事件后,9月29日国阵率先宣布"马来西亚已经是伊斯兰教国"。马华公会无力动摇,只能自我安慰"必须明白总理用意",以"马来西亚是国阵领导的以伊斯兰教为国教的一个模式,而这都有依据大马宪法,是我国的基本原则"[4],模糊地表示支持。行动党则大力抵制巫统伊斯兰教国的决定,发动"不要'9·29'运动",捍卫伊斯兰教是国教,但国家是民主、多元的世俗政体乃大马建国的基本原则,向巫统与伊斯兰党左右开弓。但行动党也并未借此占

---

[1]　黄田荣:《2004年大选华人政治分析》,载潘永强编《旧政权新政府——马来西亚2004年大选与政治走向》,大将出版社,2004,第47—48页。
[2]　《董教总向韩春锦呈马华教备忘录,建议增建华小制度化》,《星洲日报》2000年1月6日。
[3]　《提呈12项教育诉求,行动党大选续打教育牌》,《南洋商报》2004年3月10日。
[4]　《林良实:遵循宪法,伊斯兰教是国教理念受认同》,《马华快讯》2002年10月。

据上风。该党以"世俗基本教义"对抗巫统"文明伊斯兰"的手段没有得到华社认同。在华社重商保守的概念中,即使称马来西亚为"伊斯兰教国",但巫统表示愿意维持现状,奉行宪制世俗国,许多华人担心却不恐慌。但是行动党誓言要大选后入禀联邦法院要求"九司会审",以裁定马来西亚是伊斯兰教国还是世俗国,令华人担心,若巫统硬撑到底,马来西亚会更加伊斯兰教化。[1] 这也是行动党"不要'9·29'运动"直接关系华社切身利益,却遭遇冷漠的原因所在。所以,在伊斯兰教国的衍生战中,马华公会抹绿战术未能奏效,行动党捍卫马来西亚建国契约也没有发挥广泛动员能力。

相比马华公会,行动党显然在策略和布阵上走对了方向。适逢马华公会在前一年刚刚结束"双林党争",迫于巫统压力,双林共同引退,将权力分别移交给黄家定与陈广才。由于新任的领导层是外部压力的结果,并非党内正常权力竞争使然,无论哪方都缺乏整合全党的能力。所以新领导层的上台,并没有为马华公会带来新鲜血液,马华候选人名单中,70%是原班人马,而且大多原区守土。[2] 行动党则派出诸多新秀。相较而言,后者更具活力。行动党此番哀兵上阵,认为摆在国家面前有两大任务:一是阻止马来西亚成为伊斯兰教国;二是给国家带来真正制度上的变革,实现民主、自由、公正。新总理承诺要整肃贪污、提高效率、提升公共服务质量,但马来西亚政治一直未见有实质性转变。所以,促请选民投票支持行动党,让该党成为促进总理兑现承诺的监督力量。[3] 在行动党前线阵地——槟城,该党也不敢打出执政旗号,只言"壮大反对党,槟城更美好",请求人民给予机会,许槟城更美好的明天。如行动党署理主席卡巴星呼吁选民让他进入国会的理由是,通过更有效的管道把涉及贪污的"大鲨鱼"名单公布出来,杜绝贪污。[4] 需要有强大的反对党来制衡政府,这是民主的基本原则,亦得到华人社会的赞同。布阵上,行动党主席林吉祥移师怡保东区,从近打谷出发对阵马华汤华昌;署理主席卡巴星在武吉牛汝

---

[1] 黄田荣:《2004年大选华人政治分析》,载潘永强编《旧政权新政府——马来西亚2004年大选与政治走向》,大将出版社,2004,第51—52页。

[2] 《马华国会议席,多数原区守土》,《中国报》2004年2月24日。

[3] Abdul Rashid Moten and Tunku Mohar Mokhtar, "The 2004 General Elections in Malaysia: A Mandate to Rule," *Asian Survey*, vol. 46, no. 2 (2006):319-340.

[4] 《卡巴星促选民让他进国会,揪更多贪污大鲨鱼》,《光华日报》2004年3月17日。

莪对抗上届在柑仔园州选区击败他的马华林武灿。在领袖效应的带动下,近打谷效应充分发酵,成功辐射至怡保西区等3个华裔为主的邻近选区,令行动党局部突围成功。

(三) 谁是华人政治中的赢家

2004年大选,"新总理效应"催生国阵的漂亮成绩,在参选的219个国会议席中获198席,505个州议席中赢得453席,得票率从上届大选的56.5%提升至64.02%,得席率从76.7%增加至90.4%。在马来选票有所回流的状态下,伊斯兰党成为最大的输家。不但丁加奴州被国阵攻克,吉兰丹州也遭遇重大挫折,从43席减至24席,仅以3席多数勉强组织政府。华基政党中,马华获31个国会、76个州议席,民政党获10个国会、30个州议席,议席数量上,两党皆创历史之最。诸反对党中,唯一在议席上有所突破的当属行动党。虽然与1999年大选比较,该党支持率有所下滑,从12.7%降至10.07%,但国会议席从10席增至12席,州议席从11席增至15席。(见表5-16)选后,总理阿都拉表示:从本届大选的投票形式看,大部分华裔选民还是支持国阵。[1] 但也有评论人士认为,行动党议席的突破意味着部分华人选票回流,行动党翻身。那么到底谁是华人政治中的赢家?

表5-16　2004年大选全国主要政党国会、州议席情况

主要政党	国会议席			州议席	
	竞选/席	中选/席	得票率/%	竞选/席	中选/席
巫统	117	109		339	303
马华公会	40	31		90	76
民政党	12	10		31	30
国大党	9	9		18	18
国阵其他成员党	41	39		27	25
国阵	219	198	64.02	505	452
伊斯兰党	85	7	15.32	263	37
人民公正党	57	1	8.51	123	0

---

[1]《多数华裔仍支持国阵》,《南洋商报》2004年3月22日。

续表

主要政党	国会议席			州议席	
	竞选/席	中选/席	得票率/%	竞选/席	中选/席
替阵	142	8		386	37
行动党	44	12	10.07	104	15
其他反对力量	41	1		117	1

资料来源:《2004年全国大选成绩表》,《南洋商报》2004年5月24日;John Funston,"The Malay Electorate in 2004, Reversing the 1999 Result?" in *Malaysia: Recent Trends and Challenges*, eds. Saw Swee-Hock and K. Kesavapany (Singapore: Institute of Southeast Asian Studies,2006), p.132-156。

与1999年大选类似,马华公会在华裔选民超过50%的华人优势选区表现尚可。在马华公会与行动党竞争的17个华裔选民超过50%的华人优势选区中,两党平分秋色,前者获9席,后者获8席;得票率上也几乎持平,分别为52.5%与47.1%,马华公会略高于行动党。但若依照1999年大选分类方法,将17个华裔优势国会选区分成两组,由于2000年大马重新进行人口统计,华都牙也华裔选民跌破80%,但为了统计口径相一致,笔者仍将华都牙也选区放入第一组。在华裔比例最高的4个选区,马华公会四战皆负,马华与行动党的得票率分别为39.19%与60.67%。(见表5-17)这不仅说明华人选民更倾向于行动党,同时与1999年大选相比,马华公会在这4个选区的支持率下滑严重,从45.3%下滑至39.19%。由于此次大选马来选民大量回流国阵,因此可以很保守地估计,华人在这4个选区内对马华公会的支持率至少下降5个百分点。所以,便有人下结论为,华人选票逆流,行动党翻身。

表5-17 2004年大选马华公会与行动党在华裔比例最高的4个选区的得票情况

选区	华裔选民比例/%	总票数/票	马华得票数/票	行动党得票数/票	马华得票率/%	行动党得票率/%
士布爹	89.69	46,448	17,418	28,921	37.50	62.27
怡保东区	81.07	47,932	19,077	28,851	39.80	60.19
蕉赖	84.14	42,930	15,970	26,940	37.20	62.75
华都牙也	76.97	49,486	20,735	28,622	41.90	57.84
总计		186,796	73,200	113,334	39.19	60.67

资料来源:黄田荣:《2004年大选华人政治分析》,载潘永强编《旧政权新政府——马来西亚2004年大选与政治走向》,大将出版社,2004,第51—52页;Edmund Terence Gomez,"The 2004 Malaysian General Elections: Economic Development, Electoral Trends, and the Decline of the Opposition," in *Malaysia: Recent Trends and Challenges*, eds. Saw Swee-Hock and K. Kesavapany (Singapore: Institute of Southeast Asian Studies,2006), pp.87-88;《马华40国席候选人成绩与多数票比较》,《马华快讯》2004年5月。

第二组(见表5-18),在其余13个马华与行动党直接对垒的华裔选民占50%以上的国会选区内,马华公会胜9席,行动党仅得4席;支持率上,前者56.65%的得票率远高于42.99%的得票率。若以1999年大选,马华与行动党在15个同类选区分别获得53.8%与43.7%的支持率类比的话,马华公会在华人相对减少的选区支持度有所提升,而行动党则有所下降,两党支持率进一步拉大。

表5-18 2004年大选马华公会与行动党在13个华裔选民比例在50%—80%选区的得票情况

选区	华裔选民比例/%	总票数/票	马华得票数/票	行动党得票数/票	马华得票率/%	行动党得票率/%
八打灵再也北区	76.71	48,681	32,422	17,379	66.60	35.70
武吉免登	74.64	39,164	18,799	19,103	48.00	48.78
武吉牛汝莪	74.25	43,800	21,268	22,529	48.56	51.44
大山脚	72.45	43,907	17,651	26,215	40.20	59.71
峇眼	70.34	42,610	19,473	23,095	45.70	54.20
怡保西区	63.60	45,308	22,337	22,935	49.30	50.62
马六甲市区	61.77	64,174	31,217	30,998	48.64	48.30
金宝	62.58	36,771	23,129	13,655	62.90	37.14
古来	58.78	46,414	32,278	14,134	69.54	30.45
沙登	52.09	57,683	34,495	23,215	59.80	40.25
居銮	52.35	47,279	33,001	14,303	69.80	30.25
峇吉里	54.13	39,568	29,320	10,261	74.10	25.93
亚沙	51.50	45,470	25,009	20,446	55.00	44.97%
总计		600,829	340,399	258,268	56.65	42.99

资料来源:黄田荣:《2004年大选华人政治分析》,载潘永强编:《旧政权新政府——马来西亚2004年大选与政治走向》,大将出版社,2004,第51—52页;Edmund Terence Gomez, "The 2004 Malaysian General Elections: Economic Development, Electoral Trends, and the Decline of the Opposition," in *Malaysia: Recent Trends and Challenges*, eds. Saw Swee-Hock and K. Kesavapany (Singapore: Institute of Southeast Asian Studies, 2006), pp.87-88;《马华40国席候选人成绩与多数票比较》,《马华快讯》2004年5月。

综合华人选民在两类选区中的投票倾向,可以看出华人政治几乎处于完全分裂的状态,一部分华人政治认同马华公会的协商政治,融入国家政治主流;另一部分继续延续华人政治20世纪80年代的抗争模式,与国家主流保持距离。虽然行动党重新成为最大的反对党,但代表华人抗争势力的行动党还没有实现全面突围。一方面,行动党的议席过度集中,在15个州议席中就有近一半(7席)来自霹雳州,其他州属只有零星突破。[1] 另一方面,在华裔比例居高的选区,马华公会确实有所突破。例如:华裔人口比例达76.6%的八打灵再也北区和行动党传统堡垒区马六甲市区。前者,马华候选人周美芬以近15,000多数票力克行动党宣传秘书刘天球;后者,马华小将王乃志以219票的微差多数战胜行动党秘书长郭金福,爆出本届大选最大冷门。[2] 所以,马华公会能够继续维持1995年大选后的基本格局,借华人政治协商倾向而平稳发展。

第三节　一败涂地:2008—2018年大选分析

自实施新经济政策以来,马来西亚进入现代化全面发展时期。[3] 在经历了近30年的以经济增长和威权政治为主导的现代化过程后,21世纪的马来西亚出现了后现代化的苗头。文化价值上,不再推崇强势领导人、优先经济增长、维持社会秩序、尊重法理权威等物质文化,政治上要求更多的参与及自我展现。因而,包括环保、社会平等和正义、言论自由、女权等生活素质政治成为主要的议题,经济对政治的影响趋弱。所以,2004年大选,"发展牌"并未发挥显著用途,阿都拉效应发挥了关键作用。其清廉、改革、中庸、全民总理的形象颇为符合后现代化强调的生活素质政治。他所获得国家历来最强大的政治委托更应该被理解为对阿都拉的改革寄予的厚望,也为2008年以后马华公会议会选举接连失利埋下隐患。

---

[1] Edmund Terence Gomez, "The 2004 Malaysian General Elections: Economic Development, Electoral Trends, and the Decline of the Opposition," in *Malaysia: Recent Trends and Challenges*, eds. Saw Swee-Hock and K. Kesavapany (Singapore: Institute of Southeast Asian Studies, 2006), p.90.
[2] 《马华获华裔选票飘升》,《马华快讯》2004年5月。
[3] 在《华人与马来西亚现代化进程》一书中,作者韩方明将马来西亚现代化进程分为两个阶段:1957—1969年为现代化启动时期,1970—1996年为现代化发展时期。参见韩方明:《华人与马来西亚现代化进程》,商务印书馆,2002。

一、2008 年大选

（一）反风骤起

任何改革都需要面对利益的纠缠，阿都拉想要成为改革者，可是他并非戈尔巴乔夫，敢于推翻政治体制遗产。他不愿拆毁巫统，以及自己统治所依赖的权力结构，只能在旧格局内部艰难地推行边角的修补工作。因而，2004—2008年，阿都拉改革进程实在乏善可陈。

"继续无畏无私地彻底解决贪污问题"是阿都拉改革的重心。2004 年 4 月，阿都拉发起"国家诚信计划"（The National Integrity Plan），实施整顿肃贪机制的配套措施，包括把反贪局重组为"马来西亚反贪污委员会"，在未来 5 年内增加 5,000 名反贪官员等 4 项肃贪举措，以重建公民对政府的道德信心，并承诺用 4 年时间将大马在国际透明组织公布的贪污印象指数（Corruption Perception Index，CPI）排名从 2003 年的第 37 位提升至第 30 位。但事实上，阿都拉政府的肃贪行动收效甚微。除在 2004 年选前，顶住压力，逮捕前土地及合作发展部部长卡西塔·加德丹，起诉前国营钢铁公司董事长谢英福以迎合选民外，选后阿都拉的肃贪行动基本上是流于形式而陷于停滞。国内腐败形势恶化，大马腐败印象指数逐年下滑。2004 与 2005 年，大马 CPI 排名降至第 39 位；2006 年更是跌至第 44 位；2007 年稍有好转，排第 43 位。[1] 阿都拉的肃贪改革宣告失败。

"更开明、透明及言论自由"是阿都拉政府改革另外一项颇受欢迎的承诺。但在 2007 年 9 月，艺术家陈爱琼（Sharon Chin）在艺术展《检紧：禁书与其他怪物》中揭示，从 1971 年至 2007 年，政府平均禁书数目是每年 39 本，但在 2003年至 2007 年，即阿都拉首个任期内，平均禁书数目提高到每年 56 本，增加43%。虽然总理鼓吹中庸、包容的"文明伊斯兰教"，但从阿都拉禁书的种类来

---

[1] Ooi Kee Beng, "Corruption in Malaysia: When Low Ability Betrays High Aims," in *Lost in Transition: Malaysia under Abdullah*, by Ooi Kee Beng (Petaling Jaya: Strategic Information and Research Development Centre, 2008), pp. 62-66.

看,他着重加强查禁与宗教及情欲有关的书籍。[1] 自 2003 年开始,被查禁的宗教书籍逐年增加,明显与"文明伊斯兰教"十原则之一"让社会的知识与时并进"背道相驰。

"实现经济繁荣"与"为国民营造和谐安宁的乐居环境"也是国阵政府在上届大选为国民许下惠及国民生计的承诺。2007 年美国次贷危机影响马来西亚以出口导向为主的制造业发展,国际油价大幅上涨带动国内油价飙升,导致普通民众必须面对新一轮通货膨胀的压力。虽然石油补贴保证燃料价格低于通货膨胀,但国内食品和饮料价格上涨明显,2008 年 1 月比去年同期上涨 3.87%,2008 年 3 月涨幅更达到 4.53%。[2] 社会治安每况愈下,已经严重威胁到民众的人身安全。2003 年,国内犯罪率为 156,315 宗,到 2007 年已剧增至 224,298 宗,罪案率在 4 年上扬 43.5%,[3] 与政府每年降低 5% 罪案率的承诺大相径庭。同样令人担忧的是,中学生失学率高达 25%,大学世界排名更在 200 名以外,人类发展指数国际排名更是从多年前的第 56 位下降至 2007 年的第 63 位。阿都拉承诺一一落空,公众在失望之余开始以街头抗议的形式表达思变之情,在选民中间吹起一股强烈反风。从 2007 年中开始,大马连续出现大规模的示威集会活动。

抗议活动最初从民生议题开始。2007 年 6 月 18 日,约 600 名示威者聚集在总理府门前,抗议政府拒绝提高最低工资标准。一周后,数百名工人也在全马数十地举行集会,表达类似要求。而国家独立 50 周年庆典以后,大马街头抗议愈演愈烈,各种非政府组织连同在野政党力量延展了示威行动规模,议题亦提升至民主、民权、司法公正、族群平等等更高层次。9 月 26 日,林甘司法短片丑闻激化下,超过 2,000 名律师及相关支持者聚集在总理府门前抗议司法不公,要求恢复被毁损的司法名誉。11 月 10 日,由 25 个公民社会团体和 5 个在野党成立的净选盟在吉隆坡皇宫前举行 4 万人大示威,呼吁在下届大选前

---

[1] 诺拉妮·奥托曼、玛维斯·普都哲里、克莱夫·凯斯勒:《一个马来西亚,两种社会契约?》,李永杰译,策略资讯研究中心,2010,第 92 页。
[2] Thomas B. Pepinsky, "The 2008 Malaysian Election: An End to Ethnic Politics?" *Journal of East Asian Studies*, vol. 9, no. 1 (2009):87-120.
[3] 孙和声:《巫统会否更趋向族群本位?》,载孙和声、谢伟伦编《敢教日月换新天:308 政治海啸掀新章》,燧人民事业,2008,第 49 页。

改革选举制度和操作方式，促成干净、自由、公平及符合民主规格的选举。安华作为联盟代表获准进入国家皇宫，向政府提呈选举改革备忘录。由于参加者多以黄色衣服为标示，故称"黄色浪潮"，它是1998年政改运动后最大规模的反政府群众集会。时隔半月，吉隆坡又爆发大规模反政府示威，印度裔民众走上街头表达他们日益被国家政策边缘化的处境。11月25日，兴都权益行动委员会（HINDRAF，简称"兴权会"）组织近3万名印度裔民众在吉隆坡英国最高专署前集会，为先辈伸冤。示威者称"150年前英国把我们带到这里，但政府给予福利和待遇全然失败"，故要向英政府索赔4万亿美元，以"项庄舞剑，意在沛公"的方式抗议国家政策长期漠视印裔民众经济赤贫、教育落后、普遍缺乏工作机会的处境。[1] 示威游行遭到国家防暴警察制止，冲突中造成至少20人受伤，酿成近10年来少有的暴力冲突。

当民众期待政府主动改革未果，便效仿1998年政改运动，选择外部施压方式暴露国家内部诸多痼疾之时，阿都拉却一改上任来的温和作风，采取铁腕政策对付集会参与者。在净选盟集会上，共有245名参与集会者被警方逮捕。兴权会在集会前就有3名领袖被以"煽动"罪名提控，警方如此却还是未能阻止集会举行，最终共有136人被逮捕，另有31人被指控谋杀罪。2007年12月9日，9人因参加律师公会举办的"人民自由行"而被捕；同一天，在净选盟的集会中，包括人民公正党领袖蔡添强在内的14人被逮捕。12月14日，政府援引内安法令，扣留5名兴权会领袖。[2] 虽说总理此举是为凝结马来选票所需，但连串的逮捕行动、无视印裔民众正常权利诉求已经让许多选民彻底失望。2008年1月，默迪卡中心（The Merdeka Centre）民调显示，仅38%的印度人、42%的华人对阿都拉施政表示满意，与前几个月调查数据相比进一步下滑。[3] 由此可见，阿都拉选择提前一年，在2008年2月13日下令解散议会

---

[1] Ooi Kee Beng, "The Opposition's Year of Living Demonstratively,"in *March 8: Eclipsing May 13*, eds. Ooi Kee Beng, Johan Saravanamuttu and Lee Hock Guan（Singapore: Institute of Southeast Asian Studies, 2008）, pp. 10-12.

[2] 《民调显示连串逮捕恐失支持率，国阵凝聚巫裔选票》，《东方日报》2007年12月17日。

[3] Andreas Ufen, "The Transformation of Political Party Opposition in Malaysia and Its Implications for the Electoral Authoritarian Regime," *Democratization*, vol. 16, no. 3 (2009): 604-627.

并非明智之举。

(二)"在朝代表"论述退潮

遵照选举委员会安排,2008年2月24日提名,3月8日投票,竞选期13天,是自1986年大选以来最长的一次。对比众反对党灵活竞选活动,国阵的竞选方式显得陈旧与僵化。竞选宣言上,国阵除了将宣言主题改为"安全、和平、繁荣",基本延续上届大选提出的各项议题,仍然将"经济发展、推动改革"作为中心任务,希望再次搭乘2004年胜选之风。事实上,阿都拉竞选策略显然失误。此起彼伏的街头抗议已经传达了改革失败的讯息,可惜政府充耳不闻,反而令自己陷入被动。行动党一改多年哀兵之态,提出本届大选要否决国阵三分之二霸权。由林冠英领军的行动党借用耐克"Just do it"(只管去做)广告标语,"Just Change it"(只管去改变)的宣言充满活力。人民公正党方面,安华回归让全党振奋。[1]秉承跨族群政治理念,安华提出要以全民平等的新经济议程代替新经济政策。伊斯兰党路线转型最为明显。党主席哈迪·阿旺表示"已经在上届大选中意识到犯下的致命错误……我们欲紧跟时代步伐,其中的办法就是不再公开支持伊斯兰教国"[2]。因而,本届大选伊斯兰党以"福利国"代替"伊斯兰教国",许下胜选后提供种种福利的诺言,包括废除所有大道收费、取消高等教育贷款、免除高等教育费用、免除母亲及儿童医疗费用等。(见表5-19)

---

[1] 2004年9月2日,安华成功翻案恢复自由身。出狱后,为避开阿都拉,他远赴美国教书,直到2006年回国。
[2] Robert K. Arakaki, "2008 Malaysian Election: The End of Malaysia's Ethnic Nationalism?" *Asian Politics & Policy*, vol. 1, no. 1 (2009):79-96.

表 5-19　2008 年大选各主要政党的竞选宣言一览表

	国阵	行动党	伊斯兰党	人民公正党
主题	安全、和平、繁荣	改国运、您决定	可信赖、公正和廉洁的政府	破旧立新，迎接新希望
宣言	经济辉煌发展，继续推动改革	人民成为真正的老板，国家的命运由自己做决定	涵盖政经文教改进的12项诉求	属于全民的立宪政体，打造有活力的经济体，更安全的社区和居住环境，提升生活条件，提升全民教育水平
特色	继续追求2004年大选宣言，涵盖政经文教牌	8项民生课题的诉求	打造"福利国"，降低燃油价格，争取女性权益	打造马来西亚经济议程

资料来源：笔者根据相关资料整理。

黄家定在巩固党内地位后，本届大选开始培植自身势力，他提名的半数国会候选人、三分之一州议会候选人都是新面孔。在马华获得的40个参选国会选区中，有18个是华裔选民占50%的华人优势选区。选举策略上，马华公会打出"不唱高调，只求成效""珍惜眼前人"的广告文宣，用华人"在朝力量代表"，强化其从国阵内部争取的功用。在华社最关心的华教课题上，它以马华大选成绩与华教发展之间的正比例关系，劝告选民，支持马华，壮大华社在朝的政治主流力量，发挥内部制衡作用，华教的前途才能光明。[1] 为逃避华社"制度化增建华小"呼声，马华以搬迁和扩建华小应对，称从1999年到2008年1月，马华已经成功争取到15所新华小，及搬迁74所华小。(见表5-20)到2008年为止，已经完成新建的8所新华小及38所搬迁华小，为华小增加了27,174个学额，加上扩建的1,000间教室所增加的4万个学额，目前，华小已经累计增加67,174个学额。华小所获发展拨款，已经从第八个大马计划中的1.3亿令吉，提高至第九个大马计划中的1.7亿令吉，增加31%。而提供给半津贴学校的维修提升用途拨款从原有的5,000万令吉提升至1亿令吉。公共服务奖学金上，从2000年到2008年1月，马华已累计帮助2,300名华裔得到奖学金，总值超过10亿令吉。[2] 这些成绩的取得，均是马华从国阵内部争取的结果。一旦投选反对党，将导致马华"在朝实力"被削弱，华社权益将无法保

---

[1]《大选 vs 华教发展》，《马华快讯》2007年12月15日。
[2]《不唱高调，只求成效：马华的执政成绩单》，马华公会，2008，第27—30页。

障。与马华"在朝代表"论述相互辉映的是政府向华社派发的季节性的政治糖果,包括拨款 2,000 万令吉增建 19 所华小及搬迁 3 所华小;为霹雳州农户发放 7,167 公顷租期为 31 年的土地租赁证书;向民政党创办的宏愿开放大学拨款 2,000 万令吉;向雪华堂拨款 500 万令吉用作日常维护经费。[1]

表5-20　1999 年至 2008 年 1 月,增建及搬迁华小情况

增建及搬迁状况	全新/所	搬迁/所	总数/所
已完成	8	38	46
在兴建中	0	7	7
新校址已批准但未开工	1	8	9
已初步鉴定土地	6	18	24
尚在物色土地		3	3
总数	15	74	89

资料来源:《不唱高调,只求成效:马华的执政成绩单》,马华公会,2008,第 27 页。

然而,华人社会面临的困境,特别是华教难题并没有因为马华公会"在朝代表"的内部争取而得到根本解决。阿都拉主政期间,诸多华教课题仍在原地踏步。由于政府没有根据华裔人口增加及分布而增建华小,造成华裔人口密集地区华小严重不足,而偏远地区的华小因无生源而停办或迁校。从 1970 年至 2009 年,华小学生人数增加了 18 万人,但华小数量却减少了 54 所。华小发展拨款数额虽然有所增加,但政府在各源流小学的发展拨款上仍然分配不均。若根据学生人数计算,华小在第九个大马计划下应该得到 20.96%,实际上却只获得 3.6% 的拨款,少了 17.36%,即 8.5 亿令吉。[2] 更令华社心寒的是,第九个大马计划增加的近百所新小学中,竟没有一所是华小。为平息华社怨言,政府只好在 2006 年 9 月宣布在第九个大马计划下增建敦陈修信华文小学。华社原本希望政府会如惯例在大选之前增加华小,但 2004 年大选期间总理竟毫无回应,这份慰藉一直到 2008 年选前才姗姗来迟。另外,遭致华社反对的英教数理化政策在 2008 年大选前还未见到任何转机。自 2001 年初被关闭的白小到 2008 年大选时依然未能被重开,其保校工委会主席熊玉生先生更

---

[1] Johan Saravanamuttu, "A Tectonic Shift in Malaysian Politics," in *March 8: Eclipsing May 13*, eds. Ooi Kee Beng, Johan Saravanamuttu and Lee Hock Guan(Singapore: Institute of Southeast Asian Studies, 2008), pp. 49-50.
[2] 《华总、董总、教总及七大乡团对第 10 大马计划的建议》,https://jiaozong.org.my/v3/doc/2009/rnr/wenxian/10th_Malaysia_Plan-Memorandum.pdf。

是在大选后数日与世长辞，留下永远遗憾。[1] 2003年黄陈搭配的马华新领导层曾经给予华社新希望，两大高层都是华文教育出身，或许能为华教仗义执言。然而时隔数年，马华公会再度令华社失望。该党不但回避白小重开，亦对城市华小学额严重不足束手无策，它提出的华教策略连一个白小问题都解决不了，更枉谈制度化增加华小了。所以，华教诸多困境面前，马华公会"在朝代表"内部争取的有效性不攻自破，失望并长期被边缘化的郁结情绪令华社充满异动。而行动党与人民公正党的政治论述成功将之发酵为反风。

行动党在本届大选提出8项涉及民生的课题，尤其承诺对收入6,000令吉以下的低收入家庭每年提供6,000令吉补贴，获得贫困群体，特别是印度裔选民的青睐。人民公正党领袖安华在极具马来民族主义象征的地方吉隆坡甘榜巴鲁，高呼废除新经济政策，代之以惠及全民的新经济议程。"人民主权"论述让他成为捍卫非马来人的马来领袖，占据主张族群平等并非族群原罪的道德制高点，给华人展现全民平等美丽画卷，让马哈蒂尔在1995年瓦解华人对在野党支持的工程前功尽弃。华人因此改变政党心向，重新倾向反对党。人民公正党对国家民主、社会正义的论述也征服了城市马来选民。在跨族群理念的政治平台上，人民公正党具备专攻混合选区的条件。为避免混战，行动党与公正党达成共识，将部分混合选区让与人民公正党。面对传媒的封杀和通信劣势，行动党与人民公正党在竞选造势上也携手合作。它们深入民间，举行联合集会，在共享的舞台上宣传治国理念，揭露政府执政弊端，引起选民共鸣。安华无疑是卓越的演讲家，激昂的演说，浅白的语言，扣人心弦，所到之处人潮聚集，掌声不断。"安华效应"重现，已经突破族群限制，在全民涌起浪潮，不仅为人民公正党争取到华人支持，甚至也为行动党释放出部分华人选票。印裔选民方面，由于当权者以国家机器打压异议和弱势的手段始终不断，政府对兴权会的利益诉求毫无回应，导致印裔选民完全抛弃国大党，倒向反对阵营。

槟城在本届大选备受瞩目，各大政党力量都将在此地汇合。它是总理阿

---

[1] 祝家丰：《海外华人政治参与和嬗变：马来西亚308政治海啸后马华公会之困境评析》，载施雪琴、廖大珂主编《东亚区域整合：人口迁移与影响（下册）》，厦门大学苏氏东南亚研究中心，2010，第142—169页。

都拉的家乡，总理本人在甲抛峇底应战伊斯兰党；也是人民公正党领袖安华的家乡，安华妻子，即人民公正党主席旺阿兹莎仍在峇东埔对垒巫统菲道斯。行动党也寄望槟城政权已久，林吉祥曾经从1986到1995年连续10年3届大选发动"丹绒之役"攻打槟城，均无功而返。此次，新任秘书长林冠英向槟城派出强大参选阵容，进攻7个国会、19个州选区。除林冠英亲自挂帅在峇眼国会选区和阿逸布爹州选区分别迎战马华候选人宋彩苓、陈玉钟外，行动党另一巨头全国主席卡巴星在武吉牛汝莪与马华郭家骅竞争。行动党槟州主席曹观友在丹绒守土，副秘书长章瑛强攻大山脚，对垒马华王嶙荃。其余3个议席，包括升旗山、日落洞、峇都交湾则分别交给刘镇东、黄泉安和拉玛沙米。[1] 人民公正党亦在槟城提名4个国会、15个州议席。

行动党与人民公正党的造势活动取得巨大成功。2008年3月1日晚，行动党与人民公正党在韩江中学室内体育馆举行集会，安华现身掀起明星效应，吸引超过1万名听众，近半民众甚至在雨中聆听安华演讲。集会当晚募集到3.8万令吉竞选经费。3月6日晚，声势更为浩大的行动党集会在韩江中学露天举行，参加民众有5万人之多，当晚募集竞选经费高达13.3万令吉，创下历史之最。而与之形成鲜明对比的是，前一天晚上，国阵在槟城打枪埔（Rifle Range Flats）也举行集会。虽然总理阿都拉与其他国阵高层亲临现场演讲，但参与者仅有2,000到5,000人。[2] 在竞选经费普遍缺乏的情况下，廉价而快捷的通信手段——短信息与网络也成功帮助反对党成功突破政府媒体垄断。选民甚至只需在槟城行动党办公室注册手机号码，就可随时收到选战信息。种种迹象显示，马华公会"在朝代表"论述已经无法得到选民回应，在反风肆虐、选民求变的社会环境中，马来西亚政治生态的变革正在酝酿。

---

[1] 《2008大选国/州大选分析表》，http://www.sinchew-i.com/special/election2008/map/index.phtml? sec1=wmalaysia&sec=；《槟火箭排阵曝光，林冠英攻武吉牛汝莪，曹观友丹绒国会守土》，《光明日报》2008年2月21日。

[2] Ooi Kee Beng, "The Opposition's Year of Living Demonstratively," in *March 8: Eclipsing May 13*, eds. Ooi Kee Beng, Johan Saravanamuttu and Lee Hock Guan (Singapore: Institute of Southeast Asian Studies, 2008), pp. 17-18.

（三） 大选结果分析

对于大选结果，马华高层早有预期，认为这将是一场吃力的战役，跟 2004 年大选不可同日而语。但最后整体成绩显示，国阵在华裔和印度裔的选票流失比预期严重许多，连基本的马来选票也被动摇，导致许多混合选区一一失守。政治学者邱武德（Khoo Boo Teik）把大选吹起的反风称为政治海啸。海啸袭来，国阵失去议会三分之二多数优势，只能以简单多数掌权。它在全部 222 个国会议席和 504 个州议席中，分别赢得 140 个国会、307 个州议席。得票率也从 2004 年的 64.02% 降至 51.39%。不但无望重夺吉兰丹，还痛失槟城、雪兰莪、霹雳及吉打 4 州政权。在西马，国阵得票率已经从 2004 年的 63.6%，剧降至 49.81%，若非凭借东马附庸党的 41 席，甚至险些失去执政权。据《新海峡时报》评估，本次大选约有 58% 的马来人、35% 的华人及 47% 的印度人投向国阵，分别比 2004 年下降 5%、30% 及 35%。[1] 说明在华裔和印度裔选民整体倒向反对党的同时，国阵马来选票虽有所减少，但马来人还是倾向国阵。尤其是阿都拉发展农业的举措对乡村马来人还是具有吸引力的。巫统也遭遇创党以来历史性的挫败，得 79 个国会、239 个州议席，与上届 109 个国会、303 个州议席的战绩相比，减少三分之一以上。但是也没有确凿证据显示，巫统或受到完全信赖或者完全唾弃，反对党依然未能攻入巫统强区——柔佛，也未能夺走丁加奴；但在其传统弱势选区——马来心脏地带的吉兰丹、吉打，巫统势力已然全面溃败。[2] 反对党方面，3 个主要反对党势力激增。人民公正党成功入侵混合选区，一跃成为最大的反对党，获 31 个国会、40 个州议席，行动党得 28 个国会、73 个州议席，伊斯兰党获 23 个国会、83 个州议席。（见表 5-21）

---

[1] *New Straits Times*, March 11, 2008.
[2] Robert K. Arakaki, "2008 Malaysian Election: The End of Malaysia's Ethnic Nationalism?" *Asian Politics & Policy*, vol. 1, no. 1 (2009): 79-96.

表 5-21 2008 年大选全国主要政党国会、州议席情况

主要政党	国会议席			州议席	
	竞选/席	中选/席	得票率/%	竞选/席	中选/席
巫统	117	79	29.98	336	239
马华公会	40	15	10.58	90	31
民政党	12	2	2.32	31	4
国大党	9	3	2.26	19	7
国阵其他成员党	44	41	6.23	28	26
国阵	222	140	51.39	504	307
伊斯兰党	66	23	14.36	233	83
人民公正党	97	31	19.00	175	40
行动党	47	28	14.07	102	73
反对党(总计)	217	82	47.79	527	196
独立人士	40	0	0.82	74	2

资料来源:《2008 大选国/州大选分析表》,http://www.sinchew-i.com/special/election2008/map/index.phtml?sec1=wmalaysia&sec=。

马华同样面临严峻挑战,如表 5-21 所示:该党竞选 40 个国会、90 个州议席,但仅赢得 15 个国会、31 个州议席,比上届 31 个国会、76 个州议席的成绩,缩水一半以上,得票率仅为 10.58%,下降接近 5 个百分点。华人和印度人选票的大量流失,使得马华遭遇类似于 1969 年大选时的挫折。不但议席数量全面收缩,而且议席分布也更为集中。虽然柔佛是马华传统的堡垒区,也是马华的票仓所在,但是霹雳、雪兰莪、彭亨、森美兰也一直是马华稳定的得票来源。但是从目前情况来看,马华堡垒区大幅缩减,随着霹雳、雪兰莪等州失守,马华在柔佛所获议席数几乎占据全部议席的一半,15 个国会议席中柔佛占 7 席,31 个州议席中柔佛占 12 席。(见表 5-22)这种选票集中的现象在马华党史中前所未有,即使在马华表现不佳的 1978 年、1986 年、1990 年大选中,马华在柔佛斩获的议席数量在全部议席总数中也不会超过 30%。这种现象是否说明,马华已经从全国性的政党开始转变为地方性的政党,还有待于下届大选的验证。

表 5-22　马华公会在 2008 年大选所获国会、州议席

州属	国会议席/席	州议席/席
玻璃市	0	2
吉打	1	1
吉兰丹	0	0
丁加奴	0	1
槟城	0	0
霹雳	3	1
彭亨	2	7
雪兰莪	1	2
森美兰	0	1
马六甲	1	4
柔佛	7	12
吉隆坡联邦直辖区	0	0
沙巴	0	0
总数	15	31

资料来源：祝家丰：《海外华人政治参与和嬗变：马来西亚 308 政治海啸后马华公会之困境评析》，载施雪琴、廖大珂主编《东亚区域整合：人口迁移与影响（下册）》，厦门大学苏氏东南亚研究中心，2010，第 149 页。

马华流失的华人选票亦非常惊人。在其参选的 40 个国会选区中，有 18 个是华裔选民占 50% 以上的华人优势选区。除振林山选区与人民公正党对垒外，其余 17 席皆是与行动党的直接较量。在这 17 个马华与行动党对垒的华裔优势选区中，马华仅赢 3 席，不但无法在议席数量上继续与后者平分秋色，而且在得票率上，马华只有 34.84%，比 2004 年同类选区中 52.5% 的得票率降低了近 18 个百分点。在华人特别聚集的地区，马华的战绩更是一落千丈。如表 5-23 所示，士布爹、怡保东区、蕉赖和华都牙也 4 个华裔选民比例最高的选区，马华依旧难逃四战皆输的命运，在得票率上更是大幅缩水。从 2004 年同类选区中 39.19% 的得票率骤然降至 24.02%，降幅高达 38.7%。而在剩余 13 个马华与行动党竞争的华人优势选区中，马华也无先前领先态势，在议席数量与支持率上远远落后。行动党不但囊括了 10 个议席，更将支持率刷新至 59.54%，而上届大选在同类选区，行动党仅胜 4 席，得票率亦不敌马华，仅为 42.99%。（见表 5-24）

表5-23 2008年大选马华与行动党在4个华裔选民比例最高的国会选区的得票情况

选区	华裔选民比例/%	总票数/票	马华得票数/票	行动党得票数/票	废票数/票	马华得票率/%	行动党得票率/%
士布爹	89.69	58,142	10,738	47,230	174	18.47	81.23
怡保东区	81.07	53,493	15,422	37,364	707	28.83	69.85
蕉赖	84.14	50,450	10,953	39,253	244	21.71	77.81
华都牙也	76.97	56,128	15,295	39,922	911	27.25	71.13
总计		218,213	52,408	163,769	2036	24.02	75.05

资料来源：笔者根据伊斯兰党网站、当今大马公布的2008年大选结果整理。

表5-24 2008年大选马华与行动党在其他13个华人优势选区的得票情况

选区	华裔选民比例/%	总票数/票	马华得票数/票	行动党得票数/票	废票数/票	马华得票率/%	行动党得票率/%
八打灵再也北区	76.71	56,257	17,879	37,851	527	31.78	67.28
武吉免登	74.64	39,811	12,534	26,811	466	31.48	67.35
武吉牛汝莪	74.25	49,972	14,125	35,140	707	28.27	70.32
大山脚	72.45	52,244	13,431	37,882	931	25.71	72.51
峇眼	70.34	46,192	11,678	33,748	766	25.28	73.06
怡保西区	63.60	50,447	17,042	32,576	829	33.78	64.57
马六甲市区	61.77	67,338	27,250	38,640	1,448	40.47	57.38
金宝	62.58	38,603	20,126	17,429	1,048	52.14	45.15
古来	58.78	53,617	32,017	20,273	1,327	59.71	37.81
沙登	52.09	75,935	26,419	47,444	2,072	34.79	62.48
居銮	52.35	54,043	27,970	24,189	1,884	51.76	44.76
峇吉里	54.13	42,941	20,329	21,051	1,561	47.34	49.02
亚沙	51.50	56,652	21,120	34,271	1,261	37.28	60.49
总计		684,052	261,920	407,305	14,827	38.29	59.54

资料来源：笔者根据星洲互动、伊斯兰党网站、当今大马公布的2008年大选数据整理。

混合选区与马来优势选区本是马华强区，依靠马来选票，上届大选马华在这两类选区中100%胜出。而本次大选，在马来选票有所分流的情况下，马华在混合选区与马来优势选区的力量也遭到严重削弱。在13个国会混合选区中，马华赢得6席，胜选率为46%；在9个马来优势国会选区，马华胜5败4。在其失守的7个混合选区、4个马来优势选区中，除巴生和芙蓉2席被行动党夺得外，其余皆由人民公正党收归囊中，显示出人民公正党同样也对马华形成巨大威胁。

在行动党与人民公正党左右夹击下，马华本届大选损失惨重，不但丧失华人支持，就连马来选票也明显收缩，议席斩获与得票率皆创历史新低。未来马华议会政治前景如何,能否再出现另一个平稳发展的10年,相关学者均给予消极答复。马来亚大学中文系祝家丰博士认为,"冰冻三尺,非一日之寒",马华公会在本届大选之挫败并非如数名马华领袖所言是"大势所趋"[1],而是有深层次的历史性因素。自"5·13"事件后,在马来西亚以党治国的种族霸权政治体制下,巫统独揽国家决策权,马华公会已经陷入当家不当权的政治窘境。鉴于马华众多领袖必须依靠巫统庇佑才能获取官职,他们也乐于维持现状,但为凸显该党在华社中存在的价值,只好竭尽所能做民生服务、华社思想运动等被形容为"逃离政治"的举动,导致华社问题无法通过政治策略来解决,华社权益也无法获得制度化保障。这是马华遭到华人社会唾弃的根本原因。另外,马华自创党以来就难逃党争宿命,不但给予巫统插手马华内部的操作机会,更让其在华人社会的威信遭到严重削弱,从而丧失华基政党基本功能。这也是马华败选的重要因素。[2]拉曼大学中华研究院何启良博士也持相似看法,认为2008年大选之后,马华公会已经来到十字路口。大选结果显示,多元族群政治已经在马来西亚初步显现,是顺应时代转型成为多元族群政党,还是坚守单一族群路线,对马华而言都是难题。前者将会导致马华丧失保守马来人选票,后者会造成马华无法回应华社要求而与华社脱节。[3]

而选后,马华的新动向也证实了学者们的判断。马华虽提出其转型的目标及口号,但未等实现就陷入新一轮党争的旋涡之中,其场面之混乱令人瞠目结舌。两年之后,从党争胜出的领袖蔡细历是否能够领导好马华也值得怀疑。首先,个人形象上,蔡细历背负着个人道德品质的污点而备受非议。其次,他并未给马华设计清晰、可行的改革方案。蔡细历在接手党务首次召开的中央代表大会时提出"马华八大行动纲领",包括:①选民登记工作;②主动接触年轻选民;③强化电子战;④马华领袖的网络宣传;⑤强化主流媒体宣传;⑥强调

---

[1] 马华前妇女组主席周美芬指出,308大选马华输给滥权、贪腐的大局势。参见《周美芬:马华败给腐败大势》,《东方日报》2010年1月10日。

[2] 祝家丰:《海外华人政治参与和嬗变:马来西亚308政治海啸后马华公会之困境评析》,载施雪琴、廖大珂主编《东亚区域整合:人口迁移与影响(下册)》,厦门大学苏氏东南亚研究中心,2010,第142—169页。

[3] 源于笔者于2011年4月17日在马来西亚拉曼大学中华研究院与何启良博士访谈资料。

民主自由和公平;⑦第一时间表明立场;⑧善用党的资源。[1]除第六条泛泛强调民主、自由价值外,其他都是应对选举的技术性策略手段,根本无法应用于政党转型、发展的目标。最后,他对马华角色定位认识矛盾。蔡细历上台后,提出马华"回归政治""高调问政"的新型政治路线,然而他又在马华63周年党庆演讲中称马华已经从单元种族政党的形象走向多元服务,话语表达的矛盾反映了蔡细历本人对马华政党功能认识的混乱。基于以上三点,笔者认为马华未来的前途堪忧,即使它能通过暂时的策略调整获得选票,但这种应对选举的权宜措施不可能帮助马华走出2008年大选的阴霾。

二、2013年大选

2013年4月2日,在马来西亚第12届国会下议院任期即将届满前夕,首相纳吉布宣布解散国会,备受瞩目的马来西亚第13届大选拉开序幕。4月10日,选举委员会决定将提名日和投票日分别定于4月20日及5月5日,竞选期共15天。由于上届大选华裔与印度裔选票大量流失而吹起的政治海啸令国阵自1969年以来首次失去国会三分之二多数议席,两线政治初现曙光,因而本次大选颇受各方重视,被列为马国史上最激烈的大选。最终,在印度选民明显回流的情况下,虽然国阵议席从上届140席减少为133席,得票率亦从51.39%降低至47.38%,但成功保住9州政权,在国会仍然能以简单多数执政。

(一)国民阵线与人民联盟:新一轮两线政治的形成

2008大选受挫之后,随着环球金融危机的推进,马来西亚经济受出口疲弱、投资减少影响,经济环境恶化,国内族群关系再度紧张。马来族群民众不满"土地之子"权益被削弱,非马来族裔埋怨政府与马来资本家勾结。原首相阿都拉不得不在2009年4月提前辞职,副首相纳吉布接替首相职位。面对308政治海啸后巫统如履薄冰的局面,纳吉布上台后立即着手改革。

---

[1]《第57届常年代表大会党务报告:总秘书拿督斯里江作汉提呈》,2010年10月10日,第4页。

为疏解族群张力，促进国家政治、经济、文化和社会的全面发展，上任伊始，纳吉布提出"一个马来西亚"（One Malaysia）理念推动改革。"一个马来西亚"理念坚持卓越文化、毅力、谦卑、精英管理、教育、诚信、一个团结原则，即各种族间应相互接纳，以宪法和国家原则为国民原则，以建立公平社会为价值基础，试图从两个渠道实现国内族群团结与合作。第一，提高政府执政水平和为民服务意识，确保高效、公正、公平的政治环境；第二，塑造共同的价值观念，增进互信，为种族和谐提供良好的人文环境。[1] 为此，纳吉布着意改变马来西亚政府效率低下、懒散蛮横的工作作风，推动建立"以民为先，以表现为主"的政府，颁布实施一系列促进族群平等、扶助弱势群体的政策，包括：部分取消新经济政策，在27个服务领域中撤销30%的土著固打制，允许外资银行在全国增设分行并将非商业银行外资股权上限提高至70%；按照马来族群50%、华人30%、印度人15%、其他族群5%的比例发售"一个马来西亚信托基金"；设立"一个马来西亚诊所"，不分族群为公众提供廉价医疗服务。纳吉布同时还强调以教育为手段，以知识与国民性格为基础，构建各族群共享的价值观念，促进族群之间相互认同。

纳吉布经济改革的重心是2010年财政年度推出的"经济转型计划"（GTP）。该计划通过四大基础计划，即"一个马来西亚"、政府转型计划、新经济模式、第十个大马计划的共同实施，创立公平竞争的市场环境，提高融资便利，加快产业升级，将马来西亚打造成为更具活力的新型经济体，到2020年实现人均国民收入达到高收入国家标准。[2] 经济转型计划的重点包括131项入口点计划、12个国家关键经济领域、60个具有潜力的商机、人均国民收入达15,000美元、330万个就业机会、1.3兆令吉的投资总额。[3] 马来西亚经济转型计划推出仅8个多月就显现了初步成效，计划中的131个投资项目已经有65个项目进展过半，共获得投资近1,703亿令吉，实现国民收入2,202亿

---

[1] 骆永昆：《"一个马来西亚"政策及其启示》，《国际资料信息》2010年第3期，第40—43页。

[2] 阎森：《马来西亚经济转型计划与中小企业的发展》，社会科学文献出版社，2014，第163—176页。

[3] 阎森：《马来西亚经济转型计划的实施与成效》，《亚太经济》2012年第4期，第76—80页。

令吉,并创造了36.24万个就业机会。[1]

　　让普通民众享受到国家经济发展的红利是纳吉布社会福利政策的核心。2012、2013年马来西亚政府大开国库援助低收入家庭,制定西马每月900令吉,东马每月800令吉的最低薪金标准,延长退休年龄,等等。有媒体评论,纳吉布的这些惠民政策虽然走对了方向,但这些政策只能短期缓解一时之忧,并不能根除长期横亘在贫富之间的矛盾。然而,无论怎样,纳吉布的社会政府反映出国阵政府对于社会中下层民众的关注。针对来届大选大约250万的首投族(第一次获得投票权的青年人),纳吉布释放出极大的善意。先是取消1971年禁止大专生参政法案,在不允许学生将政治活动带入校园的前提下允许大专生参政;接着又废除备受诟病的内安法令,以特别措施法案取代,保证公民不会由于政治理念或活动而被扣押,为青年一代拓宽政治参与的空间。

　　从改革效果来看,纳吉布的改革收到了一定成效。"一个马来西亚"运动成功笼络住部分少数族裔,2012年底,莫迪卡中心的民调数据显示,纳吉布在印度族裔中的支持率从2008年的34%激增至76%。而经济转型计划则帮助马来西亚迅速摆脱环球金融危机的影响,2011年全年国内生产总值增长5.1%,全年消费者价格指数增长3.2%,失业率仅为3.1%。[2]然而,纳吉布的改革路线并没有消除民众对于巫统为核心的威权体制的积怨。虽然其经济转型计划总体成功,但是在政治转型方面,纳吉布似乎并没有准备向民众让渡更多政治权利的空间。国阵仍然固执地将威权体制与政治稳定、经济绩效联系起来,认为若民主化步伐太快,国家会发生动乱,会再出现种族暴动,无法稳定发展。纳吉布甚至在2012年10月的马华大会中,就曾呼吁国民"不要赌上国家前途,因为反对党会摧毁国家"。根据《经济学人》的国家民主指数排名,2011年马来西亚民主排名反而比2008年下降3名,在168个国家当中位列71。尽管国阵主张"一个马来西亚",却从未放弃以族群政治来紧箍票源,挑动各族群间的嫌隙、恫吓马来人地位不保仍然不断。

　　反观在野党动向,受2008年大选鼓舞,2008年4月1日,行动党、人民公

----
[1]　陶杰:《马来西亚经济转型初见成效》,《经济日报》2011年8月4日。
[2]　韦朝晖:《马来西亚:2011—2012年回顾与展望》,《东南亚纵横》2012年第3期,第22—30页。

正党、伊斯兰党组成人民联盟(简称"民联")以期推翻国阵政权,形成马来西亚新一轮两线政治新局面。2008年8月峇东埔补选后,安华当选国会议员,成为反对党国会领袖。在安华的带领下,民联开始向国阵发出猛烈攻击。

  由于国阵掌握着国家资源的分配权力,民联无法更改马来西亚族群政治利益分配格局,因此只能利用民众渴望民主,渴望根除种族政治弊病的强烈诉求来实现政权更迭的目标。随着年轻人成为马来西亚人口结构的主流,从族群政治转向跨族群的公民政治已经成为马来西亚年轻民众的主流意识,为迎合青年社会力量,民联决定塑造超越种族路线的政治理念。行动党与伊斯兰党原本在选民结构、政治理念方面存在较大差异,但共组民联后两党刻意相互调适,行动党开始从华人政党向全民政党转变,而伊斯兰党也一改往日极端面孔,以温和的形象示人。在人民公正党的调和下,2009年底,民联正式公布八大政纲,宣布民联政纲,即终结种族主义和歧视性政策,秉承民主法治精神,打击贪腐,还原联邦体制,废除内安法令,制定社会保护议程,等等。民联在文告中呼吁"过去52年所经历的,已经不足以满足马来西亚人对将来的展望。我们要求更多在管理、经济、社会福利、文化生活等方面的改善……只有一个共同及真正实践的马来西亚民主政权更替计划,才可以把人民从过去52年的种族主义、歧视、腐败和政治压迫的困境中挽救出来"。因此,民主与民生议题成为民联主打牌。

  针对马来西亚长期存在的选举型威权体制,选举制度与竞选程序的弊病,民联展开猛烈进攻,支持、赞助净选盟运动;针对国阵政府的"一个马来西亚"的族群整合理念,行动党提出"马来西亚人的马来西亚",人民公正党提出"人民主权"理念,围绕公民身份与国阵展开政治动员的较量;针对马来西亚权贵资本主义盛行,民联以沙捞越巴贡水坝为焦点,揭示国阵政府贪腐丑闻,激发民众特别是东马民众对于国阵的不满情绪。民生问题效率低下是国阵政府的软肋,自然也是民联的主攻对象。借国阵政府提高油价引发民怨的机会,民联在国会提出对总理的不信任案,向选民承诺若民联执政将大幅降低油价,并因此与政府展开电视辩论。凭借雪兰莪、槟城、吉兰丹、吉打(霹雳州在2009年重新回到国阵手中)4州的执政权,民联与国阵展开执政绩效竞赛。继2008年雪兰莪、槟城2州财政摆脱赤字困境后,民联执政4州的经济呈现迅猛发展势头,2010年4州获得投资总额高达250亿令吉,占到全马投资总额的53%,其中槟城所获直接投资不仅高居全国首位,而且因为其财政稳定而受到国际透明组织的称赞。行动党秘书长林冠英甚至断言:"在3年内,民联已经做到国阵51年来也做不到的事。"[1]

在民联的持续攻击下,2008年大选之后,民情迅速向民联倾斜。从2008年8月到2009年8月,在马来西亚连续举行的8场补选中,民联仅负1场。然而从2010年乌鲁雪兰莪国会议席补选开始,国阵基于强大的自我修复及调适能力,借助于纳吉布上台的契机,回笼了相当一部分选民的支持。国阵明显扳回局面,说明其已经从2008年大选的重创中恢复过来。(见表5-25)

表5-25 2008年8月—2011年4月马来西亚历次补选情况

时间	地点	席次	国阵/票	民联/票	多数/票	备注
2008-08-26	槟城峇东埔	国会	15,524	31,195	15,671	人民公正党
2009-01-17	瓜拉登嘉楼	国会	32,883	30,252	2,631	国阵
2009-04-07	沙捞越峇当艾州	州	3,907	2,053	1,854	国阵
2009-04-07	霹雳武吉干当	国会	19,071	21860	2,789	伊斯兰党
2009-04-07	吉打武吉士南卯州	州	10,229	12,632	2,403	人民公正党
2009-05-31	槟城本南地	州		6,052	6,052	人民公正党
2009-07-14	吉兰丹玛力勿莱州	州	5,283	5,348	65	伊斯兰党
2009-08-25	槟城柏玛当巴西州	州	5,067	9,618	4,551	伊斯兰党
2009-10-11	森美兰州峇眼槟榔	州	6,430	4,097	2,333	国阵
2010-04-25	乌鲁雪兰莪	国会	24,997	23,272	1,725	国阵
2010-05-16	沙捞越诗巫	国会	18,447	18,845	398	行动党
2010-11-04	吉兰丹加腊士	州	5,324	4,134	1,190	国阵
2010-11-04	沙州巴都沙比	国会	9,773	3,414	6,359	国阵
2011-01-30	柔佛丁能区州	州	6,699	2,992	3,707	国阵
2011-03-06	甲州万里望	州	5,962	2,319	3,643	国阵
2011-03-06	彭亨吉道	州	5,060	2,336	2,724	国阵
2011-04-16	沙捞越州	州	55	18	37	国阵

资料来源:薛术洁:《"308大选"后的马来西亚政局研究》,硕士学位论文,暨南大学,2011,第31页。

(二)惠民路线与社会公平:2013年大选的竞选策略

由于选情持续胶着,2013年大选被延迟至最后一刻。2013年4月3日,

---

[1] 辉明:《马来西亚政治海啸:第13届国会选举分析》,《南洋问题研究》2015年第3期,第21—22页。

纳吉布突然宣布解散国会,4月10日选举委员会宣布,马来西亚第13届大选的提名日与投票日分别定于4月20日和5月5日,竞选周期15天。在竞选周期内,朝野各方势力展开激烈角逐,不少观察家和分析人士认为,这次大选是半个多世纪以来马来西亚最激烈的选举。

据选举委员会介绍,本届大选共有1,299万选民参与投票,投票率高达80%,创下历届大选最高水平。[1] 在庞大的选民队伍中,2008—2013年选举委员会录得的新选民(即首投族)占据选民总数的30%。学者们普遍认为,这些首投族将是决定本届大选的关键力量。虽然大选前马来亚大学民主与选举中心的民调数据显示,有接近一半的首投族还没有决定自己的政治立场,而同时选举委员会也发表声明,有280多万21—40岁的合格选民没有参加选举登记。这些数据表明,相较于中老年选民而言,马来西亚年轻选民在政治倾向上更为独立,也更加务实。而莫迪卡中心在2012年底针对首投族所做的公共舆论调查,对他们的生活状况、政治立场做了更详细的调查。调查数据显示,首投族虽然有着良好的教育背景,普遍追求良好的生活品质,但是他们的生活境况却普遍不佳,约80%首投族的家庭月收入低于3,000令吉,徘徊在城市贫困的边缘。这样的生活状况使得他们在投票的时候更容易受情绪支配,更敏感地比较各政党的政策主张。为了争取这类选民的支持,国阵与民联均将竞选策略放在首投族关心的议题之上。

本届大选,国阵的目标是不仅要保住政权,更要恢复在国会中三分之二多数席位。利用掌握国家权力的优势,国阵以惠民、改善民生作为竞选的核心议题。2013年4月6日,国阵发表以"希望的承诺"为主题的竞选宣言,给选民许下17项承诺。第一,承诺降低民众生活成本,包括增加中低收入群体的援助基金,建立社会保障系统,建造更多民众可承担的住房,改善公共医疗服务水平;第二,承诺为民众提供更好的基础设施服务,包括改善现有道路条件,建设高速铁路,改善供电、供水以及通信服务;第三,承诺改善国内投资环境,创造330万个就业岗位,为企业及个人减轻税收负担,鼓励创新,提升私人企业经济参与水平;第四,承诺加强与世界主要经济体和新兴经济体的合作,为本国经

---

[1]《马来西亚大选投票率创新高》,《联合早报》2013年5月6日。

济发展创造良好的外部环境;第五,承诺打击贪腐以及提升政府公共服务水平……民联的政治目标是终结国阵自独立以来一党执政的局面,在马来西亚实现政党轮替执政。由于民联没有掌握国家执政权力,无力在派钱、发展方面与国阵竞争,只能针对年轻选民愤世嫉俗的特点,主抓社会公平议题,同时也向选民许下诸多福利承诺。早在2013年2月25日就以"人民联盟,全民希望"为主题推出竞选宣言,承诺一旦民联执政将承认华文独中统考文凭,落实免费教育,废除高等教育基金贷款,降低燃油价格和水电费,分阶段收回大道经营权,废除南北大道收费。该宣言还表示要提高最低薪酬标准,分阶段下调汽车税并最终取消该税种,生产廉价国产汽车,等等。[1]民联在竞选宣言中还特别绘制了"人民经济"体制的经济发展蓝图,强调长期以来国家的经济红利被权力精英及其朋党以特许经营权等方式垄断,要实现社会公平必须打破现有通信、粮食、医药、银行等行业的垄断,还"经济权"于人民。对比两份竞选宣言折射出的政治理念,国阵呈现出经济自由化特征,具有右翼政党特点,而民联则呈现出更多的社会主义色彩。虽然两党依然是为选票而战的"掮客政党",但是已经呈现出一定的左右相争的使命型政党角逐的色彩。

在民联诸政党中,国阵视行动党为主要对手。因此与上届大选一样,马华一再炒作伊斯兰国家和伊斯兰刑事法课题,利用华人对伊斯兰复兴运动(如坚持推动实施断肢法)的恐惧心理,抹黑行动党。但是,与上届大选不同,本届大选伊斯兰党有意以温和面目示人,不但委任更多的女性候选人,更是首次委派非穆斯林候选人参加竞选。华人虽不赞成伊斯兰党的政治理念,但为实现"变天"计划,也开始尝试接纳伊斯兰党。不少非穆斯林甚至将伊斯兰党的标志作为其个人脸书的头像照片,提名日公开挥舞伊斯兰党党旗,舞台上高唱《月亮代表我的心》。为了争取年轻选民特别是年轻网民的支持,国阵在技术手段上也不断推陈出新,不但出钱补贴民众购买智能手机,而且培训约3,000人的网络兵团,专门负责在部落格、推特与脸书等网络世界塑造执政党亲民形象,回应反对党指责。

---

[1] 庄礼伟:《第13届国会选举前夕的马来西亚:选举型威权的终结?》,《东南亚研究》2013年第2期,第15—22页。

民联成功与众多非政府组织形成合力，激发起选民的政治热情是本次大选民联最成功的竞选策略。自"烈火莫熄"运动以来，马来西亚各类非政府组织蓬勃兴起。它们聚焦于选举、环保、族群关系等各类议题，也带动了选民有效的政治参与。在这些非政府组织中，以净选盟和环境抗争运动影响最为巨大。净选盟以追求干净与公正的选举为己任，致力于破除执政党通过操纵选举获得执政地位的痼疾。该组织曾经在2007、2011、2012年连续发动大规模的群众集会，吸引数万名民众参与，成为民众表达对马来西亚现有选举制度不满的渠道。在2013年大选来临之际，净选盟提出包括发放准确的选民册、杜绝肮脏的政治手段在内的8项选举改革诉求，这样的诉求无疑对反对党极为有利，因此得到民联的鼎力支持。起源于关丹的环境抗争运动不但吸引了本地民众，也吸引了其他地方民众声援，在社会中形成了质疑执政党的强大呼声。[1] 利用各类社会运动激发起民众求变的心理，民联顺势提出"五月五，换政府"、"Now or Never"（现在或永不）等口号为自己造势，收到了不错的回应。许多在城市工作的华裔选民在反对党造势下，纷纷返回家乡为反对党投票，海外返乡投票的人数更是创下历史新高。相关数据显示，本次大选华裔选民投票率高达90%，远远超过马来族群和印裔族群。相关评论人士普遍认为，华人在本次大选中的态度将对马来西亚大选结果产生重要影响。

（三）大选结果

2013年5月5日，马来西亚第13届大选结果出炉。在全部222个国会议席中，执政党联盟国阵与反对党联盟民联分别获得133席与89席，这个结果令双方均感到失望。国阵所获议席比上届少7席，没有实现国会议席三分之二多数的竞选目标，仅能以简单多数执政。国阵各政党中，巫统获得88席，比上届大选增加9席；马华公会仅获7席；民政党获1席；印度人国大党获4席。值得注意的是，国阵虽然成功保住了国会多数席位，但在得票率上却不敌民联，只获得47.38%的得票率。民联的得票率虽然高达50.87%，但在选区划

---

[1] 范若兰：《马来西亚2013年大选与政治发展前景分析》，《当代世界》2013年第10期，第56—59页。

分的掣肘下,只能获得89个国会议席,其中民政党是最大的赢家,斩获38个国会议席,一举成为仅次于巫统的第二大政党和最大的反对党;人民公正党获30席;伊斯兰党获21席。在505个州议席中,国阵获得275席,比上届减少32席,其中巫统241席,马华11席,民政党3席,印度人国大党5席。民联诸党中,行动党、人民公正党、伊斯兰党分别获得95、49、85席,共计赢得229个州议席。另外,民联还以三分之二多数成功保住槟城、雪兰莪、吉兰丹3州政权。

本届大选,马华公会未能挽回上届大选之颓势,仅存的半壁江山又被削去一半,呈现出明显的没落态势,表现在以下4个方面:

第一,国会、州议席数量继续大幅收缩。如表5-26所示,马华公会参选37个国会议席和90个州议席,但仅赢得7个国会议席和11个州议席,比上届惨淡的15个国会、31个州议席的成绩,继续缩水一半以上,与2004年大选31个国会、76个州议席的辉煌战绩更不可同日而语。

表5-26 马华公会在2008年大选与2013年大选所获的国会、州议席之比较

州属	2008年		2013年	
	国会议席/席	州议席/席	国会议席/席	州议席/席
玻璃市	0	2	0	1
吉打	1	1	0	2
吉兰丹	0	0	0	0
丁加奴	0	1	0	0
槟城	0	0	0	0
霹雳	3	1	1	1
彭亨	2	7	1	2
雪兰莪	1	2	0	0
森美兰	0	1	0	0
马六甲	1	4	1	3
柔佛	7	12	4	2
吉隆坡联邦直辖区	0	0	0	0
沙巴	0	0	0	0
总数	15	31	7	11

资料来源:笔者根据相关资料整理。

第二,传统堡垒地区摇摇欲坠。柔佛一直是马华传统的堡垒区。2008年大选,霹雳、彭亨等马华堡垒地区接连失守,而马华在柔佛所斩获的国会、州议席数量几乎占据全部议席的一半。但是届大选,柔佛——这个马华唯一的票

仓也有失守的危险,其竞选的 7 个国会议席只赢 4 席,而竞选的 16 个州议席则仅胜 2 席。

第三,马华阁员接连落选。2008 年大选后,马华公会入阁共 11 人(4 正 7 副)。在本届大选中,共有 6 名马华阁员落选,包括交通部部长江作汉,房屋与地方政府部部长曹智雄,财政部副部长林祥才,内政部副部长李志亮,妇女、家庭与社会发展部副部长王赛芝,高等教育部副部长何国忠。

第四,华人选票流失异常严重。本届大选,马华流失的华人选票亦非常惊人。在其参选的 37 个国会选区中,有 14 个是华裔选民占 50%以上的华人优势选区。在这 14 个选区中,马华候选人全部负于行动党。从得票率上看,马华公会在这类选区的平均得票率仅为 26.60%,不但远低于行动党,而且与上届大选同类选区 34.84%的得票率相比,降低了 8.24 个百分点。(见表 5-27)

表 5-27　2013 年大选马华与行动党在 14 个华裔优势选区的得票情况

选区	华裔选民比例/%	马华得票数/票	行动党得票数/票	其他政党得票数/票	马华得票率/%	行动党得票率/%
士布爹	87.98	9,948	61,500		13.92	86.08
怡保东区	79.31	16,086	49,086		24.68	75.32
蕉赖	81.79	10,840	48,249		18.35	81.65
华都牙也	73.89	15,304	53,900		22.11	77.89
八打灵再也北区	77.16	12,735	57,407		18.16	81.84
武吉免登	73.17	11,009	30,408		26.58	73.42
武吉牛汝莪	74.50	14,061	55,839		20.12	79.88
大山脚	71.17	12,814	55,877		18.65	81.35
峇眼	69.56	12,307	46,466	328	20.82	78.62
怡保西区	62.19	16,382	45,420	235	26.41	73.21
马六甲市区	59.07	28,775	49,521		36.75	63.25
金宝	60.39	21,463	26,863		44.41	55.59
古来	56.13	29,888	43,338	238	40.68	58.99
峇吉里	53.21	26,051	31,118		45.57	54.43
总计		237,663	654,992	801	26.60	73.31

资料来源:笔者根据相关资料整理。

注:废票未列入计算范围。

(四) 马华公会败选的影响

2013 年 5 月 6 日,就在选举结果揭晓的当天,马华公会总会长蔡细历公开表示,接受败选现实,遵守选前承诺,若本次选举成绩逊于上届,马华将不会在中央及州政府中担任任何官职。2013年马华的败选及其不入阁的决定无不表现出马华的没落,这将会对马来西亚华人政治、国家政治以及中马关系产生巨大影响。

1. 造成华人政治的"权威真空",令华人政治欲振乏力

相关学者普遍认为,马来西亚华人社会并非铁板一块,长久以来,围绕着华人社会代表权,华人政党之间,华人政党与华人社团之间的角逐从未停息。自1955年马华公会与巫统、印度人国大党组成联盟赢得联合邦首次立法选举以来,马华便一直以华人社会利益代表者的身份参与到联合政府的执政之中。同样,借助于国家政权的力量,马华也成为华人社会官方的代表力量。虽然这种代表性一直受到行动党强有力的挑战,而且由于马华未能为华人争取到平等的权利而被诟病,但它毕竟还是华人社会主要"在朝力量"的代表。

本届大选,华人一面倒向行动党,固然表达了华人社会对政府自"5·13"事件以来做出的偏向马来族群的资源分配的强烈不满,让其一跃成为议会最大的反对党。但从目前状况来看,行动党还不足以担当华社领导者,除了其多元族群的政治导向,更在于它没有执政经历,缺乏国家权力支撑。正如马来西亚本土学者何启良所言,华人对行动党的支持并不在于认同,更多在于华人欲借机教训政府,向马华提出警告,"钟摆效应"由此产生。虽然目前来看,跨族群合作,实现多元族群主义的"公民社会"是民联挑战国阵政府有力的理论论述,但对于华人社会而言,如何摆脱被边缘化的政治、经济、文化地位,获取平等的族群权利才是华人政治最大的课题。马华的没落让华人政治失去了一个不称职的领导,但同时又没有更佳的力量来替补,这对于身处困境的华人政治而言并非利好消息。

2. 削弱国阵政府的合法性,降低联合政府的代表性

历史上,当年英殖民者允许马来亚独立建国的条件之一就是要求三大族群协作,而在马来亚现实的族群政治的生态环境中,华巫印三大族群以族群为单位建立政党,代表各自的族群参与国家资源的权威性分配和公共权力分享过程的协商民主体制成为1955年联盟政府合法性的基础,而马华、巫统、国大党分别代表华人、马来人、印度人利益组成联合政府的合法性则由此发轫,并

延续至今。时至今日,尽管各族群平等协商的地位早已荡然无存,在拉扎克总理"缔造联合战略"中,巫统一党独大在国阵政府中起主导角色,但在形式上,联合政府还维持着民主协商的姿态。马华与国大党分别代表华人社会和印裔进入内阁,参与执政,以表明国阵政府对国内三大主要族群的代表性。若马华此次不入阁,那么国阵政府中显然缺少了占大马社会近五分之一人口的华人社会代表,无疑对国阵政府的历史合法性形成绝对挑战,这也是巫统无法容忍的。

因此,马华是否会入阁实则有待商榷,多数学者将其看成政治噱头,认为选前对华社的威胁或者表现马华破釜沉舟勇气的成分多一些。因为,马华还是可以以会长理事会、特大或者中央代表大会的方式否决不入阁的决定。所以,马华最终会不会入阁,不能由马华做主,必须由巫统来决定。

3. 中马关系发展方向不会受到重大影响,但两国交流失去一条成熟的纽带

竞选期间,首相纳吉布就曾宣布,若获得连任,将进一步推动中马关系向前发展。现阶段,在中国已经成为马来西亚最大贸易伙伴的现实下,马华公会的败选或者其不加入内阁,都不会对中马关系发展产生质的影响,但可能会使两国交流失去一条相对成熟的渠道。

华人社会的相通性,使得马华公会自然成为中马交流的桥梁。1999 年,朱镕基总理访马期间,全程陪同朱总理的正是时任马华副总会长的黄家定。而以马华公会为媒介,中马之间交流更是频繁。2000 年 4 月,马来西亚交通部部长、马华总会长林良实访华,与中国铁道部、民用航空局讨论加强铁路交通和民航服务领域合作事宜。2004 年 6 月,马来西亚交通部部长、马华副总会长陈广才访华期间,曾与中国民用航空局和交通部就进一步促进两国海空运输的合作进行沟通。而从黄家定开始,马华公会与中国共产党之间的党际合作日趋深入。2009 年,马华总会长翁诗杰更是以总会长的身份带领庞大的队伍出访中共。在民间活动中,马华与华人社团的天然联系更使得其在两国民间往来中扮演着不可忽视的作用。中国提出"一带一路"倡议后,马华公会对华事务委员会成立"一带一路"中心,主要负责开展与"一带一路"倡议相关的调研,为企业提供咨询,协助企业开拓市场并在政府和企业间进行商业对接。因而,马华是中马交流中一个较为成熟的中介。但随着马华的没落,以及其在政府

地位的日益衰微，我们也需要拓展新的渠道来增进两国合作，尤其在南海问题上，针对两国领土争端和资源纠纷，我们更需要新的方式，特别是加强与马国在野党以及非政府组织的交流，或者两国可以通过非官方渠道来实现中马两国的合作共赢。

三、2018年大选

2018年5月9日，马来西亚举行第14届国会大选投票。这次大选相较于2013年的"华人海啸"，被称为"全民海啸"。以马哈蒂尔为首的希望联盟终结了国民阵线长达61年的执政地位，在马来西亚政治史上首次出现政党轮替。作为国民阵线成员党之一的马华公会继续延续2008年大选以来的颓败趋势，仅获得1个国会、2个州议席，与其他国阵成员党一起沦为在野党。

（一）2018年大选前马华公会面临的外部环境

1. 纳吉布国家转型计划负面效应凸显

2013年大选国民阵线以简单多数执政后，5月6日纳吉布宣布就任首相，开始其第二个任期。在纳吉布的第二个任期内，其所推行的经济体制改革的负面效应明显凸显。自2010年纳吉布推出国家转型计划（NTP）以来，关键绩效指标成效明显，年国内生产总值增长率平均高达5.6%，人均国民收入与世界银行规定的"高收入国家"门槛差距从2010年的33%缩小至2017年的20%，逐步迈向"高收入国家"行列。由于该计划强调通过鼓励知识经济发展以及吸引海外投资提高劳动者的收入和生产效率，动力来自国家投资与外国资本必然导致庞大的国家预算和财政赤字。2010年马来西亚政府债务占GDP的54.2%，到2015年已经飙升至72.1%，居亚洲国家首位。2015年国际石油和天然气价格大幅下降导致政府石油税收锐减，国家财政压力剧增。2015年4月，马来西亚政府决定实施消费税。受其影响，马来西亚国内消费价格指数从2015年的112.8攀升至2018年的120.9，对马来西亚国内43%的从业者造成负面冲击，尤其对低收入群体影响更甚。由此来看，随着国家转型计划深入推进，国内经济的高速增长并没有惠及普通民生，经济发展与社会公正之间明显失衡。同时，纳吉布被曝光个人贪腐丑闻。2015年7月2日《华尔街日报》披露,马来西亚有关人员意外发现"一个马来西亚发展公司"(简称"一马公司"或1MDB)有6.81亿美元流入纳吉布的私人账户,纳吉布夫人罗斯玛·曼梳也被曝光在社交媒体上炫耀奢侈生活。尽管纳吉布运用政治手腕铲除异己,尽力控制贪腐丑闻负面效应,同时1MDB案也确实仅流传于城市地区,而没有在乡村地区掀起波澜,因此在选前,纳吉布的领导地位并没有受到威胁。但是,该案却引起了巫统内部分裂以及朝野势力的重新分化、组合。

2. 朝野政治势力的分化与组合

围绕1MDB案的"攻防",巫统内部开始分化,继而演变成为巫统党内派系决裂。早在1MDB案曝光初期,前总理马哈蒂尔就开始攻击纳吉布,要求彻查,并声称该案涉及巨大贪腐黑幕。2015年7月28日,纳吉布宣布解除亲马哈蒂尔的副首相慕尤丁职务,随后,巫统副主席沙菲益阿达、吉打州州务大臣慕克力、登嘉楼州前州务大臣阿末赛益等一批党政官员相继被迫辞职。2016年2月,在马来西亚监察部门认定1MDB案所涉资金为政治捐款并不构成贪腐后,2月29日马哈蒂尔宣布退出巫统。他在当日召开的新闻发布会上表示,他之所以离开巫统是因为巫统已经变成只知道拥护纳吉布、保护纳吉布的政党。〔1〕2016年9月,马哈蒂尔联络多名被纳吉布开除出局的巫统党内高层重组土著团结党(Parti Pribumi Bersatu Malaysia,简称土团党),继续利用1MDB案挑战纳吉布。国民阵线力量遭受重创。

在巫统内讧走向分裂之前,在野力量人民联盟也走向终结。2015年,伊斯兰党精神领袖聂阿兹逝世,导致党内极端穆斯林主义抬头。保守的长老派与偏激的少壮派联手占据了党内的主流声音,2015年6月16日,伊斯兰党执意实行伊斯兰刑事法,结盟7年的人民联盟正式瓦解。同年9月,以莫哈莫·沙布(Mohamad Sabu)为代表的伊斯兰党内开明派退党重组国家诚信党(Parti Amanah Negara,PAN),随后连同人民公正党、行动党组成新的在野力量联盟——希望联盟。2016年11月12日,土团党正式加入希望联盟。

3. 马来社会分化

2008年大选之后,马华公会已经基本丧失了华人社会支持,在华裔集中的

---

〔1〕《马哈蒂尔退出马来西亚执政党 要求纳吉布下台》,http://www.xinhuanet.com/world/2016-03/02/c_128766383.htm。

选区完全不敌行动党,其支持力量主要来自国民阵线成员党身份的马来族群。[1] 早在 20 世纪 70 年代,马来西亚政府就针对马来乡村启动全面发展计划,1957 年到 1980 年,城市化上升到了 37%,计划的对象 94% 都属于马来族群。[2] 高度的城市化伴随着经济发展,只有少数马来族裔依靠红利晋升中上阶层,大多数移民依旧依靠出卖劳动力勉强糊口,他们在地理位置的迁移中收入并没有明显增长,也没有改善收入差距拉大的现状,工作中上升通道狭窄,精英依旧把持着高层岗位,失业率也未能及时解决。城市化过程中涌现出的这些问题使得放弃乡村生活的迁居者逐渐产生了幻灭感,以往的政治倾向开始动摇。城市化进程中移居者在远离故土的过程中不仅需要解决经济上的压力,在自我认知上转换关系网络时,还需要解决自身族群身份与政治的认同同构性,这个过程是重塑与割断同时进行的。个人的政治偏好主要受到社会经济和个人对政党的接触的影响,而较少受到所在地区的影响,选举行为选择中经济因素还是占据主要地位。因此在城市生活境况的困窘加之亲历城市的差距,移居二代和没有得到实惠的城市与农村的中下层会更倾向于反对党联盟。因此,马来社会在多年城市化与新经济政策的实施中,不再仅仅是以简单的族群身份划分,马来族裔内部出现明显分层,对于国民阵线马来人不再具有统一高度的向心性。在 2017 年末到 2018 年初第 14 届大选发生前,西柔佛的居民接受了调查,有很大一部分人表示自己没有得到因为种族身份而带来的应有的实惠。[3]

(二) 竞选策略

2018 年 4 月 6 日,总理纳吉布宣布将于次日解散国会,进行马来西亚第 14 届国会选举。4 月 28 日为提名日,5 月 9 日为投票日,竞选周期 11 天。早在 2018 年 3 月国会就已经通过第 6 次半岛选区重划报告,总数 222 个国会议

---

[1] Muhamad M. N. Nadzri, "The 14th General Election, the Fall of Barisan Nasional, and Political Development in Malaysia, 1957-2018," *Journal of Current Southeast Asian Affairs*, vol. 37, no. 3 (2018):139-171.

[2] Nazli Baydar, Michael J. White, Charles Simkins, et al., "Effects of Agricultural Development Policies on Migration in Peninsular Malaysia," *Demography*, vol. 27, no. 1 (1990):97-109.

[3] Serina Rahman, "Was It a Malay Tsunami? Deconstructing the Malay Vote in Malaysia's 2018 Election," *The Round Table*, vol. 107, no. 6 (2018):669-682.

席中,有 128 个选区被重划,令在野党的选票大幅分散。选区选民人数差别很大,国民阵线堡垒区特别是乡区,1 万多人就划出一个选区;但是反对党强区如雪兰莪州,一个选区甚至多达 15 万人。选区也更加集中,巫统发源地柔佛,以及国阵"定存州"沙巴和沙捞越,三州的国会席位总数就高达 82 个,占国会席位总数的 37%。[1] 简单多数的议会选举制度借助于显失公平的选区划分成为国民阵线执政的保障。据统计,国阵只需以 16.53% 总得票率,就可赢得议会过半数席位。尽管如此,马华公会仍然把本次大选视为马来西亚政治史上最惨烈的政治博弈。

马华公会依然延续传统竞选路线,向选民强调马华公会的政治命运关系马来西亚华族在国家政治主流中的地位,总会长廖中莱在第 14 届大选马华宣言推介礼上表示:"不论大选结果如何,不论马来海啸是否出现,我国的政权将继续由马来人主导。然而,华人的命运却是个未知数。从目前各种发展来看,国阵凭着巫统基本盘和东马席位,优势非常明显。如果国阵的华基政党惨败,华人可能从此彻底丧失政治话语权。"[2] 从其竞选纲领来看,马华公会继续塑造华裔社会服务者的形象围绕华文教育、华人中小企业、华人新村等议题进行社会动员。国民阵线政府松动华文教育政策以承认华文独中统考文凭争取华人选票回流的基础上,马华公会承诺确保华文独中高中统考全面得到承认,同时加强制度化增建华小及拨款的机制,继续推动华文教育发展。主张成立遍布全马的"自立合作社银行",为中小型企业提供融资便利;以国家信托基金(Amanah Saham Nasional)为蓝本,针对马来西亚华裔设立投资信托基金,为中低收入者增加收入来源。落实华人新村数字化转型,推动数字化服务和电子商务,通过网上订购服务、电子钱包、线上转账,结合交通物流基建,通过"一带一路"倡议与中国加强合作,刺激新村产品贸易和深度旅游,翻新经济形态,激活新村经济。然而在选民最关心的消费税问题上,马华公会与国民阵线立场一致,通过恩庇政治派发政治糖果,增加低收入群体援助标准,以消弭民众对消费税的负面情绪。

2018 年 3 月 8 日,希望联盟就以 60 项承诺、百日新政及 5 项特别使命,勾画在野力量的执政愿景。主题为"拥抱希望,重建家园"的竞选宣言,具体阐述

---

[1]《马来西亚选区重划报告建议:半岛 12 国 28 州易名》,《南洋商报》2018 年 3 月 28 日。
[2]《第 14 届大选马华宣言推介礼总会长拿督斯里廖中莱演讲词》,2018 年 4 月 8 日。

60项承诺,涉及疏缓民困、体制改革、经济发展、东马两州及国族构建五大领域。特别是希望联盟在百日新政中承诺,在执政的100天内要改善民生问题,包括废除消费税、降低物价、发放石油津贴和稳定油价、调查一马公司贪腐案等一系列金融丑闻、重组国家机构,极大地鼓动了民众需要立竿见影改善民生的情绪。宣言的五大纲领还提到保障人民权益和经济成果由人民共享、进行民主制度改革、提升政府透明度,无疑使不满国阵执政的选民看到了改变的光明。在第5章中提到发展教育的愿景和满足社会组织、企业社会和公民社会的发展要求,这也意味着释放更多的权利给人民,让人民享有自由、自治权利。此外,承认独中统考文凭成为多年来华裔的热门话题,被纳入希望联盟宣言,是其应战大选的重磅武器。无论如何,希望联盟回应了选民政治意识的觉醒和青年选民崛起的政治倾向。这些人关注腐败、朋党问题和社会不公正,他们不同于传统保守的政治选民,只求政治稳定,而是更乐意将选票投给能在就业、经济和公平等方面做出真正成绩的新政府。(见表5-28)

表5-28 马来西亚第14届国会选举朝野政治力量竞选宣言

	主题	具体内容
国民阵线	给力国阵,共创强盛大马	关注母亲和妇女,居者有其屋,300万份工作,沙巴及沙捞越州乐开怀,未来交通,强化数码化应用,国货,崭新的一个大马援助金,人民的口袋,迎合未来的教育,健康生活,一个我的国家,国泰民安,2050年国家转型计划,孩童福利,等等
马华公会	十大承诺,十大计划	十大承诺:全力守护中庸价值,确保有效制衡和监督,对青年和女性赋权,提升优质华文教育,创建高教的世界舞台,全力共建"一带一路",数字经济与创新,商贸金融的飞跃,落实新村城镇化,扩展医疗保健 十大计划:中央监管单位,全球网络与区域链接,设立数字经济与创新理事会,世界级高等教育,培育优秀下一代,完善技职培训,为中小企业及中低收入者创造财富,新村城镇化计划,保障女性、儿童、年长者的权益,全心全意服务社会
希望联盟	拥抱希望,重建家园	废除消费税,保障人民权益,经济成果由人民共享,进行民主制度改革,提升政府透明度,等等

资料来源:笔者根据相关材料整理。

(三) 大选结果

尽管选前纳吉布对大选信心十足,认为国民阵线能够获得140－160个议席,而鉴于希望联盟的分裂分歧,学界和政界也认为其对国民阵线不足以构成实质威胁。然而本次大选的结果却出人意料。2018年5月9日晚,马来西亚第14届大选的结果陆续揭晓,希望联盟获得简单多数,国阵61年来首次失去中央执政权。

希望联盟在204个国会议席中获得113个国会议席,得票率为45.56%;在456个州议席中获得226席。希望联盟成员党中,人民公正党斩获国会议席47席,行动党获得42席,土团党和国家诚信党分别获得13席和11席。希望联盟获得吉打、槟城、雪兰莪、森美兰、马六甲、柔佛、霹雳7州执政权,此外,由于沙巴州巴统党倒戈,希望联盟还获得沙巴州与沙巴人民民兴党共同执政权。伊斯兰党退出人民联盟后,本次大选选择独立竞选,获得18个国会议席、90个州议席,依旧得到吉兰丹、丁加奴两州执政权。

在本届大选中惨败的国民阵线,竞选222个国会议席,仅获得79席,得票率为33.80%;州议席获得166席,得票率为32.96%,最终只保住了玻璃市和彭亨2个州执政权。(见表5-29)马华公会继上届大选输得一塌糊涂之后,在本届大选更是一败涂地。在国会议席的竞争中,推出了39个国会候选人,在吉打、槟城、霹雳、彭亨、雪兰莪、吉隆坡、森美兰、马六甲的竞争中全军覆没,仅魏家祥赢得了1个国会议席。面向12个州推出90名州候选人,也仅在玻璃、彭亨获得2个州议席。在马华获胜的议席中,魏家祥是第14届大选中唯一保留的国会议员,他以17,076张选票对战希望联盟候选人刘镇东的16,773张选票,最终以303多数票赢得了联邦选区亚依淡的国会席位。相较于其在2013年和2008年两届大选以7,310和13,909多数票打败反对党,2018年只能算是险胜。但是魏家祥在该选区的选民得票率为43.98%,相较于2013年的59.94%已有大幅下降。马华总会长廖中莱的国会选区文冬自1958年被授权拥有一名国会议员之日起,该州的国会议席一直被马华垄断,但在本次大选中却被行动党候选人黄德以2,032多数票超越,廖中莱也成为马华创党以来首名大选失利的总会长。

表 5-29　2018 年大选全国主要政党国会、州议席情况

主要政党	国会议席			州议席	
	竞选/席	中选/席	得票率/%	竞选/席	中选/席
人民公正党	71	47	17.10	135	67
行动党	47	42	17.38	104	101
土团党	52	13	5.77	107	24
国家诚信党	34	11	5.37	110	34
希望联盟	204	113	45.56	456	226
巫统	120	54	21.10	342	149
马华公会	39	1	5.30	90	2
印度人国大党	9	2	1.39	18	3
土保党	14	13	1.83		
国民阵线	222	79	33.80	505	166
伊斯兰党	157	18	16.91	392	90
沙立新党	5	1	0.18	18	2
沙巴人民复兴党	17	8	2.32	45	21
独立人士	24	3	0.58	54	0

资料来源：辉明、汤婉香：《马来西亚第 14 届国会选举评析》，《南亚东南亚研究》2019 年第 2 期，第 64 页。

从马华所得选票分析选民的流向，2013 年大选 80% 的华人选民投向反对党，本届大选马华公会继续在华人集中的地区如槟城、吉隆坡、雪兰莪、柔佛等地满盘皆输，本届大选华人把 95% 的选票投给了行动党和人民公正党。华人选票全盘流失，同时又发生"马来人海啸"，两者共同终结了马华公会的执政党地位。

第四节　小结

本章分析和叙述了 20 世纪 80 年代以后马华公会议会政治道路。从华人政治的角度来看，20 世纪 80 年代是战后华人政治高潮迭起的年代。在 10 年寻求政治突破的生涯中，华人政治抗议方式从与民政党合作的内部争取演变成加入行动党的直接公开竞争，从而形成一股挑战政府政策正当性的逆流。正值华人社会醉心于族群平等、践行民主政治的理想时，马华公会或陷入党争纠纷，或卷入经济丑闻，虽矢言改革，却也仅是应对选举的权宜之策，而无意痛下决心与华社并肩战斗，只愿留在官僚体制边缘。与华人社会的严重脱节，使

马华在议会政治的道路上遭遇1969年来的又一个寒冬。1986、1990年马华大选成绩皆说明此意。

步入20世纪90年代,在国阵政府"发展主义"政策和同声一气成为"先进国"口号的笼络下,华人政治弥漫的对抗情绪消解不少。从1995年大选开始,华人社会协商派抬头,近半华人选票流向国阵,为马华公会一扫20世纪80年代的颓废之势。1999年政改运动催生两线政治重新集结,在马来选民背弃巫统的情况下,华人成功为国阵守土,成为关键的少数力量,马华也成为国阵中的"有功之臣"。随着公民社会的进步,华人选民的投票趋向日趋理性。既要维持既得利益,又想实现民主进步。虽然愿意投票给反对党,成为权力制衡的力量,但政治意识相对保守,不敢认同脱离族群和宗教色彩的人民公正党。造成行动党虽所有突破,但是人民公正党却日趋萎缩。纵观1995年至2004年3届大选,马华公会国会、州议席数量皆在历史高位。但从华裔选民聚居选区的得票率看,马华最多得到近半华人支持,远远不及20世纪80年代末期行动党获得的华人一面倒支持。马华只是依靠马来选票和不公正的选举制度,才创造了议席上的突破。所以,1995—2004年,马华公会的平稳发展并不意味着马华在华社代表性的增强,而是意味着它对巫统依赖性的增强。

这种虚假繁荣的泡沫终于在2008年以后的大选中相继破灭。2018年大选,马华公会在竞选39个国会议席及90个州议席中只获得1个国会、2个州议席,与马来西亚执政联盟——国民阵线一起失去长达61年的执政地位。议会选举的失利,意味着马华公会失去选民授权,丧失执掌政权的合法律性基础。

第六章
20世纪80年代以来马华公会的社会基础变迁

政党的社会基础,指的是认同和支持该党及候选人的选民群体和个体之总和。政党的社会基础决定了它在政治体系中的力量与地位,因此,各政党必须全力维持并拓展其社会基础。一方面,各政党充分利用已有的或潜藏的政治社会分歧和价值冲突来动员特定选民的支持;另一方面,不同的选民群体势必根据自己的利益和价值取向选择支持不同的政党,因而形成政党在社会基础上的差异和特色。[1] 在马来西亚族群政治的政治生态中,族群成为各政党进行社会动员的边界,这是争取选民支持最省事的方式,不用费力讨好中间选民,选民也用投票来表明自己的身份认同[2],因此各政党的支持者在族群特性方面有着明显的差异。

马华公会作为为马来西亚华人争取权益,确保宪法内华裔人士之合法权利和利益的单一族群政党,理想的存在状态是垄断马来西亚华族的代表权,获得华族整体支持。但是马华从成立之初就缺乏华人群众基础,由当时马华领导层的社会背景看,他们多是受英文教育、有地位的商人或者与大生意有关系的专业人士,造成马华的理念多集中在保障华人的经济、商业利益,而忽略了华人族群权利,如政治权利和华文教育权利。这种发展很快导致为华人社会

---

[1] 林劲:《民进党社会基础的主要特征分析》,《台湾研究》2010年第1期,第36—41页。
[2] 保罗·科利尔:《战争、枪炮与选票》,吴遥译,南京大学出版社,2018,第47页。

基层利益而斗争的其他群体的不满,于是华人政治力量迅速分化。自 1957 年国家独立后,马华再也没有垄断过华人政治力量的代表权,它在作为华人主要执政势力的同时,还有另一股以劳工党或行动党为代表的在野势力。[1] 另外,华团作为华人政治的第三股势力,代表着华人民间团体组织的游离与浮动势力。[2] 他们虽然没有固定的政治立场,但背后有强大的民意基础,因为往往能影响华人投票趋向并左右大选成绩,而成为各华人/华基政党扩展社会基础的关键。

本章主要探讨 20 世纪 80 年代以来,马华与华团的关系演变以及由此带来的马华社会基础的变化情况。笔者认为,自 20 世纪 70 年代末期,马华与以董教总为代表的华团因在独大立场上相左而分道扬镳后,便遭遇代表权严重不足的困境。1990 年大选,马华的华人社会基础降至谷底,仅获得一到两成华人选票。为此,借相关华团更换领导层的契机,马华展开巩固其社会基础的诸多努力,包括收编华团、强化与华团联系等。这些措施虽然起到了立竿见影的效果,但由于马华缺乏合华人利益性的政绩,收编华团的行为既有违道德规范,又不符法律程序,因而难以将身为执政党而获得的国家权力转化为令人服膺的权威。进入 21 世纪,随着政治转型的开始,华人社会也开始突破被马华渗透的传统华团领导,追求不受国家机关干预的公民自由与平等参与国家事务的公民权利。而此时的马华依然固守族群政治的传统,局限于国家竞争性威权主义的政治体系之下。与华社的严重脱节导致其再次失去华人社会基础,酿成议会选举的惨败。

---

[1] Heng Pek Koon, "Chinese Responses to Malay Hegemony in Peninsular Malaysia 1957-1996," *Southeast Asian Studies*, vol. 34, no. 3 (1996):32-55.
[2] 何启良:《九十年代后期动荡中的马来西亚华人社会》,《人文杂志》2000 年 1 月创刊号,第 32—39 页。

第一节　20 世纪 80 年代马华公会
与华团竞逐华社领导权

一、华团：马来西亚华人社会传统的领导者

华团是基于共同宗旨（包括地缘、血缘、业缘性原则或利益）而建立起来的传统型或非传统型组织。[1] 华团之发轫可溯源至马来亚早期移民社会。18 世纪，中国开始跨境渡海的迁移潮，1786 年以后，随着英属马来亚开发的深入，大批中国南方的农民通过亲属伴带及契约方式乘船抵达马来半岛。由于华人移民多数来自广东、福建等不同的省府与地区，各自有不同的习俗和方言，因此这些"新客"抵步后都倾向依同村同乡群聚而居。出于生活方便、职业介绍和谋求同乡利益之需，便衍生出会馆乡团等社团组织。而这些会馆乡团的地方贤达自然成了华人社群的领袖。另外，早期华人社会也有秘密会社。它们曾扮演着"政府中政府"之角色，能处理党员间的纠纷并有效维持秘密会社中的秩序，因此可以称为早期华人移民社会中的稳定力量。[2]

早期华人社会帮派林立，社会问题错综复杂。开始，英殖民政府采取放任方式让华人自行解决其问题。华人的会馆乡团与秘密会社成为华人社会的领导核心并提供了华人的传统领导方式。后来，殖民政府采取间接管理方式，即通过委任华人侨领（甲必丹），把甲必丹大体上置于殖民政府首领的直接管理之下，为这些有权势的首领建立起中央的和发号施令的地位，并给予他们较大的权限，以便他们能有效地发挥警察的功能。[3] 而那些被委任的甲必丹通常是会馆乡团的领导人，有些更是秘密会社的首领。但 1877 年和 1884 年殖民

---

[1] 刘崇汉:《马来西亚华人社团》,《南洋学报》1998 年第 53 卷,第 185—201 页。
[2] Yen Ching-hwang, *A Social History of the Chinese in Singapore and Malaysia*, 1800-1911 (Singapore: Oxford University Press, 1986), p. 115.
[3] Victor Purcell, *The Chinese in Malaya* (London: Oxford University Press, 1948), pp. 72-73.

政府分别在新加坡和马来西亚设立华民护卫司制度,开始直接管理华人事务后,1889年先颁布《危险社团法令》取缔秘密会社,后在1901年取消华人甲必丹制度。这两项举措对华人社会的领导生态产生了关键影响,造成华人社会传统领导模式只剩下会馆乡团或社团了。因此,华人社团顺理成章地成为华社的领导力量,这种领导生态一直延续到二战之前。

二战前的华社/华团领导模式体现了华人移民社会中的"内部权力结构"。按照颜清湟先生将海外华人社会阶级结构分成"商""士""工"3个阶级的分析,商人是社会的最高层,知识分子次之,工人则位于最下层。[1] 那么,华人社会内部权力一般都由商贾阶层控制,他们既是商会的领导人,又是各种会馆乡团的领袖。王赓武先生在分析新马华人独立前的政治倾向时把华人分为3种类型,他认为第二种类型的代表就是地方上的商贾,他们比较热衷社团活动,并追逐华社的内部领导权力。[2] 在马来西亚华人政党未成熟前,他们的地位被英殖民政府认可,是华人社群与政府沟通的纽带。

二战结束后,随着华人政治意识的提升与政治认同的转移,华人社群出现另一股新领导势力。他们属于王赓武先生所说的第三种类型,以受英文教育的华人为代表。1949年,他们组建了马华公会,以不同于传统华团领袖更温和、更有伸缩性的手段来争取华人权益。这批新领导层挑战了传统华团领袖在华社中的领导地位,使华社呈现"分裂的领导"。如何国忠先生所言,华人社会存有两种团结,一种是华人政党下的团结,另一种是华人社团下的团结。[3] 它们之间的裂痕体现了华人社会领导层关于坚持不懈重新争取族群平等的国家治理原则与愿意接受马来特权为核心、在政治体制外围争取华人权益的分歧。[4] 虽然他们都以华人社群权益为归依,但手段的差异造成这两股势力自形成后就一直以竞争者的形式出现,互相竞逐华社的领导权。

---

[1] 颜清湟:《新马华人社会史》,粟明鲜、陆宇生、梁瑞平等译,中国华侨出版公司,1991,第131—132页。

[2] 参见本书绪论部分论述。

[3] 何国忠:《马来西亚华人:身份认同、文化与族群政治》,马来西亚华社研究中心,2002,第150页。

[4] Tan Liok Ee, "Chinese Leadership in Peninsular Malaysia: Some Preliminary Observations on Continuity and Change," in *Southeast Asian Chinese: The Socio-Cultural Dimension*, eds. Leo Suryadinata (Singapore: Times Academic Press, 1995), pp. 109-136.

二、华团参政：华人社会新旧领导势力的新一轮竞逐

首先需要澄清一个概念，本书所提"参政"，可解释为"参与政党政治"，与传统"政治参与"概念有所出入。按照日本学者蒲岛郁夫的定义，政治参与是"旨在对政府决策施加影响的普通公民的活动"[1]，参与形态（即公民参与政治的各种形式、方法、渠道、手段的总称）相当丰富。美国学者尼和伏巴认为政治参与关心的是"体系内部"影响政治的合法手段[2]。这些合法手段既包括政治选举、政治投票等直接的参与方式，又包括政治表达、政治结社、政治接触等间接的参与方式。而本书所指"参与政党政治"主要指以政治选举为主的直接政治参与形态，其内涵远比"政治参与"狭窄。

（一）20世纪80年代华团参政的背景

马来西亚华人社团作为马来西亚华人政治的第三股势力，自二战结束后，随着华人政治认同从"中国中心"向"本土中心"转移，它们也开始利用较少受到族群政党政治束缚的优势，代表华社向政府反映民意，期望对政府政策的制定与实施产生一定影响，争取与维护华人族群在政治、经济和文化上的平等地位。从20世纪40年代至70年代末期，马来西亚华人社团政治参与的内容涉及"追求平等公民权利""争取华文列入官方语言""申请独大"等，参与的形态包括政治结社、政治表达、政治接触等。当华人社团以极大的热情投入政治参与活动时，也对以马华为代表的华人执政领导力量形成了有力挑战。

1957年，李特宪制委员会报告书发布后，由于其内容与华团领袖要求有巨大差距，因此华人社团代表委员会决议派遣三人代表团亲赴伦敦，提呈华人社会之诉求。当时，陈期岳在登机前愤慨表示："1094个华人社团所代表的马来亚两百万华人已把委托权交给我们。我们将实践这项委托……。我们已不期

---

[1] 蒲岛郁夫：《政治参与》，解莉莉译，经济日报出版社，1989，第4页。
[2] 诺曼·H.尼、西德尼·伏巴：《政治参与》，载格林斯坦、波尔斯比编《政治学手册精选》（下卷），储复耘译，商务印书馆，1996，第292—293页。

望马华公会能为我们争取权益。"[1]在此,传统华人社团与马华已经分道扬镳,在追求华社权益的幌子下,它们之间隐性的目的显然是竞逐华社领导权。另一场竞逐发生在20世纪70年代的华人大团结运动(简称华团运动),当华团领袖组织马来西亚华人促进团结委员会欲统领华团运动,并要求将其注册为政党时,陈修信立即表示反对。在巫统主要领导人的支持下,马华迅速"接办"华团运动,在1971年8月马华发表的"华人团结——为马来西亚人民大团结而团结宣言"中,倡导华人"了解和接受马来西亚的政治现实,团结在马华的旗帜下,去争取可以争取的权益"。[2]

从前两轮竞逐的情况看,马华无疑都占据了绝对的上风。但在马华主导华人社会"接受马来人享有特权及华巫不能平等的政治现实"下,华人权益被蚕食的问题日渐突出。华社不满情绪一直在酝酿与积累,为实现华人社群的平等权利,20世纪80年代华团决定突破传统政治表达、政治接触等间接的政治参与方式,尝试通过参与政党政治的方式,加盟政党进入政治体系内部,来实现政府对所有族群做出公平资源分配的参政目的。这是华团首次进入政治体系内部与马华展开的角逐,也是民间华社苦苦探索突破华人政治困局的结果。

(二) 华团参政的路径选择

1. 领导主体确定

马来西亚华人社团数量众多,据马来西亚政府注册局2001年6月的统计,国内华团约有7276个。[3]照此推估,20世纪80年代,马来西亚华人社团数目相当可观。华人社团直接参政是一项全国性的华人争取运动,所以众多华团必须整合,形成全国性的华人团体。在申请成立全国华团总机构无望的情况下,催生了20世纪80年代全国华团最重要的组织——十五华团。十五华团诞生于1983年举办的全国华团文化大会。当年,为回应文化、青年及

---

[1] R. K. Vasil, *Ethnic Politics in Malaysia* (New Delhi: Radiant Publishers, 1980), pp. 105-106.
[2] 杨建成:《西马来西亚华巫政治关系之研究(上册) 1957年—1975年》,博士学位论文,"国立"政治大学政治研究所,1976,第26页。
[3] 言路、齐进:《华团须勇于落实结盟策略》,《星洲日报》2001年8月31日。

体育部对国家文化的公开征询,全国13州的中华大会堂或中华总商会及董教总联合召开全国华团文化大会,提呈《全国华团国家文化备忘录》,向政府表达全国华人对国家文化的看法和要求。[1] 这次大会是全国华人最高领导机构的大结合,它给予15个华团领导人共同工作的平台,并促使他们决定不定期召开联席会议,谋求共识与合作。

在十五华团中,董教总与雪兰莪中华大会堂(雪华堂)无疑走在最前列。一方面,由于各州大会堂或总商会多由华商组成,商人的保守性决定其不可能领导华人实现政治突破。另一方面,根据"5·13"事件后修订的《煽动法令》,任何人不能质疑关于国语、马来人的特权地位及马来统治者的地位和主权。既然华巫不平等的族群关系不能被质疑,那么华人社会只能借要求维护华人文化、教育权利之名来追求族群平等之意。因此,以维护华文教育为己任的董教总,自然承担了华团参政的领导角色。而雪华堂作为雪隆地区华人社团的最高领导机构,身处首都,比起其他州属的中华大会堂显得更加重要。20世纪80年代,领导雪华堂的主要是邱祥炽与张景良。这两人在未出任会长之前,都曾经担任文教委员会的主任,文化气质比较浓厚,对文化的建设相对关心,[2] 所以能够与董教总形成良好的合作关系。1986年初,十五华团成立的全国华团民权委员会也是由邱祥炽担任主席。

2."打入国阵,纠正国阵"的三结合

华人社团首次进入政治体系内部的尝试是与民政党合作。1982年大选,董教总提出"三结合"概念,认为要突破华人社会诸多困境,仅凭马华、民政党和行动党三个个别政党是难以胜任的,而必须通过各有关政党与华团的紧密合作,才能有所作为。因此,号召在朝的政党(马华与民政党)、在野的政党(行动党)与民间的华团力量结合,以达成华裔大团结,实现华人政治力量的凝聚。策略选择上,董教总决定加入国阵成员之一的民政党,如此可以直接从内部争

---

[1] 姚新光主编《马来西亚华人文化节资料集》,华总——全国华团文化咨询委员会,2001,第10页。
[2] 莫顺宗:《华团新典范的建立:李延年、邱祥炽、张景良领导下的雪华堂(1975—1990)》,载《雪兰莪中华大会堂八十周年堂庆纪念特刊》,雪兰莪中华大会堂,2004,第306页。

取,于是就有了"打入国阵,纠正国阵"三结合的口号。[1]

大选前夕,以郭洙镇、许子根、王天庆为首的8名华教人士宣布集体加入民政党,参加竞选。他们在发表的联合声明中宣称:"华教运动的长期经验告诉我们,作为一个压力集团,通过间接的方式来争取华人文化教育的合理权益,假手于某些政党,经过了最大的努力,也没法取得理想的效果。所以,我们一致认为,在现有华教不断发展的同时,应该尝试另一个直接争取的政治途径……我们决定跨出一步走向政党政治。"[2]在随后进行的普选中,许子根与郭洙镇在民政党旗帜下竞选,直接对垒行动党,"三结合"还没有起步,华人团结的局面就荡然无存。这是第一次华团间接地参与直接的政党和选举政治。[3]此次参政,华团与政党基本无直接或系统的联系。按照董总主席林晃昇的澄清:民政党内的华教人士在政治上向政党负责,而不是向董教总负责,因为董教总对这些已经加入政党的人士实际上并不具有约束力。虽然距离华团直接参政的谋略尚远,但毕竟迈出了第一步。

然而华团首次参政的尝试并不成功,"三结合"华人团结希望并未实现。大选过后,行动党从此不但与马华、民政党抗衡,更是与民间华人社团交恶。其结果是华裔政治力量更加分散,民主国家的制衡力量更加单薄。[4]

3. "加入反对党,壮大反对党"的两线制

经过1982年的考验,华团参政沉默了好一段时间,直到1985年才又起涟漪。那一年,十五华团拟定了《马来西亚全国华团联合宣言》,代表全国5,000

---

[1] 华裔成员党的首选原本是马华,合作商谈的时候,董教总提出3个合作条件:第一,马华必须分配至少两个国会议席给董教总;第二,大选后推荐董教总人士担任教育部副部长;第三,将董教总的华文教育纲领列为大选纲领。而马华方面要求董教总无条件加盟。商谈破裂,导致董教总转向与民政党合作。参见朱可立:《马来西亚化社之谜》,大汉山企业文化公司,2006,第69—71页。

[2] 《华教人士集体加入民政党的联合声明》,1982年3月31日,转引自金杨编《华教人士与政党政治》,铁山泥出版社,1983,第38页。

[3] 何启良:《大马华团参政评析》,《南洋商报》1989年9月13日,载华社资料研究中心编《论华团人士参政》,雪兰莪中华大会堂,1990,第121页。

[4] 祝家华:《解构政治神话:大马两线政治的评析(1985—1992)》,华社资料研究中心,1994,第150—151页。

多个华裔社团的27个领导机构和联合总会签署。[1] 为推动和贯彻华团宣言实现，1986年初，十五华团还决定成立"全国华团民权委员会"，厘定"贯彻华团联合宣言第一阶段九大目标"：(1)废除土著与非土著的区分，反对土著利益至上的经济政策；(2)严厉取缔非法移民，以维持社会安全；(3)选区划分，必须遵从"一人一票"的公平民主原则，使各选区选民数目大致相同；(4)文化资产的制定必须承认及接受我国社会的多元性本质；(5)公平对待各源流学校及各族语文；(6)建立廉洁有效的行政体系，严厉对付贪污；(7)全面发展新村，把新村发展纳入国家发展主流；(8)政府应尽快处理批准符合条件之公民权申请书；(9)重新检讨违反基本人权的法令。[2] 上述目标显然是华人社团对国阵政府偏向马来人政策的不满。1986年大选前夕，全国各州华团领导机构高层领袖会议表达全国华团的政治立场："十五华团领导机构认为在来届大选，应让人民有一个新的选择，使我国的民主制度能够更加健全地发展。"在此，华人社团已经跳出民族主义的华人大团结的旧框架，以组织"两个阵线"的方式，站在推动民主进程的政治发展高度，质疑国阵及国阵华裔成员党(以马华为代表)执政的有效性。

所谓"两个阵线"，意指反对党的联合，模仿国阵建立联盟体制，这样才能产生两个势力均衡，可以互相取代、轮流执政的阵线，使民主制度更加健全地发展。[3] 正当民权委员会如火如荼推展两线政治理念时，1987年10月发生的"茅草行动"大逮捕，将华人社团"逼上梁山"。在这项大逮捕行动中，4名华团领袖，即林晃昇、沈慕羽、柯嘉逊和庄迪君在内安法令下遭到逮捕，令华团中的民权人士确信有必要以更大的决心来遏制国阵长期以来对政治权力的垄断。1990年大选前夕，以董总主席林晃昇为首的27名华团人士宣布加入华人主要的反对政党——行动党。这批华团人士在入党仪式上宣布："我们相信，在国阵长期一党坐大的政治局面下，要恢复我国的民主、人权与司法独立，就

---

[1]《雪兰莪中华大会堂72周年纪念特刊(1923—1995)》，雪兰莪中华大会堂，1996，第263页。
[2] 何启良：《独立后西马华人政治演变》，载林水檺、何启良、何国忠等合编《马来西亚华人史新编》（第二册），马来西亚中华大会堂总会，1998，第101—102页。
[3]《全国华团委员会倡议两阵线概念目的是促使我国民主制度更加健全地发展：林晃昇在怡保座谈会讲稿》，载华社资料研究中心编《论华团人士参政》，雪兰莪中华大会堂，1990，第44页。就

必须加强反对党与反对党阵线,以达致分权制衡。"[1]霍罗威茨认为,在一个族群冲突持续的环境中,政党政治体系里只有容纳一个跨族群政党或联盟的空间。因为一个跨族群政党或联盟一旦成功建立,其他政党选举胜选的机遇与诱惑从此都集中于该组织的侧翼方向。任何欲与之抗衡的同类型组织的尝试,最终仍不得不面对它仅能代表冲突一方的事实。[2]在国阵中,以巫统为代表的土著势力与以马华、国大党为代表的非土著势力分属侧翼两端。而根据在野势力的结盟情况,以46精神党及伊斯兰党为主干,回民阵线及哈民党为附庸的"伊斯兰教徒团结阵线",与46精神党、行动党、人民党、泛马印度人进步阵线、马来西亚团结党组成的"人民阵线"在46精神党的协调下组成反对党联合阵线。巫统这端,伊斯兰党、46精神党几乎垄断了这股侧翼挑战力量。而马华这端,主要的威胁力量则来自由华团参加的行动党。一旦反阵执政,那么华团与行动党将取代马华成为华人社会的执政力量。这无疑是华人社会领导权的争夺。

加入行动党的27名华团人士,只有3名参加竞选,其中吴维湘在居銮参选,李万千在麻坡,柯嘉逊在八打灵。结果,只有柯嘉逊一人以16,000多数票击败马华候选人中选八打灵国会议员。然而,大选过后,这些华团分子在行动党党内活动并不顺利。吴维湘虽然已经进入柔佛州党内领导层,由于无法忍受党内领袖的派系纠纷,第二年就退党了。其他人士也在1995年选择离开。[3]华团与行动党的结盟宣告失败。

(三) 马华的反应

20世纪80年代,面对华人社团的"攻城略地",马华并未束手待毙,而是围绕着扩展社会基础,也展开诸多努力。人事任命上,为打破马华传统的头家政党形象,1982年大选前夕,时任马华总会长李三春决定从下届大选开始,马华

---

[1] 何启良:《独立后西马华人政治演变》,载林水檺、何启良、何国忠等合编《马来西亚华人史新编》(第二册),马来西亚中华大会堂总会,1998,第104页。
[2] Donald L. Horowitz, *Ethnic Groups in Conflict* (Berkeley: University of California Press, 1985), p. 410.
[3] 柯嘉逊:《马来西亚民权运动》,杨培根译,策略资讯研究中心,2006,第106—107页。

不再委派头家参加普选,那些"商余"的代议士应该在来届大选前自动让贤给全职的政治工作者。[1] 在华教人士加盟反对党的同时,马华也在广邀知识分子加盟马华。1987—1988年,时任总会长林良实对马华高层大换血,先后选择马来亚大学教授陈祖排接替陈群川参加务边补选,中选后任命其为马华副总秘书;任命吉打州中华大会堂植廉贵接替麦汉锦出任马华总财政;选择彭亨州陈广才接替黄循营出任组织秘书。[2] 这些举措除了引发"知识分子升官论"的大讨论,更是马华的一场政治美容,目的在于抵消华团人士与反对党结合的社会影响。同时,马华也加强了与华人社团的沟通。自"三大机构"破裂后,马华与董教总失去了沟通的平台,马华这次选择华人乡团作为合作对象。1988年8月9日,马华召开与乡团的对话会,参与的华团代表有22名,分别来自广联、潮联、琼联、龙冈总会、嘉联、南联、兴联及埔联。[3] 根据陈祖排博士的披露,双方在对话中针对经济、文化及教育方面坦诚地交换意见。

但是马华改革效果并不明显。如表6-1所示,从1971至1989年马华中央委员会成员的职业分类中可以看出,在20世纪70年代,马华近三成的中委属于大企业家,虽然比例不低,但基本处于逐年下降的状态。到70年代末期,头家中委的比例已经从70年代初期的35.7%降至25.7%。从80年代开始,尽管马华矢言改革,但头家中委的比例反而在逐年上升。80年代初期,有28.6%的中委隶属于企业家阶层,比70年代末期上升约3个百分点。而在林良实接手马华,要吸纳知识分子参政,刷新政党形象的1987年,马华中央委员会中竟仍有高达29.8%的头家中委,这一数字比80年代初期继续上升1.2个百分点。

---

[1]《华裔社会一致支持赞同,马华不派头家参加普选》,《通报》1981年12月18日。
[2]《马华高层新血任重道远》,《光明日报》1988年3月26日。
[3]《马华与华团对话》,《南洋商报》1988年8月17日。

表 6-1　马华公会中央委员会成员的职业分类（1971—1989 年）

年份	专业人士/%	企业家/%	其他/%	中央委员会成员总人数/人
1971—1972 年	46.4	35.7	17.9	28
1973—1974 年	39.1	39.1	21.8	23
1975—1976 年	43.5	26.1	30.4	23
1977—1978 年	50	26.9	23.1	26
1979—1980 年	48.6	25.7	25.7	35
1981—1982 年	45.7	28.6	25.7	35
1987—1989 年	35.1	29.8	35.1	37

资料来源：张晓威：《马来西亚华人公会与马来西亚华人社会研究》，硕士学位论文，"国立"中央大学历史研究所，1998，第 133 页。

注：1. 其他的职业包括政府公务员、中（小）学教师（校长）、专职从政人员。

2. 1983—1985 年，因为党争的关系，所以没有列入表中；1986 年的中央委员会（是为了解决党争所召开的特别大会选举出来）任期极短，也没有列入表中。

而马华与乡团召集的对话会，根本也难以与十五华团发表的华团宣言，与其倡导的两线政治造成的社会影响相提并论。莫不论早在 20 世纪初期，随着享有更高地位，超地缘性、业缘性及血缘性的总商会和中华大会堂等"总会"性质的华人社团的建立，乡团已经失去了相当部分的领导地位，单就从参与对话的 8 个乡团来看，它们的代表性也令人怀疑。按照以方言为基础的马来西亚华人地缘性社团的分类，福建、广府、潮州、客家、海南、三江是华人乡团的六大帮派。[1] 但与马华对话的仅有广府、潮州、海南三帮，乡团之中影响最大的福联会却未见踪影。而且就实际对话效果看，也没有取得确切进展。根据当时的新闻记录，一些出席对话会的乡团代表认为，马华与乡团的对话只属于泛泛而谈，马华承诺含糊，并不能真正解决华社问题，只是一项表面功夫而已。[2]

三、结果与影响：马华全面失守

华团参政，反映出华裔在政治领域里欲求突破之心甚切，真所谓"召渴者以临河，不待鞭策而至"。但从华团参政，倡导两线政治的结果看，这场在野

---

[1] 石沧金：《马来西亚华人社团史研究》，博士学位论文，暨南大学，2003，第 35 页。
[2] 《举行对话争取支持，马华承诺含糊，乡团大表失望》，《新晚报》1988 年 8 月 10 日。

势力的大结盟最终功败垂成,国阵依然稳获国会三分之二多数议席地位,反阵给选民提供新选择的希望并未实现。[1] 华团人士与行动党的结盟也没有促进华社权益进步。但若从华人社团倡导两线政治、加盟反对党在华人社会展现的强大政治动员力量看,无疑严重削弱了以马华为代表的华裔执政党的领导地位。马华继1986年普选惨败后,1990年普选中的得票率继续走低。其所获国会议席虽比上一届多出1席,但得票率却从12.42%掉至11.3%。据一项分析指出,马华所获11.3%之总票数中,大约只获得华裔选票的10%至20%。[2] 在华人社团的带动下,超过70%的华裔选票投向行动党。因而,在20世纪80年代华团与马华针对华社领导权的新一轮竞逐中,马华全面失守。

那么缘何马华会全面失守,几乎要断送其在华人族群的代表性?除了背负沉重的历史包袱和深陷党争纠纷的现实困境[3],笔者认为跟政府放任立场与华商态度的转移也有直接关系。与20世纪70年代华团运动中巫统主要领导人力挺马华,反对华团注册为政党[4]的立场不同,80年代巫统对华团与马华的竞逐采取了放任的态度。80年代初期,马哈蒂尔面对华社属于自保范围的权利诉求并没有正面疏解,反而选择了不承认并加以压制的策略,导致华团只好将华人民间社会力量推向国阵的对立面,进而政治化。在1987年前,巫统对华人社团的抗议政治,其实是采取一种排斥、不承认却相对放任的态度,以展现他本有意树立的自由形象,也由于这种立场,才使得华人的抗议政治有向前推进的空间。[5] 同时,巫统也缺乏政策配合来增加马华竞争资本,对华社有所交代。1986年,十五华团成立民权委员会在体制外围争取华族权益时,马华也在政治体制内部向总理马哈蒂尔提呈一项有关教育文化的备忘录,其

---

[1] 针对1990年大选的具体情况,可参阅本书第五章第一节之论述。
[2] 祝家华:《解构政治神话:大马两线政治的评析(1985—1992)》,华社资料研究中心,1994,第291页。
[3] 历史包袱指的是马华曾经在公民权、华文教育、官方语言问题上的失守,参见本书第一章第二、三节之论述;现实困境指的是20世纪80年代马华曾经爆发历时20个月的党争,令华人社会对其大失所望,参见本书第四章第二节之论述。
[4] 例如巫统副主席端赛纳雪就直接促请华人团结运动发起人取消他们的计划,声称"华团的领袖应通过马华而进行斗争,因为马华是为华人利益而斗争的政党"。参见谢诗坚:《马来西亚华人政治思潮演变》,友达企业有限公司,1984,第194页。
[5] 潘永强:《抗议与顺从:马哈迪时代的马来西亚华人政治》,载何国忠编《百年回眸:马华社会与政治》,马来西亚华社研究中心,2005,第214页。

中要点是促请政府撤销1961年教育法令第21条(2)款,招聘更多华裔参与民事服务,准许舞狮在佳节表演而无须申请准证或受限制。[1] 但遗憾的是,总理只是表示将给予适当考虑,并未放松政策管制,配合马华行动。

另外,华商态度的转移也起着至关重要的作用。华团成员的经济地位主要是属于中产阶级,工商总会由商人领导,而董教总则由专业人士和教师率领。马华创党之初,许多党要身兼半岛多州中华工商会,以及雪兰莪、霹雳、槟城和新山中华公会等重要华团领袖,总会长陈祯禄本身就是马六甲中华工商会会长。因而,从资产阶级领导马华的历史看,华商是马华的支撑力量,华人劳工阶层多不支持这个政党。独立后,属于马华的财政部部长和工商部部长内阁职位更是保有并提升华商经济利益的关键。但新经济政策实施后,巫统主宰国阵的政治格局下,华商不但难以依靠马华获得政府政策保护,反而在许多方面受到排斥。面对经济困局,华人中小企业与大企业找出两条完全不同的策略。由于缺乏政治机会,中小企业依旧需要依靠马华获得接近马来企业与马来政治的机会,以解决与土著之间的诸多矛盾。[2] 而马华认为要与强大的国家资本竞争,华人资本必须进行内部改革,改变传统以家庭为单位的资本形式,通过抱团取暖创建大企业的方式增强华人资本对土著资本、国家资本的竞争力。[3] 于是带领华人中小资本展开声势浩大的"企业化"运动,却以失败告终。而华人大企业则倾向与马来政要直接建立更紧密的恩庇关系。一些在新经济政策前就与马来官员结成良好私人关系的华商大企业,如郭鹤年的玻璃市种植有限公司、林梧桐的云顶集团等,它们都在新经济政策期间继续繁荣发展;另一些在新经济政策中成长的华商大企业,它们的资产与马来政要联系得更加密切,如钟廷森的金狮集团。这些在新经济政策时期成长的华商新贵

---

[1] 《马华与华社共进退》,《光华日报》1986年3月4日。

[2] Lee Kam Hing and Heng Pek Koon, "The Chinese in the Malaysian Political System," in *The Chinese in Malaysia*, eds. Lee Kam Hing and Tan Chee-Beng (New York: Oxford University Press, 2000), p.218.

[3] Heng Pek Koon and Sieh Lee Mei Ling, "The Chinese Business Community in Peninsular Malaysia,1957-1999," in *The Chinese in Malaysia*, eds. Lee Kam Hing and Tan Chee-Beng (New York: Oxford University Press, 2000), p.139.

不仅与马来政要,更与马来工商阶层形成密切联系。[1] 因而,马华未能保护华人中小企业,更失去在政府运作中保护华人大企业的功能。虽然中华工商总会拒绝签署华团宣言,继续认同国阵政权的施政政策,但以华商为核心的各州大会堂[2]已经站在马华对立面,成为十五华团的中坚力量。这也是造成马华失守的重要原因。

第二节　20世纪90年代以来马华公会对华人社团的统合

20世纪80年代末期巫统分裂与伊斯兰党崛起给巫统带来巨大挑战,1990年普选结果显示,马来政治版图不再完整,46精神党与伊斯兰党已经分流走相当多的马来人选票。这样的压力迫使巫统当局重新思考对华人政治敌视性和排斥性的策略,开始以包容性的方式争取华人社会支持。因而,有论者认为在总理马哈蒂尔统治下的第二个10年,政府对华人表现出的较大弹性是为了赢回1990年大选失去的华人选票。[3] 90年代,马哈蒂尔对华社的策略转移除翻新执政论述,用发展主义消弭华社的危机意识和抗争心态外,还同时启动了对华人社团的政治统合工作,拆解华人民间社会自主力量。

所谓"统合主义"(Corporatism),指的是国家与社会关系的基本命题:合作与控制,或者是诱因与限制。按照菲利普·C.施密特(Phillippe C. Schmitter)的定义:"一种利益汇集的系统,其中组成单元被组织成少数单一性的、强迫性的、无竞争性的、层级组织的及功能区分的领域。这些领域的组成乃经由国家机关认可或授权,并容许其在个别范围内获有完全的代表性垄断,

---

[1] Lee Kam Hing and Heng Pek Koon, "The Chinese in the Malaysian Political System," in *The Chinese in Malaysia* eds. Lee Kam Hing and Tan Chee-Beng (New York: Oxford University Press, 2000), p. 219.
[2] 各州的中华大会堂是在总商会鉴于其名称的限制而发起推动成立的。
[3] R.S. Milne and Diane K. Mauzy, *Malaysian Politics under Mahathir* (London: Routledge, 1999), p. 96.

以交换国家机关在他们选任领导或表达需要和支持时有一定的控制力。"[1]以分类架构的不同为标准,统合主义分为"社会统合主义"和"国家统合主义"两种。社会统合主义,由下而上,从社会部门整点开始,至发展到一定程度,由国家机关承认层峰组织的垄断地位,而将其纳入正式的公共体制之中。国家统合主义则是由上而下,在公民社会发展相对滞后的国家,国家机关为了预防可能出现的民间自主力量威胁,就先进行纳编统合,将其纳入政府影响范围之内。

在马来西亚,基于华团领导人多数拥有马华党员的背景,现成的联系网络令国家政治统合工作自然落在马华肩上。而马华也乐意接受这份任务,自从它在华社的领导地位经1990年大选受到严重削弱后,它必须找出有效方式消解华团在民间华社的号召和凝聚力量,以弥补自身代表性不足的问题。

一、契机:华团领导层的更迭

早在20世纪70年代末期,马华就有渗透华团之意。1979年3月10日,雪兰莪中华商会选举中,就有马华要员罗福元、温成利、许坤锐参与选举,但却无功而返。[2] 陈群川时代,为实现"擒蛇擒头"的目标,马华欲控制全国风标的雪华堂,引起无党派人士的恐慌,出现了史无前例的出席会员最多人数的局面,挫败了马华的企图。[3] 90年代,马华渗透华人社团的工作还是从华团领导层人事更迭入手。

20世纪80年代的华团领袖,如雪华堂会长邱祥炽和董总主席林晃昇等人,或是知识分子,或是商人,与掌握政权的马来商业精英并没有商业上的联系。因此,他们敢于代表华人社群,表达其真实心声。但自从邱祥炽和张景良先后出任十五华团主席职期满后,原本团结一致的十五华团被分化为13州的中华大会堂和董教总两层组织,遂即它们渐行渐远,分道扬镳。接着,华社资

---

[1] Philippe C. Schmitter, "Still the Century of Corporatism?" *The Review of Politics*, vol. 36, no. 1 (1974):89-94.
[2] 郭岩:《马华与华人社会》,读者服务机构,1980,第176页。
[3] 许光道编著《雪华堂风波论争文集:豺狼当道》,Multi Consults,1992,第40页。

料研究中心不再扮演替华社进行监督工作的角色,而是专职投入纯学术性的研究,民权委员会也失去了以往光辉的色彩。到了1990年,张景良出任雪华堂主席的任期已满,当时亲马华的林玉静在当上隆雪中华工商总会会长后,开始采取各项步骤进入雪华堂领导层。1990年5月7日,林玉静击败刘锡通成功当选雪华堂会长,由此拉开执政集团通过马华统合华人社团,拆解公民社会的序幕。而当时新领导层的要员雪华堂总务刘磐石受访于《南洋商报》不经意的说辞——"这届雪华堂的领导层自上台后,把他们的压力集团和两线制计划弄到告吹,胎死腹中",也已经事先透露出马华统合计划的目的。[1]

此项行动之肇因缘于雪华堂民权委员会自成立以来一直主导民主、人权的诉求策略,为维护华人族群的人权和基本权益而扮演压力集团的角色。1990年大选前,它接受全国华团委员会的委托而草拟"1990年大选华团联合宣言"。联合宣言重申1989年华团宣言的基本观点和立场,政治上要求让前任最高法院院长敦沙礼和两名被革职的法院法官复职,以重振司法独立;经济上要求不分种族地消除贫穷;文化上强调国家文化政策必须要民主,确保各族群的文化获得充分保存及发扬。[2]之后,雪华堂民权委员会副主席饶仁毅、秘书柯嘉逊及委员李万千更是直接加盟行动党。一年后,以林玉静为首的雪华堂董事会以民权委员会在董事会不知情的情况下擅自草拟华团宣言,与"华团超越政党"章程抵触为由,责令民权委员会暂停活动,并重新检讨其存在的意义。在随后进行的改组中,董事会更是将加入行动党的3个民权委员会发起人,即饶仁毅、柯嘉逊、李万千排挤出局,导致其余12名原有成员拒绝接受重新委任,令民权委员会陷入瘫痪。[3]随着雪华堂民权委员会死亡,全国华团委员会随即也被单方面停止操作。名噪一时的华团民权运动陷入沉寂。

---

[1] 许光道编著《雪华堂风波论争文集:豺狼当道》,Multi Consults,1992,第241页。

[2] 《华团联合宣言曝光:据悉宣言期望全国各政党大选前对政经等基本要求做出有力承诺》,《星洲日报》1990年8月2日。

[3] 《委员意兴阑珊,可能再次改组,民权委员会瘫痪》,《中国报》1991年12月17日。参见许光道编著《雪华堂风波论争文集:豺狼当道》,Multi Consults,1992,第221—223页。

二、干预、诱胁、压制：国家统合主义的相关步骤

（一）成立中华大会堂联合会（堂联），消解十五华团领导地位

1991年，马来西亚华人期待9年的华人社团总机构——马来西亚中华大会堂联合会（堂联）[1]终于获批，当局授予堂联"华社最高领导机构"的地位，成功解散20世纪80年代华人社团的最高领导机构——十五华团。当年12月13日，堂联首届总会长争夺战由林玉静一派获胜，从此国家权力获得内部干预华人民间力量的机会来削弱民间社会力量对国家机关可能形成的挑战与威胁，从而使国家整合机制发挥作用。事实上，林玉静获胜绝非偶然。早在堂联获批之前，马华就已经成功控制除柔佛与马六甲州以外11个州的中华大会堂，堂联获批的注册准证也由时任政务次长的马华副总会长黄家定亲手送交给林玉静。在他与甲会堂主席、华教人士沈慕羽的竞逐中，马华扶植其党要，公开为林玉静站台，雪华堂更是将公开支持沈氏的两名代表除名。最终林玉静以98票对22票胜出。

其实，林、沈二人的角逐即为华团对维护民族权益途径出现的"内部协商"与"外在施压"的策略分歧。林玉静胜选后随即明确表示华团的斗争路线应以协商方式处理问题，拒绝施压路线，并嘲讽华团之前沿用的斗争策略，说"如果压力能解决问题，马共头子陈平早已经当了总理"[2]。1994年，吴德芳当选为堂联第二任会长后，更是进一步对1985年《马来西亚全国华团联合宣言》的合时性进行质疑，提出探讨或修改该宣言的必要。过后，堂联亦是委托由吴德芳掌舵的雪华堂召集华社的文化专才去拟构新的华团工作宣言。1995年11月底，雪华堂将草拟的《全国华团文化工作总纲领建议》提呈给堂联，堂联在第二年召开第二次全国华团文化大会时接纳这份文件为初稿，并邀请当年签署华团宣言的27个华团进行修订。但董教总认为"堂联领导层缺乏诚意容纳异

---

[1] 1997年更名为马来西亚中华大会堂联合总会（华总），以体现在全国华团中的领导地位。
[2] 《林玉静谈：华堂联会未来大计》，《南洋商报（言论版）》1991年12月17日。

见,不能在关系民族重大利益课题上接受华团间平等协商及共同决策的原则,令董教总的修订稿遭到莫名的批评与反对"[1],于 1997 年 4 月 20 日退出《全国华团文化工作总纲领建议》专案小组。这项争端不但是堂联与董教总在协商和施压路线分歧的延续,而且是它们对华社领导权之争。[2] 从此以后,以更加温和、协商的《全国华团文化工作总纲领建议》为展开文化活动之理论依据和行动纲领的堂联与董教总渐行渐远。在马华的干预下,十五华团的领导地位被成功消解。

(二) 收编代表性、功能性的华团,诱胁其投诚

国家机关对华团施展统合主义的对象是选择性的,并非华团一体。一般来说,是针对那些在政经议题上具有代表性与功能性的角色,如各州中华大会堂、中华总商会,全国性的工商团体、青年组织、文化协会,等等。继成功收编雪华堂后,马华又展开系列收编行动,仍然以扶植和选任其政治代理人出任华团领袖的人事渗透作为主要收编手段。一时间,各大华团均充斥着马华党员的面孔,连董教总都未能幸免。马华总部秘书处 1991 年初的调查数据显示,平均每一个华小及独中的组织中就有 7 名马华党员在内担任要职。在半岛 12 个州(包括联邦直辖区)的 436 个受访单位(即华小、独中、前华文改制国中、华小工委会)之中,担任要职的马华党员达到 3,095 人。[3] 因而 1992 年,董教总与马华因力行华小事件闹僵,后者不满董教总对副教育部部长冯镇安的批评。马华联邦直辖区 24 个支会甚至强硬地提出另组董教总的建议。原因就在于董教总的组织里,有 70% 的成员是马华党员。[4] 结果导致董总主席胡万铎因"理想受挫"负气隐退。而 2000 年以后成立的大多数华团组织,包括七大乡团协调委员会、马来西亚宗乡亲青总会、八大华青组织、马来西亚行业社团总会、吉隆坡中华大会堂,这些社团领导人几乎都是由有马华党员背景的领袖出任。宗乡亲青总会数届领袖如林金宋、洪来喜及洪细弟与马华的关系密

---

[1] 《董教总文告全文》,1991 年 4 月 21 日,刊于《资料与研究》1997 年第 27 期,第 95—97 页。
[2] 何启良:《文化马华:继承与批判》,十方出版社,1999,第 100 页。
[3] 《华小与独中平均七人任要职,马华党员积极推动华教》,《马华快讯》1992 年 3 月。
[4] 《马华今天讨论另组华教机构》,《星洲日报》1992 年 11 月 3 日。

切。八大华青组织的两任总协调郭义民与王子敬都是马华党员。[1]如果检视马来西亚华人行业社团总会第29届理事会成员名单(见表6-2),甚至会令人产生该社团是第二个马华的疑问。这些现象彰显华人社团面临的"华团政党化"现象,造成华团与政党利益混淆,而把华团该扮演的角色模糊化了。

表6-2 马来西亚华人行业社团总会第29届理事会成员名单

职位	人员
名誉顾问	拿督斯里黄家定、拿督斯里陈广才
名誉会长	丹斯里郑福成、拿督高靖添
会务顾问	拿督陈财和、姚长禄、黄素珠、拿督李崇孟、方振平、徐连兴、李锦传、拿督刘佑忠、李添财、蔡保强
法律顾问	陈永宗律师、邱应权律师
总会长	拿督刘磐石
署理总会长	吴仕文、杨木钊、李福旺
总务	林纪文
副总务	黄保国
财政	许昆泉
其他理事	从略

资料来源:《东方日报》2005年7月19日。转引自祝家丰:《马华公会与华团之竞逐:从华社领导权的争夺到公民社会之抗衡》,载郑文泉、傅向红编《粘合与张力:当代马来西亚华人的族群内关系》,新纪元学院马来西亚族群研究中心,2009,第55页。

在进行人事渗透的同时,马华亦加强了政党与华团的联系。1996年,马华成立"马华华团咨询局",委任黄家定出任局主任。1996年9月19日,黄家定与国内主要华团领袖堂联及商联会进行第一次正式对话会议,商定每3个月举行定期对话和非正式磋商,建立制度化联系。三大机构在多次磋商后,达成包括华巫联营计划等数项共识,也包括由堂联主办,马华、商联会协办的"马来西亚华人思想兴革——迎向二十一世纪"大会。[2]这是自马华、董教总组织的三大机构破裂后,马华再次组建制度化的华团联系机构。2000年马华爆发大规模党争,马华与华团交流活动被迫暂停。黄家定接任总会长后,2003年11月6日中断长达3年之久的华团咨询委员会重新启动,并迅速壮大。[3]

---

[1] 祝家丰:《马华公会与华团之竞逐:从华社领导权的争夺到公民社会之抗衡》,载郑文泉、傅向红编《粘合与张力:当代马来西亚华人的族群内关系》,新纪元学院马来西亚族群研究中心,2009,第54页。

[2]《马华公会常年代表大会总秘书党务报告(1997年)》,第11页。

[3]《马华主导华团交流会》,《马华快讯》2003年12月。

一年之后,即 2004 年 10 月,参与商谈的华团达到 14 个,除华总和商联会外,还包括马来西亚杂货联合会、马来西亚布业制衣商总会、马来西亚米粮批发商公会、马来西亚贩商总会、马来西亚中小型工业会、马来西亚菜业联合会、马来西亚华人行业社团总会、马来西亚时装批发商总会、泛马姑苏厨业联合总会、马星咖啡茶业总会及八大华青。[1] 但实际上,除华总和商联会外,其他华团代表性实在有限,不免给人"求量不求质"的印象。

另外,马华还以"利"拉拢相关华团,诱胁其向政府投诚。"诱胁"是对特定的组织以施惠、笼络的手段加以分化或收编,不再向政府发出批评与挑战。以马来西亚华人行业社团为例。2002 年 10 月 9 日,刘磐石领导的雪隆华人行业社团举办"谢谢您总理!"之夜活动,在当晚获得马哈蒂尔总理亲手移交政府把雪隆华人行业社团提升为马来西亚华人行业社团总会之函件。在大马华团发展史上,这项由总理亲手移交批准信的举动确实是史无前例,当年的堂联注册许可信也只不过由内政部政务次长移交而已。鉴于政府倾力扶持,刘磐石也表达了支持由总理倡导的英教数理政策。[2]

(三) 边缘化、压制、分化拒绝归顺的华团

执政集团除了干预、诱胁华团,亦用打压、边缘化等方式来对付那些拒绝"招安"的华团。董教总在 20 世纪 90 年代以后面对的压力是最佳明证。董教总一路走来都在扮演着压力集团的角色,在当权者眼中是难以驯服的。但是在华教运动的课题逐渐被堂联的文化运动分化的情况下,董教总越来越难以获得它们在华社中的动员力。反对 1996 年教育法令未能在华社引起共鸣,并迅速沉寂已经显现其在华社主流言说的权力机构中被"边缘化"。[3] 而 1999 年的诉求事件,过后其一些领导人以个人身份参加了鲁乃补选的助选活动,以及它于 2002 年公开反对英教数理政策,这一系列的事件令政府对它采取更加激烈的打压行动。2002 年 11 月 16 日至 17 日,马来西亚国营电视第一、第二

---

[1]《共商石油价格等议题,马华与华团交流》,《星洲日报》2004 年 10 月 22 日。
[2]《星洲日报》2002 年 10 月 10 日。
[3] 曾庆豹:《华教运动,动或不动——谈董教总的边缘化》,载刘镇东:《华教运动,动或不动》,新纪元学院校友会,2011,附录第 94 页。

电视台连续两天播放题为《危险的沙文主义》的新闻短片,公开将董教总形容为沙文主义团体并涉及危害国家利益的课题。[1]

雪华堂在1991年被马华攻陷后,其民权领袖并未放弃该堂。1998年,卧薪尝胆数年后,颜清文终于击败刘磐石顺利当选雪华堂会长。在颜清文的领导下,雪华堂继续发挥其在20世纪80年代民权运动的领袖角色。但当权者竟然协助刘磐石成立吉隆坡大会堂(简称隆华堂),欲以分化雪华堂。曾任雪华堂署理会长的他成立了隆华堂。隆华堂在短短28天之内就获得注册准证,过后马哈蒂尔与其前华裔政治秘书亦出席了其主办的2004年新春之夜。[2]这些事件表现出政治势力在背后促成隆华堂的设立,目的不外帮助政府分化不肯"缴械"的雪华堂。

三、华团解去政治化与马华的胜出

总的来说,20世纪90年代以来国家对华人社团的统合机制基本上达到了两个目标:一是解除华人政治的民间领导轴心,二是由上而下地拆解萌芽中的公民社会。[3]十五华团的解体以及董教总被边缘化,导致华人社会出现领导真空,20世纪80年代曾经相对自主和独立的力量,如华团民权运动等各项机制被解除。随着华团日益"政党化",原来笼罩在众华团中的抗议情绪烟消云散,华团领导开始向政治权力依附顺从,协助散播保守价值。因此在90年代华团的主流思想可以说是以协商为主轴,呈现出主要华团领导人与马华公会、马来领袖关系密切,互动频繁的景象。1998年3月21日,由超过800名来自各州大会堂、州中华总商会、马华公会、华人乡团会馆、宗教团体、学术机构的代表参与的"马来西亚华人思想兴革大会"召开。该大会是应总理马哈蒂尔于1996年7月在马华代表大会上呼吁华人必须改变,以迎合时代发展而筹办的。

---

[1]《星洲日报》2002年11月19日。
[2] 祝家丰:《权益组织之路:马来西亚华人社团的质变和分化》,载何启良、祝家华、安焕然主编《马来西亚、新加坡社会变迁四十年(1965—2005)》,南方学院出版社,2006,第329页。
[3] 潘永强:《抗议与顺从:马哈迪时代的马来西亚华人政治》,载何国忠编《百年回眸:马华社会与政治》,马来西亚华社研究中心,2005,第221页。

与1983年槟城全国华人文化大会弥散的抗议不满情绪不同,此次思想兴革大会充斥着浓郁的投诚气息。以文化权利为例,虽然思想兴革大会秉承华人文化大会提出的建立马华文化四项原则(第一,各族文化的优秀因素是建设国家文化的基础;第二,科学、民主、法制精神与爱国主义思想是建立共同文化价值观的指导思想;第三,共同文化价值观应通过多元民族形式来表现;第四,国家文化应基于民族平等原则和通过民主协商来建立)[1],但是在发扬华社在文化方面思想革兴的路径选择上,则完全是华社内部的自我调适,并未对政府提出任何要求。根据思想兴革在文化改良方面的注意事项,华社应该通过发扬民主精神,发扬尊师重道文化,推广回馈社会文化,发扬团队精神,发扬褒扬文化,发扬博爱文化,消除沉迷赌博陋习,提倡中药和西药相辅相成,提倡守时运动,提倡节约,抵制色情,建立书香社会,关注与接收资讯文化,推动精致文化活动来实现。[2] 从这14条路径中,我们看到这充其量算作社会风气的倡导运动,不但距离以中华文化为蓝本的马华文化相距甚远,而且更未涉及要求政府维护华人文化权利,将华人文化纳入国家文化之中等权利要求。其视野与高度远远落后于华人文化大会。

对于华团这种在政治上显著的发展趋势,张景云先生将之形容为"解去政治化"。所谓"解去政治化",是指"淡化政治""忌讳施压手段"。[3] 华团能够被成功地解除政治立场,原因就在于在国家统合政治中,代表国家的政治权力侵犯和吞噬了原有华人社团中的公民力量,而华人社会因为缺乏健全的自卫机制,最终抵挡不了国家与社会界限模糊的存在。因而在华团解去政治背后的目的,不是自主而是附属,不是自治而是攀势,不是自强而是慑服。换言之,解去政治代表着国家机关的强大与华人民间社会自由力量的萎缩。

若借用葛兰西文化领导权理论的中心思想,即"一个社会集团或者统治阶级的至高无上性是通过思想和道德的领导"来检视马哈蒂尔政府执政论述翻

---

[1] 姚新光主编《马来西亚华人文化节资料集》,华总——全国华团文化咨询委员会,2001,第20—21页。
[2] 刘磐石、赖观福、吕仗义编《马来西亚华人思想兴革大会论文集》,马来西亚中华大会堂总会,1998,第11—13页。
[3] 张景云:《华团与政治:解去政治化的前景》,载何启良编著《当代大马华人政治省思》,华社资料研究中心,1994,第98页。

新与国家统合主义对华人社会的成效,可以说它取得了空前的成果。从1982年至2004年主要华裔政党国会议席数量的变化情况(见表6-3)可知,相较于20世纪80年代马华在大选中的颓势,从1995年大选开始,其议席数量迅速膨胀。1995年普选投票前,华社的重要社团和领袖纷纷表态支持国阵。例如当时的17个华商团体(商联会及其各州属会)、华总和数十位文艺界人士皆各自发表联合声明,呼吁全体华人大力支持国阵政府。就连施压派代表团体的董教总也一改往日反国阵立场,在该届大选保持中立态度。如此局面令华人选民出现了投票上的重大转向。国阵以秋风扫落叶的姿态赢得了该届大选,马华取得大胜,一共赢得30个国会议席。此消彼长,行动党遭受到创党以来最大的挫败,只得到9个国会议席。在最具指标性的槟城选情中,行动党更是从上届保有的14个州议席,溃败到1席,几乎全军覆没。这种情况继续延续至1999年及2004年大选之中。尤其值得注意的是1999年大选,在马来政治陷入纷乱,华人竟然还能一边倒向支持国阵政府。虽然华人接受国阵多是因为马哈蒂尔在拯救国家经济中充分证明了他的治国能力,[1]但是国阵实施的国家统合机制还是为政府积累了相当的华人社会基础。这也可以解释,为何马华在国阵政治中无法扮演有效的政策制定角色,却能够在20世纪90年代以后迅速开始在华人社会中重建群众基础。除了发展教育和兴办高等院校,借助于政治统合手段介入华人社团运作也为马华寻找到了积累社会基础的支撑点。

表6-3 1982—2004年马来西亚主要华裔政党国会议席数量变化情况

单位:席

	1982年	1986年	1990年	1995年	1999年	2004年
马华公会	24	17	18	30	28	31
民政党	5	5	5	7	7	10
行动党	9	24	20	9	10	12
总计	38	46	43	46	45	53

资料来源:笔者根据相关资料整理。

---

[1] 廖小华:《1999年大选大马华人支持国阵政府原因分析》,《东亚季刊》2000年第4期,第63—82页。

第三节 21世纪以来马来西亚政治转型下马华公会与华人社团之抗衡

进入21世纪,由前副总理安华下台引发的"烈火莫熄"政改运动揭开马来西亚政治转型的序幕。随着竞争性威权政体的松动,各种以选举公平、权利自由为诉求的民主社会运动和非政府组织在体制外相互结合,成为对抗国家威权的重要民间力量。受其影响,华人社会也发起社会抗争运动,并与马华公会再次展开抗衡。

一、"烈火莫熄"政改运动与马来西亚政治转型开端

20世纪90年代末期,受东亚各国第三波民主化浪潮影响,马来西亚开启了政治转型进程。尽管马来亚独立后在政治体制上采纳英国政体的主要形式,建立议会制君主立宪制政体,定期举行国会和地方选举,但由于缺乏政治整合,民主政治未能巩固。1969年"5·13"事件后,马来西亚民主政体框架内的威权主义倾向得到强化。巫统少壮派以捍卫马来族群特权为由,夺取党国机关支配权,建立以巫统为支配核心的制度化党国体制。在政治经济领域,保留选举机制的同时排除社会异议和反对势力,向统治集团内部和特权精英施以恩庇换取效忠与支持;面对社会力量,保留民间集团活动空间,但设置各种限制公民自由的高压性法令,削弱来自社会力量的挑战。学者普遍认为1969年以来马来西亚的政体形式是兼具民主与威权的混合政体,国内学者庄礼伟将其称之为竞争性威权体制。[1] 然而,从20世纪末期开始,巫统的威权统治遭遇来自社会力量的严重冲击,从而开启威权政体向民主政体转型的历史进程。

---

[1] 庄礼伟:《马来西亚竞争型威权体制的走向:以选民结构为考察视角》,《东南亚研究》2014年第2期,第14—21页。

在当代民主化进程研究中,"政治转型"逐渐取代"政治发展"成为20世纪80年代之后比较政治学重要研究范式。亨廷顿曾经明确将非民主政治系统向民主政治系统的转变视为政治转型,1974—1990年大约30个国家和地区出现的这种现象称为"民主的第三次浪潮",重点关注第三次民主浪潮中东亚、拉美以及东欧的许多国家与地区在完成经济体制转型之后,能否出现政治转型、如何出现政治转型、转型之后能否出现巩固的民主等问题。关于政治转型发生的前提条件,学者们的看法存在较大差异,形成多种理论体系。如经济发展会导致民主化转型的现代化理论,民主政治实现主要取决于社会结构或者阶级结构变化的结构理论,信仰民主的政治文化最有利于民主化发生的政治文化理论,威权政体内精英之间的分裂是民主化动力的过程理论。事实上马来西亚政治转型发生是多种因素综合作用的结果。从经济发展来看,其与政治转型之间的正相关关系得到诸多学者认可,1960年李普塞特通过对世界各国的调查研究后提出,尽管经济发展与民主之间的关系是复杂的,但毫无疑问,"国家越富裕,出现民主的可能性就越大"[1]。20世纪70年代以来,马来西亚经济出现快速增长,2001年达到3699美元,位居发展中国家前列,绝对贫困现象比其他东南亚国家明显低得多。尽管经济发展为民主提供了经济基础,但是经济增长只是政治转型发生的必要条件而非充分条件,否则不会出现新加坡相较于印度尼西亚,其政体威权色彩更浓厚。因此还需要从内生性因素分析马来西亚政治转型的条件。对社会结构而言,经济发展导致社会结构与社会价值变迁,也是马来西亚发生政治转型的重要原因。马来西亚工业发展带来城市化迅速推进,中产阶级人数急速增加。1970—1993年,中产阶级在人口总数中的比例从13%上升至28%。[2]虽然以马来人为主体的马来西亚中产阶级的产生得益于国家行政导向,对政府具有天然的依赖性,但是20世纪80年代中期之后,随着中产阶级的壮大,他们的政治立场也在变化。

马哈蒂尔执政后期,巫统压缩庇护资源输送范围,将原本向绝大多数马来人开放的资源紧缩为只向少部分马来人,特别是有着核心政治背景的马来大

---

[1] 利普塞特:《政治人 政治的社会基础》,刘钢敏、聂蓉译,商务印书馆,1993,第33页。
[2] 范若兰:《伊斯兰教与马来西亚政治民主化》,《东南亚研究》2007年第6期,第33—39页。

企业开放，新经济政策塑造下的马来资本家集团就形成了分裂——得到政府恩庇的马来朋党资本家集团和没有受到政府青睐的马来中小资本家集团，后者逐渐成为新中产阶级的重要构成。而伊斯兰复兴运动则又强化了新中产阶级对伊斯兰的认同，形成不同传统马来人的"新马来人"。"新马来人"既虔诚信仰伊斯兰教，又具有现代观念，他们认为传统马来人相信宿命、不思进取、懒惰、贫困，是违背伊斯兰的，马来人只有勤奋工作、努力进取、获得财富、帮助他人，才是真正的伊斯兰。"新马来人"主张将伊斯兰引入政治、经济和社会发展，支持民主、人权、公正、平等等现代政治理念，要求更为充分的民主空间、更多的政治透明度和更好的治理，反对巫统政府威权统治。1997年亚洲经济危机和安华事件引发他们对政府的不满，"新马来人"成为随后"烈火莫熄"运动的主要参与者。

1998年受亚洲经济危机影响，马来西亚国内经济环境持续恶化，持续萎靡的经济激化巫统内部矛盾。9月2日，副首相安华突然被革职，随后又以非正常性行为的罪名被逮捕。被捕之前，安华利用自身在马来青年运动中的号召力，巡回全国演讲抨击马哈蒂尔政府贪污腐败、朋党主义和裙带关系，成功点燃民众隐藏已久的对巫统政府的不满情绪。安华被捕后，其追随者们组织多次集会和示威游行要求马哈蒂尔下台，实施政治改革，实现自由、平等、正义等民主价值。主流马来社会、不少城市专业精英和青年学生受到运动激荡，尤其是沉寂已久的公立大专学生，也开始投身于这场反对威权统治的"烈火莫熄"运动之中，成为此后10年间马来西亚政治与社会生活中的一场连续剧。

自"烈火莫熄"运动后，马来西亚政治与社会进入一个新阶段。各种反对派活动的高涨完全不同以往政治危机，社会动员范围更广、程度更深。民间社会运动此起彼伏成为马来西亚国内政治与社会的常态，反映马来西亚民众民主意识普遍觉醒，马来西亚开始政治转型进程。

二、华人社团政治功能的拓展

马来西亚政治转型掀起的连串政治风潮也为华人社团带来一次难得的政治机遇，极大地拓展了马来西亚华人社团的政治功能。从理论上讲，作为华人社会民间社会力量的重要构成,华人社团应该发挥监督和制约公共权力,促进民主转型的政治功能。然而,20世纪90年代初期国阵政府开始实施的"发展主义"施政策略成功消解了社会内的民主压力。[1] 商贾挂帅的华人社团在经历大约10年的抗议动员后,面对政府适时的示好和友善,文化政策上略显松绑,加上两位数的经济增长速度,在国家统合机制下,立即缴械投诚。一些代表性华团,如华总、商联会、七大乡团、华人行业社团等开始归顺、依附政府,非但不能起到限制与监督政府的作用,反而成为维护威权统治的工具。2003年亲政府的隆华堂意图分化雪华堂,侵占后者在传统华团中的领导地位就是典型的例子。

而真正提醒华人社团要重新审视自身政治定位、拓展政治功能的当属华团大选诉求风波。1999年大选前夕,受"烈火莫熄"政改运动的影响,华人社团也"待价而沽"提出了对政府的要求,即《马来西亚华人社团大选诉求》。它重申数十年来华社长期的诉求和立场,内容包括要求不分族群实施扶弱政策、取消土著与非土著之分等在内的17项课题。迫于选举压力,国阵原则上认同了大选诉求。当年大选,华人选民发挥了关键少数的作用,帮助国阵稳住国会三分之二多数地位。然而大选之后,当诉求工委会重提选前要求时,马哈蒂尔却出尔反尔,指责诉求伤害马来人感情,将工委会与奥玛乌纳相提并论。在马华及民政党的斡旋下,诉求风波最终以华团失败,工委会收回7项敏感条款而告终。在诉求风波中,华团明显已经分裂成协商与施压两派。以华总、商联会为代表的协商派选择与马华合作,先将华社的问题反映给马华,再由马华在国阵内部通过协商方式解决。而事实上,诉求风波已经再次证明,依靠马华通过政治体制内部管道是无法解决华人社会面临的困境的。而20世纪80年代,"三结合"、两线制的失败也说明与民政党、行动党的合作无法成行。那么未来华社的道路该朝向何处,再次引发华社的思考。

依照马来西亚当时的政治环境,自1998年安华下台而引发的政治危机带

---

[1] Francis Loh Kok Wah, "Developmentalism and the Limits of Democratic Discourse," in *Democray in Malaysia: Discourse and Practice*, eds. Francis Loh Kok Wah and Khoo Boo Teik (Surrey: Curzon, 2002), pp. 19-50.

来大马非政府组织发展的第四期。[1] 在这一期的发展中,某些"新型"的非政府组织似乎在马来西亚政治或人权领域的作用日益显现,它们与反对党日益紧密地联合起来,成为逐渐增多的街头政治的主角。它们的政治目标非常明确,就是要取代长期执政的国阵,特别是巫统。但是在目前的政治生态下,要实现这一目标极为困难,它们需要动员更多的民众支持。所动员的民众必须一方面对国阵执政的政策不满意,另一方面对国阵中的代表政党也不满意。依据这个标准,华人应该是比较理想的群体之一。那么反对派使用怎样的动员创意呢?它们能否承诺或者给予华人所需要的族群平等呢?显然不能,因为反对派中的伊斯兰党是带有原教旨主义倾向的宗教型政党,而人民公正党的精神领袖安华曾经是马来西亚穆斯林青年运动的领导者。如果给予华人平等的族群地位,那么这两个反对党将失去占人口多数的马来人的支持。于是,它们采取迂回战略,干脆消灭族群课题,以超越族群界限的公民理念来动员华社。而此时,华社也正在寻求出路,面对反对党公民社会的政治动员,一些华团认为这就是华社的出路所在,随即选择融入这股潮流。这股潮流强调"公民身份应是第一秩序,个人族群身份应为第二秩序"[2],"新闻自由重于华社利益"[3],"超越种族的框框,以普世的价值来达到结合各个族群的目的"[4],等等。在这些华团看来,只要建立"去族群化"的民主国家,那么华社面临的一切困境就会迎刃而解。持这种观点的代表性华团是雪华堂。

在颜清文的领导下,雪华堂把华人社团政治功能发挥得颇为完善。早在华团筹组诉求工委会初期,他就领导雪华堂接下筹委会的工作,凝聚华团力量推动诉求的草拟与联署;白小保校运动中,他在雪华堂内张贴白小保校运动宣传标语,公开支持白小保校运动;反对搬迁义山及马华收购南洋报业。为更好

---

[1] 潘永强:《远离治理:马来西亚公民社会的兴起及其当前处境》,载何启良、祝家华、安焕然主编《马来西亚、新加坡社会变迁四十年(1965—2005)》,南方学院出版社,2006,第288页。
[2] 何启良:《路漫漫其修远兮:马来西亚国家机关、公民社会与华人社会》,载祝家华、潘永强主编《马来西亚国家与社会的再造》,新纪元学院、南方学院、吉隆坡暨雪兰莪中华大会堂,2007,第35页。
[3] 庄迪澎:《中文媒体业、华人(公民)社会与文化领导权》,载祝家华、潘永强主编《马来西亚国家与社会的再造》,新纪元学院、南方学院、吉隆坡暨雪兰莪中华大会堂,2007,第290页。
[4] 林开忠:《国家·文化:重新评价马来西亚国家文化与国家认同》,载祝家华、潘永强主编《马来西亚国家与社会的再造》,新纪元学院、南方学院、吉隆坡暨雪兰莪中华大会堂,2007,第376页。

地发挥华人社团利益表达、政治动员的功能,还于 2003 年主办"跨出历史的门槛——探讨我国民间团体的角色"研讨会,参与讨论的学术代表甚至提出"华团的出路,在于提升华人意识之公民意识。该堂也于 2004 年初首次提呈《国是建言》给总理阿都拉,表达华人社团对国家权力的关注。自 2006 年 2 月挫败隆华堂分化企图,雪华堂正式更名为吉隆坡暨雪兰莪中华大会堂(隆雪华堂)后,该堂更是致力于推动跨族群的社会运动。2008 年,它直接设立公民社会奖以鼓励个人与社会团体参与推动社会进步。为体现超越族群界限的形象,该奖项虽由华团举办,但是是不分种族地颁发给所有社会运动贡献者。2008 年 8 月 28 日,第一届社会运动奖由 3 个社会团体共享荣誉,即废除内安法令联盟、吉打州地税高涨特别检讨专案小组、"争取绕道,反对逼迁万挠新村工委会"。[1]

除了以雪华堂为代表的传统华团,21 世纪的马来西亚还出现为数众多的华裔年轻人创立单一议题的社会运动组织,包括维护媒体独立撰稿人联盟(WAMI)、大马青年及学生民主运动(学运)、大马选民力量(Malaysian Voters Union)及动力青年(Youth for Change)等。近年来,华团的重大动员及抗争往往不是由华团发动,而是由这些新兴的社团组织发挥主导角色,然后才由华团跟进附和的。如反对收购南洋报业、争取白小重开、抗议媒体垄断、揭露华小贪腐等,这些新兴的社会运动组织都承担发动、宣传及动员的角色。

三、具有社会运动导向的华团与马华的抗衡

关于华人社团推动国家政治转型情况,雪华堂署理会长陈友信曾经坦言:"大部分华团并未超越族群的视野,没有看到维系多元社会,需要对公共精神的认可,因为正是法治与民主的社会,才能继续保障个体的特殊性。"[2]而大部分华团未能保持华团自主性来发挥监督、制衡国家机关的职能,许多人士将

---

[1] 曾剑鸣:《三民间团体齐膺首届公民社会奖》,载《民心:吉隆坡暨雪兰莪中华大会堂堂讯》,吉隆坡暨雪兰莪中华大会堂,2008,第 106 页。
[2] 曾剑鸣:《三民间团体齐膺首届公民社会奖》,载《民心:吉隆坡暨雪兰莪中华大会堂堂讯》,吉隆坡暨雪兰莪中华大会堂,2008,第 106 页。

矛头指向了马华。例如早在1997年,华社24位知识分子[1]曾经联合签署《马华知识界文化宣言——我们对马华文化建设的基本观点》反对官僚政党胁诱华团和趋炎附势的华团领导人依附权势。其第六项"政党及政治人物的本分"明确表示:"这些政治人物,或具政党背景的人物,必须远离文化团体,还文化马华一块净土。若他们坚持要在华团文化团体里活动,就必须以马华文化建设为优先考虑。我们必须严正声明,他们应该尊重民间文化团体的独立性,不可利用它们来达到自身的政治目的。"[2]事实上,侵扰华人社团的是掌握公共权力的国家机关,而并非某些特定政党。因为,政党也是公民社会的组成部门,即使是执政党,也只能代表它的成员。虽然它以获取国家权力为宗旨,但本质仍是要影响公共资源的权威性分配方式,为其成员获得资源的偏向性分配。由于马华与华团都以华人社会作为政治动员的基础,在相互交叉的利益联系下必然会产生抗衡。

然而面对部分华团融入社会运动潮流,以推动国家民主转型作为动员华人社会的创意,马华未能适时地找到追求族群平等之道,仍然固守在国阵族群政治的框架之中。因而,在与这些华团的竞争中,马华的社会动员能力明显逊色,处于相对被动的局面。最明显的例子当属收购南洋报业事件。2001年5月23日,马华会长理事会以12张同意票对3张弃权票,通过委托其投资臂膀华仁控股,以《星报》集团名义收购南洋报业72.35%股权的决定。马华的收购决定主要缘于2001年国阵在鲁乃补选中的败落。2000年的诉求风波,总理马哈蒂尔出尔反尔,迫使诉求工委会放弃7项敏感条款令华人社会对国阵政府颇有微词。在随后到来的鲁乃补选中,华社发泄不满情绪,导致国阵在这个传统的堡垒区遭遇滑铁卢。其间,华文报章对国阵的负面报道起到了推波助澜的作用。长期以来,华文报章相对的言论自由成为华社政治论述方式多元化的基础。每当巫统挑起马来种族主义情绪时,华社各类声音的回应都会通过华文报章的广泛报道而渗透全国华社的草根。不但在市区激发华人对马华、

---

[1] 这24位知识分子是:安焕然、许文荣、许德发、陈亚才、陈再藩、陈锦松、张景云、何启良、何国忠、郑云诚、郑良树、林幸谦、林建国、罗正文、祝家华、胡兴荣、骆静山、谢爱萍、欧阳文风、黄文斌、黄明来、黄锦树、曾庆豹、赖瑞和。
[2] 《马华知识界文化宣言——我们对马华文化建设的基本观点》,《南洋商报》1997年7月6日。

民政的愤懑之情,也在乡郊混合区松动华人对国阵的支持信念。[1]鉴于华人选民日益重要的关键少数地位,掌握华人舆论倾向更显重要。因此,在总理马哈蒂尔的授意下,[2]马华开始收编华文报纸,将矛头指向南洋报业旗下的《南洋商报》和《中国报》。然而,这场收购风波除了引发马华A/B两队分裂,还遭到了华人社会的普遍反对,导致马华与华社对立。

收购消息一出,立即引起轩然大波,各类力量开始集结形成一股强大的反收购浪潮。华团、华校、华文报章是传统华社的三大支柱,继20世纪90年代国家机关通过马华收编华团后,此时又将触手伸向华文报章,自然引起华人社会强烈的反弹情绪。首先表示反对的是雪隆森24青年团体。早在2001年5月18日他们收到马华收购传闻后,就在捍卫新闻自由和独立性可能受限的情况下,强烈表示抗议。[3]5月23日,就在马华会长理事会通过收购决议当天,雪华堂、森华堂、雪隆大专青年毕业生协会、雪隆华校董联会立即宣布反对收购决议。两天之后,当华仁控股在48小时内完成收购,接管南洋报业时,反收购的力量也在迅速集结。5月27日,以雪华堂、董教总、校友联合会、森华堂、华研、诉求工委会为首的14个华团在雪华堂发表7点声明,坚决反对马华收购行动,以确保大众媒体的独立运作及言论自由,不受政党的干预与控制。[4]而常在华文报章供稿的40名评论人同时也宣布停止供稿给《南洋商报》《中国报》《星洲日报》《光明日报》,抗议马华收购行动及《星洲日报》涉嫌封锁新闻。[5]翌日,一群关注新闻自由的社会人士决定成立"反对马华收购南洋报业工委会",以表明强烈反对政党控制大众媒体的立场,并提醒社会大众由政党控制大众媒体的风险。[6]《南洋商报》和《中国报》的员工也发表文告反对收购,呼吁总理出面插手这项交易,并展开佩戴黄丝带运动,以黄丝带作

---

[1] 沈观仰:《马华收购华文报业的目的与后果》,载陈亚才、何华芳等:《报殇——南洋报业沦陷评论集》,飞脚制作室,2001,第62—66页。
[2] 虽然首相马哈蒂尔一再澄清对马华收购一事保持中立立场,但是收购案背后的政治立场昭然若揭。参见《首相:任何人都可以买,并未指示马华收购南洋》,《中国报》2001年6月23日。
[3] 《雪隆森24青年团体反对政党收购华文报》,《中国报》2001年5月19日。
[4] 《促马华勿控制媒体言论,14华团反对收购》,《南洋商报》2001年5月27日。
[5] 《40评论人声音,停止供稿抗议》,《南洋商报》2001年5月27日。
[6] 《一群社会人士成立工委会,反对政党控制媒体》,《南洋商报》2001年5月28日。

为争取新闻自由的象征。[1] 为凝聚全国华团反收购的力量，5月28日，雪华堂、董教总与校友联总发表紧急通告，宣布5月30日召开"全国华团代表大会"，反对马华收购行动。两天后，全国华团代表大会在雪华堂召开，大会争取到全国华商领导团体，即中华工商联合会的支持，总共收集到245个华团盖章联合签署的反马华收购文件。除成立以雪华堂为召集人，由工商联、校友联、董教总组成的委员会跟进收购案外，还通过5项决议案：

第一，民营报章是人民喉舌，任何政党不应干预或企图控制民营报章，使其失去独立性和客观性，大会坚决反对马华漠视民意，收购《南洋商报》和《中国报》；第二，大会呼吁有良知的马华领袖及基层支持我们这项行动，坚决反对马华收购《南洋商报》和《中国报》；第三，大会呼吁华社共同抵制由马华控制的《南洋商报》和《中国报》，直到马华退出为止；第四，大会呼吁马华接受华社的普遍意愿，不应一再一意孤行，藐视民意，以免来届大选付出惨重的代价；第五，大会对《星洲日报》拒绝报道华社反对收购声音的做法，深表遗憾。[2]

就在华社如火如荼地展开反收购行动时，马华当权派顶住内外压力亦加紧收购的步伐。全国华团代表大会召开的当天，马华中央委员会以32票赞成，8票反对，通过追认"5·23"马华会长理事会的收购决议。对于马华的固执，约200名反对收购的民众趁马华中央委员会表决的机会在马华大厦门前示威，结果与马华党员产生肢体冲突，造成一名学生受伤。[3] 2001年6月1日，谦工业宣布，华仁控股以2.3,012亿令吉收购南洋报业控股72.35%的股权交易，已经完成。反收购行动失败。但华社并未因此停止反收购的脚步。

华团反对收购工委会号召全体华社读者和广告商以不订阅、不登广告的方式，抵制被马华控制的两家华文报章，直到马华全面退出收购南洋报业为止。[4] 由华社商界领袖林源德所领导的财团甚至向马华献议，反向收购华仁控股所拥有的南洋报业股份。[5] 后来，雪华堂又通过举办"自由媒体之夜"、

---

[1]《南洋和中国报员工请首相干预阻止马华购2报》，《光华日报》2001年5月28日。
[2]《245华团齐怒吼，签署抗议马华收购南洋报业控股》，《光华日报》2001年5月31日。
[3]《华团政党等领袖抗议收购，马华大厦外起冲突》，《光明日报》2001年5月31日。
[4] 陈漱石编《华文报变天全纪录》，泊世工作室，2001，第115页。
[5]《献议书呈马华，华团集资收购南洋》，《南洋商报》2001年6月16日。

颁发黄丝带奖项等多项活动,号召华社维护新闻自由。同时,华文媒体也在寻找新的突破渠道。自收购事件后,对另类新闻的需求支撑了其他中文媒体的生存:《小辣椒》发行量渐渐攀升到4,000本;2002年9月29日,一份新兴的中文报纸《东方日报》出现在大众面前;而新的独立新闻网站,如时代、自由媒体、天网都纷纷出现,并受到华社关注。受其影响,《南洋商报》的发行量大幅下滑,2002年4月在被收购的第11个月,《南洋商报》的报份跌至12万份以下。[1]渐渐地,原本由华团主导的反收购行动演变成为由维护媒体独立撰稿人行动委员会等单一议题的非政府组织主导的维护新闻自由的民主运动。在华人社会的杯葛下,《南洋商报》自易手后便一落不振,成为马华负资产。面对巨大的财政黑洞,2006年3月及10月,马华分别脱售22.44%、21.02%的股份。[2]2008年,马华党选前,署理总会长林祥才更是揭露了马华为南洋报业至少亏损了1亿令吉这一事实。[3]2010年9月,隆雪华堂证实,华仁控股于1月前已经脱售了世华媒体(原南洋报业)最后3.60%的股份。[4]马华收购华文报章全面失败。

从以"收购南洋报业风波"为代表的21世纪华团与马华的抗衡中,我们看到此轮的竞争与以往呈现出不同的特点:第一,动员议题超越华文教育、华人文化、族群关系等传统议题,转向维护媒体独立、新闻自由等新兴的社会运动所需要关注的议题;第二,华团动员范围广泛,不但发动华社民间力量,同时也发动了其他政治力量。在245个华团联署召开全国华团代表大会当天,替阵成员党如人民公正党、行动党、人民党及伊斯兰党也有派代表自动出席。相比之下,马华的动员能力就逊色许多,虽然80%的华团都没有出席华团代表大会,但明确为马华收购行动站台的也只有全国报业工友职工会《南洋商报》分会(发表文告欢迎马华接管)。从易手后南洋报业的表现看,华团的动员力量

---

[1] 张迷:《大马中文报走向垄断不归路——马华收购南洋报业之后》,《小辣椒》2002年第17期,第13页。

[2] 《马华脱售南洋股权》,《中国报》2006年10月22日。

[3] 《揭马华收购南洋报业亏一亿,林祥才促请黄家定做出解释》,http://www.malaysiakini.com/news/90739。

[4] 《马华收购华文报业以失败告终,当年收购领袖欠南洋一个公道》,http://www.malaysiakini.com/news/143641。

已经渗透至华社草根民间,在民间社会的共同努力下,才导致马华收购行动失败。

"收购南洋报业风波"实际上是21世纪马华社会基础日益萎缩的缩影。面对马华利用国家统合机制对华团的收编,以雪华堂为代表的华团异军突起,依靠"政治民主"理念作为突破马华政治统合封锁的管道。事实证明,这部分华团的动员创意确实在华人社会中引起了广泛共鸣。一方面,经济的高速增长和大众受教育率的提升必然要求政治发展与社会进步,政治民主是政治发展的方向。另一方面,华人社群聚居城市,更容易接受进步的民主平等理念。特别是华裔青年、知识分子更是视"国家政治转型"为解决华裔所有问题的金钥匙。相比之下,马华就没有找到能够化解"民主转型"理念在华社影响力的办法,导致其社会影响力严重萎缩。最明显的例子就是,21世纪的马华已经无力动员广大华裔青年的参与,党员老龄化现象严重。2004年马华所做的一项调查显示,年龄介于18至24岁的党员仅占4.78%,而年龄介于25至30岁的党员占9.46%,整体而言,年龄不超过30岁的党员只占总党员的14.29%。[1]为解决此问题,时任马华总会长黄家定在马华第50届常年代表大会致辞时郑重强调,党内必须注入新血才能为党带来新的活力。[2]所以,2004年马华举办"广招年轻党员"运动,但效果并不明显。2010年,蔡细历上台后,他也致力于解决马华在华裔年轻人中树立威信的问题。为此,2012年初,蔡细历在马华党庆63周年的致辞中表示,凡当年出生的马华党员的新生儿,马华将送上200令吉的红包以示祝贺。[3]当政党无力用其信念征服民众,而开始用金钱诱惑时,也说明该党正在走向没落。

第四节 小结

20世纪80年代以来,马华与华团的关系可以分为三个阶段:首先是华团

---

[1]《马华全国广招年轻党员运动:黄家定呼吁专才加入马华,一齐参与草拟国家政策》,《马华快讯》2004年3月。
[2]《马华第50届全国常年代表大会马华总会长拿督斯里黄家定政策演词》,2003年8月10日。
[3]《马华63周年党庆之总会长拿督斯里蔡细历演词》,2012年2月26日。

运动马华与华团合作破裂后,20世纪80年代它们围绕着华社领导权展开的新一轮竞争;其次是20世纪90年代以来马华借用国家统合机制对代表性华团的收编;最后是进入21世纪,一部分拒绝依附国家机关的华人社团以"民主转型"为突破口与马华展开新形式的抗衡。马华与华团展现的时而竞争时而合作的关系,主要是因为国家政策环境在变化。20世纪80年代马哈蒂尔上台初期,国家机关继续延续新经济政策的单元化思维,对华人社会诉求采取压制与排斥态度,导致华社压力倍增,在各领域有无力回天之感。而马华则以"行政偏差"为政府有失公允的政策开脱。鉴于马华已经不能解决华人遭受的不平等待遇,华团决定放弃马华实施自救,以直接参政的方式动员广大华社向政府要求平等的族群权利。"三结合"、两线制都是华团与马华竞逐时采用的方式。虽然华团参政并没有换来国家政策的松动,但是其在华人社会影响巨大,华人社会跟随华团的政治立场将选票投向行动党,造成马华1990年大选惨败,几乎丧失在华社的代表性。进入20世纪90年代,国阵政府基于选举利益的考量,决定对华人社会施以包容、宽松的态度,在经济、文化、教育政策上做出适当让步,经济松绑和自由化带来的物质繁荣迅速瓦解了华社的抗争意识。富商巨贾挂帅的华人社团接受了国家政治统合,在将华教运动推向孤立的情况下,马华与华团的关系趋向好转。在华团背后强大民意基础的支持下,马华在1995、1999年大选都取得了不错的成绩,在华人社会中的地位得以重新巩固。然而时隔10年,21世纪的诉求风波再一次向华社表明,依靠马华内部争取的方式根本无法实现华社平等族群权利要求,在政治反对力量的拉拢下,部分拒绝接受统合的华团开始以"推动'民主转型',反对威权统治"理念对华社进行政治动员,随即与马华展开新形式的抗衡。在这场抗衡中,华团动员力量渗透至华社民间草根团体,在华裔青年群体中颇有影响。而马华作为国民阵线联盟的边缘性政党,在以巫统为主导的一党独大制度下的附庸性政党身份决定其不可能站在巫统政府的对立面,同时它又没有找到可以抵消这一理念的议题,因而在竞争中显得极为被动。这也是马华在2008年大选以后流失大量华裔选票,导致议会选举一败涂地的重要原因。

第七章 结语

综合20世纪80年代以来马华公会在议会选举、政策主张、派系政治的发展历程,其颓势一目了然。事实上,马华公会在马来西亚政治中的困境反映了东南亚华人参与居住国政治的局限。这种局限性既源于海外华人作为少数族群,难以形成强大的政治力量,又源于早期海外华人对当地缺乏政治认同,错失主导政治的先机。

在马来西亚,代表华裔政治势力的政党——马华公会成立于1949年,比马来人的政党——巫统晚了3年。而前者在成立之初,只是援助新村华人的福利机构;后者却是在马来人反联邦浪潮中成立,拥有强烈的马来民族主义情绪和明确的政治目的。相比之下,马华在起点上就已经落后于巫统。尽管如此,在马来亚独立前后,马华公会却曾以平等协商政治伙伴的角色在争取国家独立和争取华人公民权方面做出过突出贡献。然而"5·13"事件彻底颠覆了马华公会的政治命运。该事件衍生的种族权威的政治体制和巫统一党独大的政党制度剥夺了马华公会与巫统平等协商的对话资格,令其陷入"协商困局"。历史的包袱和制度环境的限制是马华没落的外部因素,而马华自身遭遇的"合法性危机"则是导致其最终丧失执政权的内部原因。

合法性是现代政治学分析中的重要理论,其实质在于对政治体系的认同与自愿服从。一般来说,依照是否有价值判断为标准,合法性概念可分为两大类。第一类以经验主义为范式,对合法性进行实证研究,代表人物是马克斯·韦伯。他认为,合法性与价值无关,是对一种政治秩序或统治的信仰与服从。

他解释道:"'服从'应该意味着,服从者的行为基本上是这样进行的,即仿佛他为了执行命令,把命令的内容变为他的举止的准则,而且仅仅是由于形式上的服从关系,而不考虑自己对命令本身的价值或无价值有什么看法。"[1]第二类以哈贝马斯为首,他们反对韦伯经验主义立场,强调"合法性意味着某种政治秩序被认可的价值"[2],认为制度要获得承认,需要借助于哲学、伦理学、宗教对该制度的正确性和合理性做出论证。也就是说,从理性角度出发,哈贝马斯看到的是政治秩序能够得以认同的"价值",而不是得到认同的"事实"。这两种界定代表着现代政治学对"合法性"的普遍认知,前者只想探究政治秩序何以可能,后者则渴望政治秩序的价值取向更能接近价值理性追求。然而殊途同归,他们都认可合法性在权力向权威转化的过程中发挥的关键性作用,权威是合法性的权力[3];在寻求合法性背后对秩序的"政治认同"。所谓"政治认同",指的是"人们在社会政治生活中产生的一种感情和意识上的归属感"[4]。若一种政治秩序失去了民众的心理认同,便是遭遇了"合法性危机"。

那么,民众为何会产生认同或者不认同的心理反应?统治者依靠什么才能获得公共的自愿服从?在一定时期内,可以从合法律性、合利益性、合道德性出发,来确定评价政治体系的合法性基础。[5]合法律性是指政治权力的获得符合公认的法律程序;合利益性是指政治体系的功能和目的要与某种利益要求相一致;合道德性是指政治体系运作必须合乎一定社会的伦理,特别是政治道德的要求。以此为基础,笔者借用政治体系合法性基础的3个构成要素,来总结20世纪80年代以来马华公会政党衰败,最终失去选民认同,丧失执政党地位之根源。

---

[1] 马克斯·韦伯:《经济与社会》(上卷),林荣远译,商务印书馆,1997,第240页。
[2] 哈贝马斯:《交往与社会进化》,张博树译,重庆出版社,1989,第184页。
[3] 俞可平:《权力与权威:新的解释》,《中国人民大学学报》2016年第3期,第40—49页。
[4] 中国大百科全书总编辑委员会《政治学》编辑委员会、中国大百科全书出版社编辑部编《中国大百科全书 政治学》,中国大百科全书出版社,1992,第501页。
[5] 赵海立:《国民党在台湾执政经验分析:以合法性为视角》,策略资讯研究中心,2007,第28页。

一、合法律性方面，马华议会选举的失败使得它失去权力的授予

合法律性代表着程序上的合法，意味着政治权力的获得需要通过公认的法律程序。现代政治的程序操作中，这种法律程序多是选举。对于马华而言，在马来西亚议会民主的政治制度下，它要进入政治体系内部，获得政治权力，唯一的途径就是在普选中赢得议席。20世纪80年代以来，虽然马华至多能获得半数华人选民支持，但借助于马来选民的支持和不公平的选区划分方式，马华在议会选举中能够赢得一席之位。尤其是1995年至2004年连续3届大选，马华国会议席数量处于历史高位。2004年大选，马华更是一举赢得31个国会议席，创下历史之最。然而，2008年大选之后马华的议席数量骤然大幅缩水，从15席到7席再到1席。2018年大选，包括马华公会在内的执政联盟——国民阵线失去议会多数席位，丧失执政权力。（见图7-1）因而，合法律性方面，2018年议会选举的失败意味着马华公会失去选民授权，这是马华公会政党衰败的首要原因。

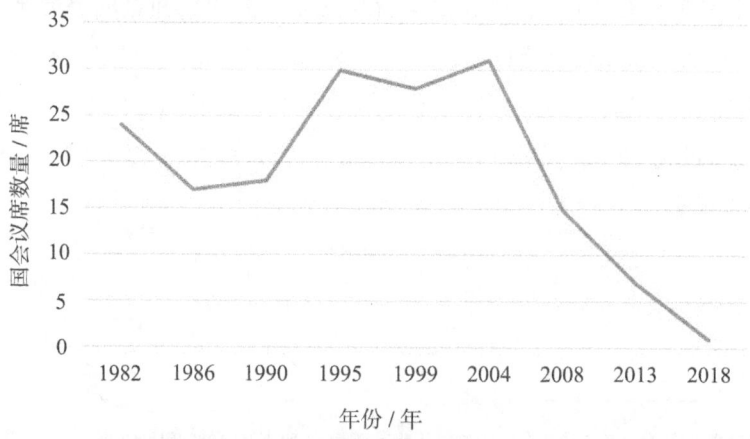

图7-1　1982—2018年大选马华公会国会议席数量变化情况

资料来源：笔者根据相关资料整理。

二、合利益性方面，马华公会"功能失灵"无法满足马来西亚华裔族群的利益要求

利益是政治活动的基本动机。当民众围绕资源竞争而产生利益纠纷时，就需要政府运用公共权力对资源进行权威性分配，形成政治秩序。那么，政府怎样才能获取民众关于利益要求的信息，制定出合理的资源分配原则？这就需要引入政党的功能，它能够扮演政府与民众中间机构的角色，其存在可把各种形式的冲突、利益集合反映在政府中，以满足政策输入与政策输出的完满平衡。在马来西亚族群政治生态中，族群是民众参与资源分配的基本单位，各政党以族群为单位展开政治动员。作为马来西亚的华裔政党，在体制外集结华社利益要求，在体制内肩负本族权益的期许，影响政府政策偏好，令政府政策输出契合华社利益要求是马华公会基本的政治功能。

在马来西亚政治环境下，"5·13"事件以后，马来西亚政治秩序明显呈现马来种族霸权倾向。面对显失公平的资源分配方式，华裔族群基本的利益诉求在于要求权益平等。而真正的平等必须是教育、文化、经济和政治的平等。《马来西亚全国华团联合宣言》和《马来西亚华人社团大选诉求》就集中反映了华人社会的利益要求。（见表7-1）

然而，对于马华公会而言，鉴于华人政治势力的低落和分散，而自身政治前途却有赖于马来人支持和巫统提携的现实，在政党"私利"的驱使下，它的政策输出与华人社会的利益诉求出现明显失衡。在关键的原则性领域：华社主张取消土著、非土著区别，实现平等公民权，马华则认同马来人特权的宪法原则；华社希望以"绩效"作为资源分配的标准，实施公平的经济政策，马华却同意保留固定份额给予马来人，帮助其实现30％的股权占有目标；华社要求从幼儿园到大学完整的华文教育体系，如此华人文化才能得以保存和发扬，马华则支持政府保证母语教育只到小学阶段就足够，华人文化的保存与发扬可以其

他方式来进行,不一定要靠完整的华文教育体系[1]。如此巨大的差距导致马华无法代表华人社会集结利益要求,不能在政府与华社之间形成有效联络的桥梁。

表7-1 《马来西亚全国华团联合宣言》及《马来西亚华人社团大选诉求》的基本利益诉求

事项	《马来西亚全国华团联合宣言》	《马来西亚华人社团大选诉求》
政治	反对一切侵犯基本人权的措施与法令;选区划分避免选民人数差距过大,遵守"一人一票"的民主公平原则。	上议员民选;政府认可及签署国际上的人权公约与协定;扩大官方人权委员会并确保其独立性;修订职工会与警察法令。
经济	废除土著与非土著及种族固打分配制度,主张它必须在1990年废除。	采用"能力分配制";公共基金应有雇员代表,设立公共事业委员会。
社会	政府为消灭贫穷和落后所推行的政策与计划必须一视同仁,照顾所有族群贫苦阶层。	要求制定种族关系法;实施"扶弱政策",特别提到照顾与保护儿童;扶助原住民。
文化	国家文化不应偏重马来文化、忽视及忽略他族文化,主张多元文化主义。	鼓励国际文化交流。
教育	当局必须撤销1961年教育法令第21(2)条,并确保国民型小学永不变质,公平对待各源流学校及各族母语的发展。	修订1996年教育法令,放弃宏愿小学与公平的精明学校计划,改善及调整教师薪资。

资料来源:笔者根据相关资料整理。

为解决此问题,马华采取两大策略:第一,逃离政治,入侵社会,以社区服务的社会团体形象重塑其政治正当性;第二,以纠正行政偏差为名,用技术操作缓和政府不利的华人政策。短期内,马华的做法虽有成效,但长远来看,却犹如隔靴搔痒,无助于改变华族的弱势地位。所以,华社总是存在"马华没有为华社争取什么"的抱怨,而倾向把选票给华人反对党,以表达对马华"功能失灵"的失望。因而,从合利益性角度来看,马华的"功能失灵",无法形成满足华社利益要求的政策输出是导致马华公会政党衰退的第二个原因。

---

[1] 林开忠:《从国际理论的立场——马来西亚华文教育运动中"传统中华文化"之创造》,硕士学位论文,"国立"清华大学,1992,第105页。

三、合道德性方面,马华公会党内"民主失调"无法满足政治道德的要求

政治道德是指为实现一定的政治理想和维护相应的政治秩序,在政治实践中形成的有关政治价值观念、行为准则与对行为主体伦理品质要求的总和。若政治体系的运作无法适应政治道德对它的评价,就会产生政治认同危机。对政治体系的道德评价,其结论有良、善之分,背后的标尺是"正义"。在罗尔斯那里,正义代表着:第一,确立与保障公民的平等自由,即"每个人对与其他人所拥有的最广泛的基本自由体系相容的类似自由体系都应有一种平等的权利"[1];第二,要求资源分配对所有人有利,即"社会的和经济的不平等应这样安排,使它们被合理地期望适合于每一个人的利益;并且依系于地位和职务向所有人开放"[2]。为实现政治体系"正义"的道德目标,"民主"无疑是最佳的实践操作方式。马克思主义政治学认为民主的价值理念在于实现"人民当家作主",而"人民当家作主"得以实现需要依靠一系列健全与规范的民主程序来实现有效授权。没有健全与规范的程序约束,民主很可能被异化,甚至走向专制或独裁。[3]在民主的诸多程序中,最为重要的就是选举。早在共产主义者同盟成立之初,马克思主义经典作家就表明:"(这个)组织本身是完全民主的,它的各委员会由选举产生并随时可以罢免。"[4]即以选举来衡量组织的民主程度。在实现授权的民主过程中,选举一般具备四个特点,第一,遵循选举自由;第二,采取票决制;第三,实施定期竞争性选举;第四,按照"少数服从多数"的原则。

但是在马华的内部操作中,民主程序已经明显失调。精英甄选上,党内选举程序已经失去效用,越来越多的党内领袖职位以进入总会长"菜单"的方式

---

[1] 约翰·罗尔斯:《正义论》,何怀宏、何包钢、廖申白译,中国社会科学出版社,1988,第56页。
[2] 约翰·罗尔斯:《正义论》,何怀宏、何包钢、廖申白译,中国社会科学出版社,1988,第56页。
[3] 赵宬斐、朱俊瑞:《程序民主中"授权"的政治学释义》,《教学与研究》2016年第10期,第96—102页。
[4] 《马克思恩格斯选集》第4卷,人民出版社,2012,第3版,第207页。

被无竞争地获得。在这种安排式的权威领导下,客观的法则及公开的准绳不再是甄拔政治专家的管道,党内高层的认可才是影响选举结果的关键。林良实时代,马华曾经出现过连续10年的4届党选拒绝民主选举,而实行"有提名无竞选"的"等额选举"。所有党选均事先协商出等额的候选人"菜单",选举只是为候选人提供程序认可。特别是1999年马华党选,25个中委全部通过"不劳而获"产生;基层组织方面,96%的支会、75%的区会、80%的州分团和州妇女组的党职选举也均在无须竞选的情况下产生。选举机制的瘫痪直接导致马华寡头倾向明显,政党发展充斥着领导人个人意志的痕迹,领导权力过大,漠视基层党员意见。

伴随党内民主机制的破坏,马华也陷入周而复始党争的怪圈。几乎每隔几年,马华就会发生一次党争,特别是20世纪80年代以后,有愈演愈烈之势。当民众惊呼历时21个月的陈梁党争为马华史上最惨痛的党争时,双林党争竟耗时接近3年,而翁诗杰与蔡细历的党争竟然否决了2008年党选结果,在马华历史上开创重选的先例。而且马华派系纠纷的焦点大多并非出于意识形态、政策偏好或者路线分歧,而是为了追求政治机会的上升和流动而展开的权力竞争。这种私性竞争的局限,不但令马华派系政治的格局日益狭隘并充满局限,更败坏了政党的道德形象,将马华变成追逐私利的政党。

因而,从合道德性角度来看,马华党内"民主失调"使其无法适应社会的道德评价,导致失去民众认同,这是马华公会政党衰退的又一重要原因。

通过以上3个方面的分析,20世纪80年代以来,合法律性、合利益性、合道德性要素的缺失导致马华公会逐渐失去选民认同而陷入政党衰退的困境之中。特别是在经历了2018年败选以后,马华公会丧失执政党地位,沦为在野势力。而未来马华公会能否重新定位路线政策,整合派系力量,再次获得选民支持,仍需时间检验。